Teil 3

DEUTSCH HEUTE

Duncan Sidwell and Penny Capoore

Nelson

THOMAS NELSON AND SONS LTD
Nelson House   Mayfield Road
Walton-on-Thames   Surrey   KT12 5PL   UK

51 York Place
Edinburgh   EH1 3JD   UK

THOMAS NELSON (HONG KONG) LTD
Toppan Building 10/F
22A Westlands Road
Quarry Bay   Hong Kong

Distributed in Australia by
THOMAS NELSON AUSTRALIA
480 La Trobe Street
Melbourne   Victoria 3000
and in Sydney, Brisbane, Adelaide and Perth

© Duncan Sidwell and Penny Capoore 1985

First published by Thomas Nelson and Sons Ltd 1985
ISBN 0-17-439116-1
NPN 9 8 7 6 5 4

Printed and bound in Hong Kong

Illustrations by Jane Cradock-Watson, Nigel Paige, Kim
Palmer and Dennis Reader; *Fränzi* cartoons conceived by
Duncan Sidwell and drawn by Colin Mier; maps by
Technical Arts Services Limited.

Front cover illustration: Michael Bishop.

Photographs
Back cover: ZEFA.
ADM-Zentralbild-Deutsche Demokratische Republik: p. 155.
All Sports: p. 59 (bottom right). Austrian National Tourist
Office: pp. 58 (right), 59 (top left and right, bottom left), 138
(bottom). Gerhard Heisler: p. 77 (Diskjockey). Dieter
Lüttgen: p. 82. Panorama-Deutsche Demokratische Republik:
pp. 156 and 157.

All other photographs: Nelson Visual Resources Unit,
Duncan Sidwell, Dagmar Hennings, Rainer Lohrig, Michael
Riggall, Dagmar Sauer and Tom Sidwell.

Inhalt

		Seite
Kapitel 1	Der Tagesablauf	5
Kapitel 2	Im Kaufhaus	
2.1	Die Abteilungen	12
2.2	Beim Einkaufen	15
2.3	Komplimente und Mitgefühl	24
	Deutsche Feste: Weihnachten bei Dagmar	32
Kapitel 3	Gesundheit	
3.1	Beim Arzt oder bei der Ärztin	34
3.2	Halt dich fit!	45
	Eine Reise durch Österreich	57
Kapitel 4	Wie kommst du mit deinen Mitmenschen aus?	
4.1	Kannst du deine Mitmenschen beschreiben?	60
4.2	Wie kommst du mit deiner Familie aus?	66
Kapitel 5	Wo könnte man arbeiten? Was könnte man werden?	74
	Deutsche Feste: Fasching, Karneval, Fastnacht	87
Kapitel 6	Reisen	
6.1	Mit öffentlichen Verkehrsmitteln	89
6.2	Mit dem Auto unterwegs – auf dem Lande	102
6.3	Mit dem Auto unterwegs – in der Stadt	107
	Berlin	114

Kapitel 7   Urlaub

    7.1   Urlaub – Vorbereitung   116

    7.2   Eine Unterkunft aussuchen   119

        West-Berlin   Berlin-Hauptstadt der DDR   131

Kapitel 8   Ausflüge und Zeitvertreib

    8.1   Ausflüge und Freizeitgestaltung   135

    8.2   Zeitvertreib am Wochenende   145

    8.3   Im Restaurant   147

        Die Deutsche Demokratische Republik   154

Texte zum Lesen und zum Übersetzen   161

Schriftliche Übungen   164

Grammar Summary   198

Glossary   216

1
Der Tagesablauf

Als Auszubildender muß der siebzehnjährige Günther Maurer einmal in der Woche zur Berufsschule.

Hier beschreibt er den Ablauf eines solchen Tages.

Günther Maurer, Auszubildender bei Elektro Prinz

„Ich heiße Günther Maurer, bin siebzehn Jahre alt und in der Lehre. Ich lerne Elektriker bei der Firma Elektro Prinz und zwar schon seit einigen Monaten. Eine typische Woche sieht für mich folgendermaßen aus: vier Tage Betrieb, einen Tag Schule.

Gestern zum Beispiel war Freitag und ich mußte den ganzen Tag in der Schule verbringen. Der Wecker hat um sechs Uhr geklingelt – etwas früher als gewöhnlich. Freitags bin ich derjenige, der am frühesten aufsteht, da ich eine längere Fahrt habe. Ich habe zuerst geduscht, dann habe ich schnell Kaffee getrunken, während ich meine Brote einpackte. Freitags lasse ich das Frühstück meistens ausfallen, weil ich es immer eilig habe.

An den anderen Werktagen fahre ich mit einem Arbeitskollegen zum Betrieb, aber freitags muß ich alleine fahren und zwar mit dem Bus. Das ist ziemlich umständlich. Gegen acht Uhr bin ich in Stoppenberg angekommen und bin dann direkt in den Unterricht gegangen. Die praktische Arbeit macht mir am meisten Spaß und die Abwechslung von Arbeiten und Lernen finde ich gut. Die Leute, mit denen ich zusammenarbeite, sind sehr sympathisch und ich verstehe mich gut mit ihnen.

Im Betrieb haben wir normalerweise erst um 16.30 Uhr Feierabend. Gestern hatte ich bis 13.30 Uhr Schule. Anschließend sind wir in die Kneipe gegangen. Am liebsten trinken wir zusammen ein Bierchen nach der Schule und unterhalten uns über alles mögliche. Nachher bin ich nach Hause gefahren, wo ich erstmal warm gegessen habe. Danach habe ich eine Stunde geschlafen. Abends nachdem ich mit meiner Familie zu Abend gegessen hatte, habe ich die Michaela, mit der ich befreundet bin, angerufen und bin zu ihr gefahren. Wir sind dann gemeinsam ins Jugendzentrum gefahren. Freitags im Jugendzentrum ist meistens ziemlich viel los. Gestern gab es ein Konzert. Das war nicht schlecht. Wir sind bis ungefähr Mitternacht da geblieben. Nachdem ich meine Freundin nach Hause gebracht hatte, bin ich so gegen ein Uhr schließlich ins Bett gegangen."

die Abwechslung (-en) *change, variation*
alles **mögliche** *all sorts of things*
anschließend *after that*
ausfallen lassen *to leave out, to do without*
der (ein) Auszubildende(r)★ *apprentice*
der Betrieb (-e) *firm*
danach *after that*
der Feierabend (-e) *end of the working day*
gegen *about*
klingeln (*wk*) *to ring (of alarm clock, bells, etc.)*
die Kneipe (-n) *pub*
die Lehre (-n) *apprenticeship*
schließlich *last of all*
umständlich *awkward*
der Wecker (-) *alarm clock*

★*This noun behaves like an adjective: see page 201 for more information on adjectival nouns.*

Die praktische Arbeit macht mir am meisten Spaß.
Freitags bin ich derjenige, der am frühesten aufsteht.

Nach der Schule

Christiane Korn

Übung 1. Hör zu!
Trage die Tabelle in dein Heft ein!
Christiane Korn ist siebzehn Jahre alt und wohnt
in Bottrop. Während der Woche fährt sie jeden
Tag mit dem Bus nach Essen, wo sie zur Schule
geht. Ihre Freizeit verbringt sie aber in Bottrop.

a. Hör dir das Tonband an und ordne den
   Tagesablauf richtig!

	Hier numerieren
Vor der Schule	**(1 bis 3)**
das Haus verlassen	
aufstehen	I
mit dem Bus zur Schule fahren	
Am Nachmittag und am frühen Abend	**(4 bis 9)**
Freund anrufen	
nach Hause fahren	
zu Mittag essen	
Kaffee kochen und trinken	
sich unterhalten	
schlafen	
Am Abend	**(10 bis 16)**
zu Abend essen	
Abendbrottisch decken	
Bier trinken sich unterhalten	
Hausaufgaben machen	
ins ‚Bistro‘ fahren	
nach Hause fahren	
ins Bett gehen	

b. Stell dir vor, du bist Christiane Korn. Wie
   hast du den gestrigen Tag verbracht? Erzähl
   deinem Lehrer, bzw. deiner Lehrerin, was du
   gestern gemacht hast! Du sollst die Zeitwörter,
   die auf Seite 10 stehen, zu Hilfe nehmen.
   Achte auf die Wortstellung!

Zum Beispiel:

Zuerst **bin ich** aufgestanden, dann . . . .

c. Schreib alles auf!

Frank Merian, Gitarrist bei Vox Populi

Übung 2. Stell Fragen über Frank Merian –
Gitarrist bei Vox Populi!
Dein Lehrer, bzw. deine Lehrerin hat jede
Menge Informationen zum Tagesablauf von
Frank Merian, der vor ein paar Tagen in
Hamburg war und der dort ein Konzert gab.
Wie verlief der Tag?

a. Zuerst sieh dir die folgenden Vokabeln ganz
   genau an! Dein Lehrer, bzw. deine Lehrerin,
   wird sie wahrscheinlich verwenden.

   abchecken *(wk)* *to check*
   das Autogramm (-e) *autograph*
   die Fabrik *factory, (here name of a Hamburg
   venue)*
   der Gitarrist (-en) *guitarist*
   komponieren *(wk)* *to compose*
   das Lied (-er) *song*

NDR (der Norddeutsche Rundfunk) *North
   German Radio*
die Radiosendung (-en) *radio programme*
die Show (-s) *show*
der Sound (-s) *sound (in context of recording)*
das Studio (-s) *studio*
(*verlaufen (verläuft, verlief, verlaufen) *to go,
   to pass (time)*)
(die Vokabel (-n) *word*)
die Zugabe (-n) *encore*

b. Anschließend stell Fragen an deinen Lehrer,
   bzw. an deine Lehrerin zum Tagesablauf von
   Frank Merian und mach Notizen! (Vergiß
   nicht beim Sprechen das Perfekt zu
   verwenden!)
   Du sollst folgendes herausfinden:
   (i) Was er zu Hause vor der Arbeit machte;
   (ii) Wie und wann er nach Hause fuhr;
   (iii) Wohin er nach seiner Ankunft in
        Hamburg fuhr und was er da machte;
   (iv) Wo, wann und mit wem er zu Mittag aß;
   (v) Was er zwischen 14.30 Uhr und 19.30
       Uhr machte;
   (vi) Wann die Show begann und wann sie
        endete;
   (vii) Was er nach dem Konzert machte und
        wohin er fuhr.

c. Schreib nun einen Bericht darüber!
   Stell dir vor, du bist Journalist/Journalistin
   und hast Frank an diesem Tag begleitet.
   Beschreibe seinen Tagesablauf und verwende
   dabei das Imperfekt!

Übung 3. In den verschiedenen Ländern
Europas haben die Leute verschiedene
Tagesabläufe.
Sieh dir folgende Tabelle genau an!

Uhr	Italien Francesco Verdi (14)	BRD Hermann Heine (15)	England Alison Bagley (16)	Frankreich Sandrine Leconte (17)

a. Sind diese Aussagen richtig oder falsch?

die Aussage (-n) *statement*

	richtig	falsch
(i) Francesco steht am frühesten auf.		
(ii) In England frühstückt man am spätesten.		
(iii) Francesco verläßt das Haus am spätesten.		
(iv) Sandrine fährt am längsten.		
(v) Alison fängt am spätesten mit der Arbeit an.		
(vi) Hermann hat am spätesten Schulschluß.		
(vii) Alison fängt am frühesten mit den Hausaufgaben an.		
(viii) Sandrine fängt am spätesten mit den Hausaufgaben an.		
(ix) Hermann fertigt seine Hausaufgaben am schnellsten an.		
(x) Francesco ißt am frühesten zu Abend.		
(xi) Sandrine ißt am spätesten zu Abend.		
(xii) Hermann geht am frühesten ins Bett.		

b. Verbessere nun die falschen Aussagen!

⌘ Übung 4. Mach diese kommunikative Übung
mit einem Partner oder einer Partnerin!
Cornelia Heyen und Volker Ulferts sind beide
Schüler der zehnten Klasse.

Ihre Tagesabläufe könnt ihr auf dieser Seite und
auf Seite 158 lesen.
*a. The details of Cornelia's and Volker's day are
divided between you and your partner, one of whom*
*refers to the information on this page and the other
to that on page 158. Convey this information to
each other in German, so that you both end up with
all the information.*

Zum Beispiel:

A: Was hat Volker gestern um 14.30 Uhr
gemacht?
B: Er ist zu Hause angekommen. Und was hat er
um 15.00 Uhr gemacht?

STUDENT A

Cornelia	
6.00	Wecker
6.15	
6.20	duschen
6.30	
6.45–7.00	Frühstück
7.15	
7.20	an der Haltestelle warten – Bus fällt aus
7.30–7.55	
8.00	aussteigen und zur Schule laufen
8.05	

Volker	
14.00	nach Hause fahren
14.30	
15.00	einen Tee trinken
15.15–16.00	
16.05	Freundin anrufen
16.30	
17.00–18.00	mit Freundin Kaffee trinken sich unterhalten
18.00–19.00	
19.15	zu Abend essen
20.00–22.00	
22.30	nach Hause fahren
23.00	
23.15	ins Bett gehen

b. Schreib jetzt alles auf! Benutze das Imperfekt! Du sollst die unten angegebenen Zeitwörter verwenden.

Zum Beispiel:

Gestern um sechs Uhr klingelte der Wecker.

Cornelia stand auf . . . .

c. Erzähl deinem Partner, bzw deiner Partnerin, was du gestern vor der Schule und nach der Schule gemacht hast! Dein Partner, bzw. deine Partnerin soll Notizen machen.

Zeitwörter und Wortfolge

zuerst erstmal } *first*

dann *then*

danach
nachher } *after that*
anschließend

schließlich *last of all*

Zuerst sind wir mit den Mofas 'rumgefahren.
Dann haben wir Kaffee getrunken.
Nachher bin ich nach Hause gefahren.
Danach habe ich meine Hausaufgaben gemacht.
Schließlich bin ich ins Bett gegangen.

---

wo *where*
während *while*
bevor *before*

These three words send the main verb to the end of the clause, e.g:

Ich bin nach Hause gefahren, wo ich erstmal warm gegessen habe.
Ich habe schnell Kaffee getrunken, während ich meine Brote einpackte.
Bevor ich das Haus verlassen habe, habe ich noch meine Pausenbrote fertiggemacht.

Die Komparation *Comparison of adverbs*

Positiv	**Komparativ**	**Superlativ**
früh	früher	am frühesten
spät	später	am spätesten
lang	länger	am längsten

The superlative adverb is formed by adding **-en** *to the stem of the superlative form of the adjective and putting* **am** *in front of it. Frequently it has an Umlaut.*

There are some irregular adverbs, e.g:

gern	lieber	am liebsten
gut	besser	am besten
viel	mehr	am meisten

Verb Quiz

After each section you will find a short list of strong or mixed verbs. Work with a partner and test each other on these in the following way:

A: Bringen – *to bring.*
B: Er/sie/es bringt, brachte, hat gebracht.

(Remember that some verbs take **haben** *and others take* **sein** *in the perfect tense.)*

finden	sehen
empfehlen	tragen
fahren	liegen

Wiederholung

1. Kannst du diese Leute beschreiben?

Zum Beispiel:

Sonja trägt einen langen Mantel.

Sonja   Uwe

3. Prüfe diese Informationen mit einem Partner, bzw. mit einer Partnerin! Die Informationen, die hier stehen, sind nicht unbedingt richtig. Dein Partner, bzw. deine Partnerin hat die richtigen Informationen. Vergleiche mit ihm, bzw. ihr und notiere alle Veränderungen, die gemacht werden müssen!
(Schüler A hat die Informationen auf dieser Seite, Schüler B auf Seite 158.)

prüfen (*wk*)   *to check*
unbedingt   *absolutely, necessarily*

A

Gerd Braun

Alter:	23
Geburtstag:	13. Dezember
Adresse:	Mondstraße 46
Telefonnummer:	06812-86 11 12
Größe:	1,89m
Figur:	schlank
Gewicht:	79kg
Gesicht:	rund, schmaler Mund, kleiner Bart
Familie:	2 Brüder, 1 Schwester
Beruf:	Elektriker
Hobbys:	Kegeln, Fußball

---

2. Kannst du folgende Leute beschreiben?

a.   b.

c.   d.

4. *What's the weather forecast?*

Das Wetter

Anfangs sonnig, später Gewitterneigung. 27–30°

2
Im Kaufhaus

Sieh Super g sehen
to see: n behold
Dir (promm) (to) you

ERSTER TEIL
Die Abteilungen

1. OBERGESCHOSS
ALLES FÜR DAS KIND
BABYARTIKEL
BADEWÄSCHE
BERUFSKLEIDUNG
DAMENBEKLEIDUNG
DAMENHÜTE
DAMENWÄSCHE
DAMENWOLLWAREN
HERRENBEKLEIDUNG
FASHION CLUB
PELZE
KREDITBÜRO
MIEDERWAREN
TEPPICHE · BODENBELAG
SCHUHE
SCHÜRZEN
STOFFE · GARDINEN
WEISS - FROTTIERWAREN

ERDGESCHOSS
LAMPEN · ELEKTROGERÄTE
RADIO · FERNSEHEN
SCHALLPLATTEN
HERRENWOLLWAREN
BÜCHER
FOTO · FILM · OPTIK
HANDARBEITEN
HANDSCHUHE
HERRENARTIKEL
LEDERWAREN
MODE · KURZWAREN
PARFÜMERIE
SCHIRME
SCHMUCK
SCHREIBWAREN
STRÜMPFE
SÜSSWAREN
TABAKWAREN
TASCHENTÜCHER
UHREN

TIEFGESCHOSS
ALLES FÜR DAS BAD
BETTWAREN
ALLES FÜR DAS AUTO
GESCHENKARTIKEL
GLASWAREN
HAUSHALTWAREN
LEBENSMITTEL
MÖBEL · MISTER MINIT BAR
PORZELLAN
RESTAURANT
SPIELWAREN
SPORTARTIKEL
HEIM- UND HANDWERKER
TOILETTEN
INFORMATION · CHANGE

Ein Abteilungsverzeichnis

Shop Depot
catalogre

Übung 1. Sieh dir das Abteilungsverzeichnis links an!
Du arbeitest am Informationsschalter eines großen Geschäfts. Kannst du den Kunden und den Kundinnen helfen, die auf dich zukommen? Sie wollen wissen, wo sich die verschiedenen Abteilungen befinden. Mach diese Übung mit einem Partner oder einer Partnerin!

die Abteilung (-en)   *department*
der Kunde (-n, -n)   *male customer*
die Kundin (-nen)   *female customer*

Zum Beispiel:

»Vogeley's«
Eis-Torte
400g Packung **4.**⁹⁹

Schwarzwälder
Torte
470g Packung **4.**⁹⁹

Nußtorte
700g Packung **3.**⁹⁹

A: Wo kann man hier Lebensmittel bekommen, bitte?
B: Lebensmittel sind im Untergeschoß.

A: Das Restaurant, bitte?
B: Das Restaurant befindet sich im Tiefgeschoß.

SPEISEKARTE III 81   In den Preisen sind Bedienungsgeld und Mehrwertsteuer enthalten.

Kalte Speisen und Salate | Kleine warme Speisen | Suppen, Käse, Desserts

601 Landbrot mit Griebenschmalz Traditionspreis 1,—
603 Schinkenbrot

709 „Heiße Seele" Roggenstange mit Schinken und Käse 4,50
710 Weinbergschnecken

720 Kellermeisterschmaus Krustenbrot mit Sauerkraut und geräucherter Ochsenbrust, ofenwarm

740 Pariser Zwiebelsuppe mit Käse überbacken 4,50

Paperback *Motoröl* *Trousers Swimming gear etc* *LPs*

a. Taschenbücher
Biene Maja, Heidi, Pinocchio, Sindbad

~~4.-~~ **1.-**

b. Motorenöl
20 W-50

1 Ltr. **3.⁹⁵**

c.
Herren Badehose	35.-
Damen Schwimmanzug	54.-
Damen Schwimmanzug	49.-
Damen Badeanzug	45.-
Herren Badehose	35.-
...en Shorts	45

d. Europa-Langspielplatten
mit Udo Jürgens, The Platters, Robert Stolz, Hermann Prey u. v. a.

~~×~~ **6.⁹⁵**

Shorts

e. Kaffeeservice
Steingut, *spülmaschinenfest! für 6 Personen.*

~~×~~ **42.⁹⁵**

f. T-Shirt
in verschiedenen Farben
100% Baumwolle

~~6.-~~ **3.-**

g. Damenpullover
1/4 Arm.
pflegeleicht

~~×~~ nur **25.-**

h. Herren-Hemden
1/2 Arm.

stark reduziert!

i. Französischer Münsterkäse
mit Kümmel
50% Fett i. Tr.

~~1.⁹⁸~~ **1.⁵⁸**
100 g

j. Reiseführer
und Straßenkarten

? Store/ directory *Guidebooks*

England...!

k. Sonderangebot
Idee-Kaffee
magenfreundlich veredelt

Special Offer

~~14.-~~ **9.⁹⁸**
500g Dose

a. „Wo kann man hier Bücher kaufen, bitte?"
b. „Kann man hier irgendwo Motorenöl bekommen?"
c. „Wo bekommt man hier Badesachen, bitte?"
d. „Ich möchte eine Schallplatte kaufen. Wo finde ich die hier, bitte?"
e. „Wo befindet sich das Geschirr?" *Crockery*
f. „Ich suche ein T-Shirt."
g. „Wo ist die Damenbekleidung, bitte?"
h. „Die Herrenabteilung, bitte?"
i. „Wo kann ich hier Käse kaufen?"
j. „Kann ich hier irgendwo Landkarten und Reiseführer kaufen?"
k. „Ich möchte Kaffee kaufen."

Wo kann ich hier bitte mein englisches Geld wechseln?

Übung 2. Kannst du jetzt auch die richtige Abteilung angeben?

2.OBERGESCHOSS

RESTAURANT
SPIELWAREN
FAHRRÄDER
ELEKTRO GROSSGERÄTE
KÜCHEN
MÖBEL
TEPPICHE
GARDINEN
BETTWAREN

1.OBERGESCHOSS

DAMENKONFEKTION
HERRENKONFEKTION
KINDEROBERBEKLEIDUNG
BABY-ARTIKEL
KINDER + HERRENWÄSCHE
DAMENWÄSCHE
SCHUHWAREN
STRICKWAREN
PELZMODEN
SPORTARTIKEL

Sie befinden sich im ERDGESCHOSS

HANDARBEITEN
LEDERWAREN
SCHREIBWAREN
SCHMUCK-KOSMETIK
SCHALLPLATTEN-MUSIKINSTR.
RADIO-FOTO-FERNSEHEN
ELEKTROGERÄTE
EISENWAREN
HAUSHALTW. GARTENARTIKEL
DA. HE. KI.- STRÜMPFE
KONFITÜREN
GESCHENKART. GLAS-PO ZELLAN

a. „Ich suche ein Fahrrad.“

b. „Kann ich hier einen Hotskater kaufen?“

c. „Ich möchte eine Kassette kaufen.“

d. „Kann man hier Kissen kaufen?“   *cushion*

e. „Ich möchte eine Bluse kaufen, bitte.“

f. „Wo gibt's hier Lebensmittel, bitte?“

g. „Wo kann ich hier einen Bikini kaufen?“

h. „Ich suche einen Regenmantel. Wo befinden die sich?“

i. „Kann ich hier einen Pullunder kaufen?“

j. „Entschuldigung, kann ich hier irgendwo einen Trainingsanzug bekommen?“

k. „Wir suchen einen Schlafanzug für den Kleinen hier. Wo sind die, bitte?“   *Pyjamas*

Zum Beispiel:

A: Ich möchte einen Werkzeugkasten *Toolbox* kaufen.
B: Haushaltswaren finden Sie im Erdgeschoß.

der Anzug (¨e)   *suit*
der Pullunder (-)   *sleeveless V-neck sweater*
der Schlafanzug (¨e)   *pyjamas*

a.

b.

c.

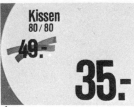

d.

e.

f.

g.

h.

i.

j.

k.

Übung 3.
a. *On which floor was the photo of the* Abteilungsverzeichnis *on the left taken?*
b. *Can you supply the missing letters?*
c. *What do the abbreviations on the ground floor list mean?*

Übung 4. Hör zu!
Welche Abteilung, welches Stockwerk?
Trage die Tabelle in dein Heft ein! Hör dir die
Dialoge an und sieh dir das
Abteilungsverzeichnis auf Seite 14 an!

a. Was wird gekauft?
b. In welchen Abteilungen finden die Dialoge
statt?
c. Und wo befinden sich diese Abteilungen?

Nummer	Artikel	Abteilung	Stockwerk
1.			
2.			
3.			
4.			
5.			

Q verbringen   bekommen
schreiben   nehmen
verbieten   vorbeikommen

ZWEITER TEIL
Beim Einkaufen

Gestern war Freitag und Dieter und Manuela
hatten vor, einen Einkaufsbummel in der Stadt
zu machen. Sie wollten mal sehen, was es Neues
in der Stadt gab. Nachdem der Unterricht zu
Ende gegangen war, trafen sich die beiden am
Haupteingang und gingen dann zu Fuß in die
Stadt. Von der Schule bis zur Stadtmitte ist es
nicht sehr weit.

Dieter mußte sich eine neue Hose kaufen, und
Manuela, deren neuer Kordrock dunkelrot war,
suchte einen dazupassenden Pullover. Ein Paar
Turnschuhe wollte sie sich vielleicht auch kaufen,
denn ihre alten waren schon ziemlich abgenutzt.
Sie wußte aber nicht, ob ihr Geld reichen würde.
Zunächst gingen sie zu „Hose und Pulli" – das
ist eine ganz hübsche Boutique. Die Sachen
waren dort sehr schick aber doch zu teuer. Also
gingen sie zu Karstadt und zwar direkt zur
Damenabteilung.

abgenutzt *worn out*
der Kordrock (¨e) *corduroy skirt*
passen (*wk*) + zu *to go with*
schick *chic, trendy*

In der Damenabteilung suchte Manuela einen Pullover. Nach einiger Zeit kam eine Verkäuferin auf sie zu.

„Kann ich Ihnen helfen?"

„Ja. Ich suche einen hellgrauen Pullover, der zu meinem Rock paßt."

„Welche Größe?"

„42."

„Also, ich habe diesen hier zu 120.-DM. Der ist aus reiner Wolle."

„120.-DM! Das ist mir zu teuer. Haben Sie einen preiswerteren Pullover da?"

„Ja. Der hier. Der ist recht hübsch und auch ziemlich günstig. Kostet nur 70.-DM. Ist allerdings zu 60% aus Synthetics."

„Oh ja. Der gefällt mir. Darf ich den anprobieren?"

„Bitte schön. Die Kabine ist dort drüben."

Manuela probierte den Pullover an.

„Dieter! Wie gefällt dir der Pullover?"

„Ganz gut."

„Stimmt. Er steht Ihnen wirklich sehr gut."

„Mir gefällt er auch. Den nehme ich."

„Zahlen Sie bitte vorne an der Kasse."

anprobieren (*wk*)   *to try on*
günstig
preiswert } *reasonable, inexpensive*
hübsch   *pretty*
rein   *pure*
stehen (steht, stand, gestanden) + *dat.*   *to suit*

Nachdem sie den Pullover gekauft hatte, mußten die beiden mit der Rolltreppe zur Herrenabteilung hinauffahren. Dort suchte Dieter nach einer Kordhose. Ein Verkäufer kam auf ihn zu und sprach ihn an.

„Kann ich Ihnen behilflich sein?"

„Ja. Ich suche eine Hose – eine Kordhose."

„Welche Größe tragen Sie?"

„40."

„Wir haben diese hier in ihrer Größe. Sie kosten alle 89.50DM."

„Diese Farbe gefällt mir nicht. Haben Sie etwas in Dunkelblau?"

„Ich glaube schon. Ja. Sehen Sie. Hier sind welche. Möchten Sie sie mal anprobieren?"

„Gern. Wo sind die Kabinen?"

„Drüben. Hinter der Kasse."

Nach einer Zeit kam Dieter wieder heraus.

„Haben Sie eine kürzere da? Diese ist mir etwas zu lang."

Dieter probierte die kürzere Hose in der Kabine an. Als er herauskam, fragte er Manuela, ob sie ihr gefiel.

„Na. Wie gefällt dir die Hose? Ich finde, sie paßt mir nicht."

„Doch. Sie paßt dir gut, und die Farbe steht dir auch. Ich finde sie ganz schön."

„Na gut. Ich nehme die."

---

die Kabine (-n) *changing room*
passen (*wk*) + *dat.* *to fit*
die Rolltreppe (-n) *escalator*
suchen nach + *dat.* *to look for*

Da Manuelas Pullover nur 70.-DM gekostet hatte, konnte sie sich die Turnschuhe noch leisten. Sie gingen zum Sportgeschäft auf der Kettwigerstraße. Dort gab es gute Turnschuhe im Sonderangebot.

„Kann ich Ihnen helfen?"

„Ja. Ich möchte Turnschuhe kaufen."

„Welche Größe brauchen Sie?"

„39."

„Möchten Sie Adidas oder Puma?"

„Es ist mir egal."

„Na gut. Wir haben diese hier zu 29.-DM. Sie sind im Sonderangebot."

„Darf ich sie mal anprobieren?"

„Selbstverständlich. Nehmen Sie bitte Platz."

Manuela probierte sie an.

„Sie passen nicht. Sie sind mir zu eng. Haben Sie die Schuhe eine Nummer größer da?"

„Es tut mir leid. Kommen Sie doch bitte in acht Tagen wieder. Wir kriegen nächste Woche neue Turnschuhe zu einem günstigen Preis rein."

---

das Sonderangebot (-e) *special offer*

Das ist Sie ist Sie sind	mir zu	teuer. lang. klein.
Haben Sie	einen billigeren (kürzeren, größeren)	da?
	eine billigere (kürzere, größere)	
	ein billigeres (kürzeres, größeres)	
Haben Sie etwas in Dunkelblau? Haben Sie den Pullover eine Nummer größer (kleiner)?		

Übung 1. Im Kaufhaus.
Hör zu und wähle den richtigen Satz!

a. (i) *He wanted cheaper jeans.*
(ii) *He wanted more expensive jeans.*
(iii) *He bought the cheaper jeans.*
(iv) *He bought the more expensive jeans.*

b. (i) *The jacket fits.*
(ii) *The jacket is too expensive.* Jack
(iii) *The jacket is too large.*
(iv) *The jacket is too tight.*

c. (i) *The shop stocks flat shoes.* Stiefel.
(ii) *She wants boots.*
(iii) *She wants flat shoes.*
(iv) *She wants high-heeled shoes.*

d. (i) *Volker thinks the dress is too long.*
(ii) *Volker thinks the dress is too short.*
(iii) *Volker does not like the dress.*

e. (i) *The trousers are too expensive.*
(ii) *The shop doesn't have blue trousers.*
(iii) *She wants blue trousers.*
(iv) *She wants brown trousers.*

f. (i) *She buys the jumper, because she likes the colour.*
(ii) *She buys the jumper, because she likes synthetic materials.*
(iii) *She doesn't buy the jumper, because she dislikes the colour.*
(iv) *She doesn't buy the jumper, because it's too expensive.*

g. (i) *The customer is looking for something special.*
(ii) *The customer can't see what he wants.*
(iii) *The customer is just looking.*

Kleidungsstücke

Maskulinum	Femininum	Neutrum	Plural
Anorak	Badehose	Hemd	Handschuhe
Badeanzug	Bluse	Kleid	Sandalen
Büstenhalter	Hose	T-Shirt	Schuhe
Hut	Jeans	Unterhemd (*vest*)	Socken
Mantel	Krawatte		Stiefel
Pullover	Latzhose (*dungarees*)		Strümpfe (*socks, stockings*)
Pullunder	Mütze		Strumpfhosen (*tights*)
Rock	Unterhose		Trainingsschuhe
Schal			
Schlips			
Trainingsanzug			
Unterrock (*petticoat*)			

Nützliche Adjektive

breit	eng	bunt	*colourful*	schlicht	*plain*
dunkel	hell	elegant	*elegant*	sportlich	*'sporty'*
groß	klein	gestreift	*striped*		
kurz	lang	kariert	*checked*		
teuer	billig	schick	*chic, smart*		

Chase

Übung 2. Eine Übung mit Maskulinum und Neutrum.
Wähle einen Partner oder eine Partnerin und übt Dialoge!
Der/die eine ist der Kunde/die Kundin (A) und der/die andere ist der Verkäufer/die Verkäuferin (B).

A: Ich suche

einen	Pullover. Trainingsanzug. Anorak.
ein	T-Shirt. Hemd.

B: Welche Größe haben Sie, bitte?

A: (Gib deine Größe.)

B: Wir haben | diesen / dieses | hier. ⟶ A: Darf ich | ihn / es | anprobieren?

A: Haben Sie | den Gleichen / das Gleiche | in | Blau Grau Rot Grün (andere Farben) | ?

B: Ja, sicher. Die Kabinen sind da drüben.

(A probiert ihn/es an.)

B: | Er / Es | steht Ihnen gut.

B: Ja. Hier.

A: Ich nehme | ihn / es | , bitte.

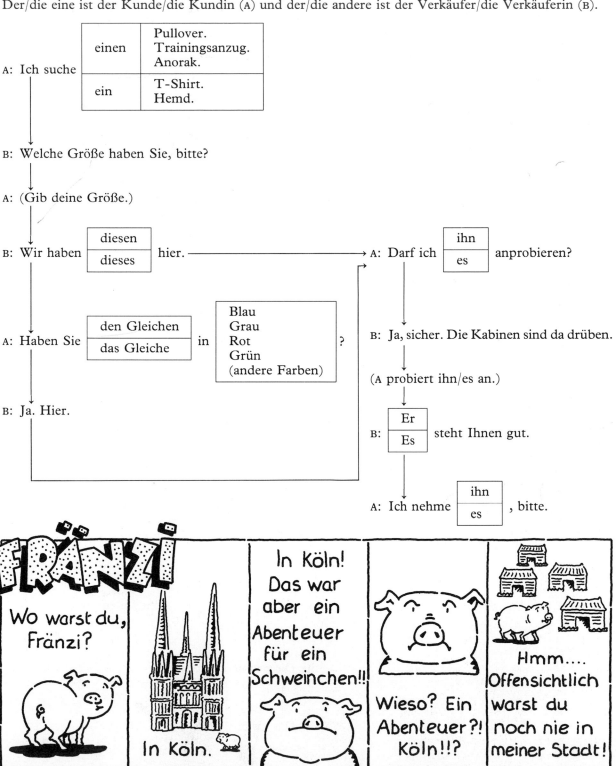

⁊⁊ Übung 3. Eine Übung mit Femininum.
Spielt Rollen! (A = Kunde/Kundin; B = Verkäufer/Verkäuferin.)

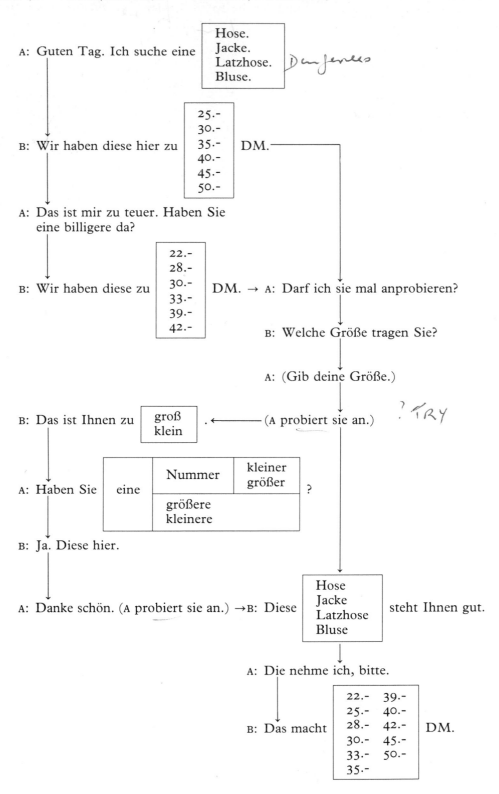

A: Guten Tag. Ich suche eine | Hose. / Jacke. / Latzhose. / Bluse. | *Danfenles*

B: Wir haben diese hier zu | 25.- / 30.- / 35.- / 40.- / 45.- / 50.- | DM.

A: Das ist mir zu teuer. Haben Sie eine billigere da?

B: Wir haben diese zu | 22.- / 28.- / 30.- / 33.- / 39.- / 42.- | DM. → A: Darf ich sie mal anprobieren?

B: Welche Größe tragen Sie?

A: (Gib deine Größe.)

B: Das ist Ihnen zu | groß / klein | . ← (A probiert sie an.) *? TRY*

A: Haben Sie | eine | Nummer | kleiner / größer | / größere / kleinere | ?

B: Ja. Diese hier.

A: Danke schön. (A probiert sie an.) → B: Diese | Hose / Jacke / Latzhose / Bluse | steht Ihnen gut.

A: Die nehme ich, bitte.

B: Das macht | 22.- 39.- / 25.- 40.- / 28.- 42.- / 30.- 45.- / 33.- 50.- / 35.- | DM.

Übung 4. Im Geschaft.
Übe mit einem Partner oder einer Partnerin
Dialoge! A ist der Verkäufer oder die
Verkäuferin; B ist der Kunde oder die Kundin.

a. A: Gefällt Ihnen **der** Anorak?
B: Ja. **Er** ist mir aber zu teuer. Haben Sie
einen preiswerteren (Anorak)?

b. A: Gefallen Ihnen **die** Schuhe?
B: Ja. **Sie** sind mir aber zu teuer. Haben Sie
preiswertere (Schuhe)?

Übt jetzt ähnliche Dialoge!
(Eine Liste von Kleidungsstücken und von
nützlichen Adjektiven befindet sich auf
Seite 18.)

Übung 5. Bilde Sätze mit ‚nachdem'!

Zum Beispiel:

Nachdem Dieter und Manuela die Schule verlassen hatten, gingen sie in die Stadt.

a.

Nachdem Manuela und Dieter zu „Hose und Pulli" gegangen waren, ...

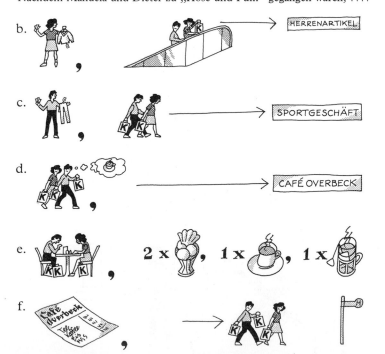

b.

c.

d.

e.

f.

Übung 6. Herr und Frau Winking sind
Hausmeister eines Wohnblocks. Leider können
sie nicht immer das machen, was sie wollen.
Letzten Mittwoch war ein typisches Beispiel dafür.
Erfinde Sätze!

Zum Beispiel:

Um neun Uhr **wollte** Frau Winking einen Kaffee
trinken, **konnte** aber nicht, weil sie zu Frau
Block heraufgehen **mußte**.

Das Imperfekt

können	**müssen**	**wollen**
ich konnte	ich mußte	ich wollte
du konntest	du mußtest	du wolltest
er/sie/es konnte	er/sie/es mußte	er/sie/es wollte
wir konnten	wir mußten	wir wollten
ihr konntet	ihr mußtet	ihr wolltet
Sie konnten	Sie mußten	Sie wollten
sie konnten	sie mußten	sie wollten

können, müssen, wollen *are all* ***modal verbs*** *and as such send the infinitive to the end of the clause, e.g:*

Er **wollte** sich eine Hose **kaufen**.

 ‚nachdem' mit dem Plusquamperfekt

Schließlich nachdem ich meine Freundin nach Hause gebracht hatte, bin ich gegen ein Uhr ins Bett gegangen.

Nachdem sie den Pullover gekauft hatten, mußten sie mit der Rolltreppe zur Herrenabteilung hinauffahren.

Note these two points:
a. **Nachdem** *sends the verb to the end of the clause.*
b. The verb in the **nachdem** *clause is in the pluperfect tense. The verb in the main clause is* **either** *in the perfect* **or** *in the simple past tense.*

 Doch

When someone makes a negative statement which you wish to contradict, you can begin your remark with **doch** *to show you disagree.*

Zum Beispiel:

„Sie hat ihre Tasche nicht verloren."
    „Doch. Sie hat sie im Bus gelassen."

„Wie gefällt dir die Hose? Ich finde sie paßt mir nicht."
    „Doch. Sie paßt dir gut, und die Farbe steht dir auch."

„Das Schwimmbad ist heute nicht geöffnet."
    „Doch. Es ist ab drei Uhr auf."

lassen	ausfallen
gehen	beißen
essen	ankommen

DRITTER TEIL
Komplimente und Mitgefühl

*<u>durchfallen</u> (fällt durch, fiel durch,
  durchgefallen) *to fail*
der Führerschein (-e) *driving licence*
der Glückwunsch (-̈e) *good wish*

gratulieren + *dat.* *to congratulate*
herzlich *heartfelt, warm, sincere*

katastrophal *catastrophic, disastrous*
jemanden gut leiden können *to like someone*
Der ist in Ordnung! *He's OK*
So ein Pech! *Just your (my, our, etc) luck! Hard luck!*

die Schande (-n) *shame, disgrace*
schrecklich *terrible*
sich verloben (wk) *to get engaged*

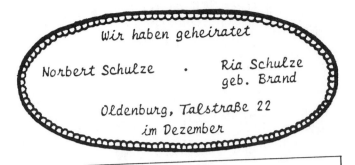

Wir haben geheiratet

Norbert Schulze · Ria Schulze
geb. Brand

Oldenburg, Talstraße 22
im Dezember

Marc und Britt   Kathinka und Anuschka

geben bekannt:
Unsere Eltern

Gundula Zuber und Thilo Sallmann

heiraten am 31. Mai

66 Saarbrücken 3, Corveystr. 15

Wir verloben uns am 1. Januar

Sabine Modrow   Dirk Gullatz

Wehnen   **Barßel**

Haldenstraße 7, 29 Oldenburg

Von jetzt an weiter als Verlobte

Karina Mißfeld   *Wolfgang Frick*

am 28. Mai

Kirchstraße 1   Prinzberg Str. 7
6601 Riegelsberg   6689 Merchweiler

Übung 1. Hör zu!

a. Worüber sprechen diese Leute? Beantworte
   auf Englisch!
b. Wie drücken sie Billigung, Mißbilligung,
   Mitgefühl und Gratulation aus?

Mach Notizen!

die Billigung   *approval*
die Gratulation   *congratulations*
die Mißbilligung   *disapproval*
das Mitgefühl   *sympathy*

Übung 2. Kannst du einen Satz aus der linken Spalte mit einem passenden Satz aus der rechten Spalte verbinden?

die Spalte (-n)   *column*

a. Wie findest du meinen neuen Rock?
b. FC Homburg hat schon wieder verloren!
c. Morgen habe ich Geburtstag.
d. Kennst du die neue Lehrerin?
e. Meine Großmutter ist gestorben.
f. Morgen fange ich bei Siemens an.
g. Vox Populi spielt heute abend in der Stadthalle. Weißt du das?
h. Wie gefällt dir mein neues Auto?
i. Was sagst du dazu? Wir bekommen im Frühjahr ein Kind!
j. Heute abend kann ich nicht mit. Ich habe zu viel Arbeit.

(i) Wie schön! Ich gratuliere euch beiden.
(ii) Mensch! Klasse!
(iii) Ja. Die mag ich. Sie ist in Ordnung.
(iv) Er gefällt mir gar nicht.
(v) Es gefällt mir unwahrscheinlich gut.
(vi) Oh. Das ist schade. Vielleicht ein anderes Mal.
(vii) Dann wünsche ich dir alles Gute auf der neuen Stelle.
(viii) Eine Schande, wie sie gespielt haben!
(ix) Ach! Das tut mir aber sehr leid. Ich hatte sie sehr lieb.
(x) Herzlichen Glückwunsch! Wie alt wirst du?

 Billigung

gefallen + *dat.*
(Er gefällt mir.)

in Ordnung sein
(Der neue Mathelehrer ist in Ordnung.)

mögen
(Ich mag ihn sehr.)

jemanden gut leiden können
(Ich kann sie gut leiden.)

Toll!

Klasse!

Mißbilligung

Katastrophal!

Eine Schande!

Schrecklich!

 Mitgefühl

jemandem leid tun
(Sie tut mir leid.)
(Es tut mir wirklich leid.)

Wie schade!

 Gratulation

gratulieren
(Ich gratuliere!)
(Ich möchte euch gratulieren.)

jemandem alles Gute wünschen
(Ich wünsche dir alles Gute.)

Alles Gute!

Herzlichen Glückwunsch!

Zum Lesen

a.

Herzlichen Glückwunsch

Saarbrücken. Frau Anna Meyer geb. Schnubel, wohnhaft in der Rubensstraße 53, feiert am heutigen Freitag ihren 85. Geburtstag. Zu diesem Ehrentag gratulieren recht herzlich und wünschen weiterhin alles Gute die Kinder, Schwiegerkinder, Enkel, Urenkel sowie alle Verwandten und Bekannten.

a. *(i) What is Frau Meyer celebrating today?*
(ii) Who is offering her their congratulations?
der Ehrentag (-e)   *birthday, special day*
die Enkel (*pl.*)   *grandchildren*
die Schwiegerkinder (pl.)   sons- and daughters-in-law
die Urenkel (*pl.*)   *great grandchildren*

(Fortsetzung auf Seite 28)

b.

Die WAZ gratuliert

Samstag
KARL SCHLEIFENBAUM, Haarzopf, Raadter Straße 13 (93 Jahre); KLARA SCHMIDT, Freisenbruch, Hellweg 121, (92 Jahre); ALBERT HEUSINGER, Altenessen, Zurniedenstraße 24 (85 Jahre); MARIA WINKLER, Drostenbusch 61 (85 Jahre); GRETCHEN DITTMER, Nibuhrstraße 5 (80 Jahre).
Sonntag
THEO BULLMANN, Aachener Straße 19 (83 Jahre); DAVID NOETZEL, An der Bergbrücke 52 (80 Jahre). **Goldene Hochzeit** feiern die Eheleute LUDWIG PIFFKO, Dellweig, Tangabucht 4.

c.

Wird heute 90: Wilhelmina Brandenburg in Kattenesch.

Ein Leben lang in Kattenesch

tn. **Kattenesch.** 90 Jahre jung wird sie heute, die „Tante Mina", Wilhelmina Brandenburg, deren zahlreichen Familie sie heute beglückwünscht. Die muntere alte Dame und die Gemeinde Kattenesch, die gehören zusammen, denn hier wurde sie geboren, hier verbrachte sie ihr bisheriges Leben und hier bewohnt sie noch dasselbe Haus, in dem sie vor 90 Jahren das Licht der Welt erblickte.

Als elftes von zwölf Kindern half sie zunächst in der elterlichen Landwirtschaft mit, absolvierte dann eine Ausbildung zur Verkäuferin und war in diesem Beruf viele Jahre hindurch in Bremen und Kattenesch tätig. Etwas Hausarbeit und das regelmäßige Studium der Zeitung, das sind ihr heute die liebsten Beschäftigungen neben den Gesprächen mit den zahlreichen Nichten und Neffen, und insbesondere den Urgroßnichten Sandra und Sylvia. Herzliche Glückwünsche zum Geburtstag kommen von diesen ebenso wie von den Familien Alfred Brandenburg, Werner Brandenburg, Dieter Brandenburg und Hans Jürgen Schneider sowie allen übrigen Bekannten und Nachbarn, denen sich auch die BREMER ANZEIGER gerne anschließt.

Zum Lesen

absolvieren *(wk)*   *to complete (a course)*
die Eheleute *(pl.)*   *married people*
gehören *(wk) + dat.*   *to belong to*
die Hochzeit *(-en)*   *wedding*
das Licht der Welt erblicken   *to be born*
   (literally, 'to see the light of the world')
munter   *cheerful*
der Nachbar *(-n, -n)*   *neighbour*
der Neffe *(-n, -n)*   *nephew*
die Nichte *(-n)*   *niece*
recht herzlich   *warmheartedly*
tätig   *active*

b. Why are these people being congratulated?

c.   (i) What is Frau Brandenburg celebrating today?

(ii) How long has she been living in her present house?

(iii) How many older brothers and sisters did she have?

(iv) What was her parents' occupation?

(v) What did she train for?

(vi) How does she spend her time now?

(vii) Who is offering her their congratulations?

trinken	beginnen
schlafen	verlieren
geben	schneiden

Wiederholung

1. Beschreibe den Wohnort, das Haus oder die Wohnungen dieser Leute! Schreib, ob sie umgezogen sind, usw. (Vorsicht! Verwende nur Präsens oder Imperfekt!)

Die Symbole

 Wohnzimmer

 Eßzimmer

 Schlafzimmer

 Badezimmer

 Küche

Garage

Garten

a. Maria Gebert

(i) Jetzt
   Wohnung – 4. Stock

   1 ×

   3 ×

   1 ×

   1 ×

   0 ×

   0 ×

   Industriegebiet
   Stadtrand
   nördlich
   Buslinie

(ii) Früher
    vor zwei Jahren umgezogen
    Haus

Fluß

   1 ×

   2 ×

   1 ×

   1 ×

   1 ×   (groß)

   0 ×

   Dorf – 3000 Einwohner

b. Karl-Heinz Schneider

(i) Jetzt
   Wohnung – Dreifamilienhaus

   3 ×

   1 ×

   1 ×

   1 ×

   1 ×

   0 ×

   1 ×

   Dorf – 4000 Einwohner
   2 km → Autobahn
   Berge

(ii) Früher
    vor 10 Monaten umgezogen
    Wohnung – Wohnblock

    2 ×

    1 ×

    1 ×

    Stadtmitte
    5 Min. Hbf.
    Buslinie 5
    Straßenbahn 16

2. Mach ein Interview mit einem Partner oder einer Partnerin! Die Informationen für Schüler/Schülerin A befinden sich auf dieser Seite, und die Informationen für Schüler/Schülerin B befinden sich auf Seite 158.
Ihr sollt folgendes fragen:

a. Wo er/sie jetzt wohnt;
b. Ob er/sie dort geboren wurde;
c. Wenn nicht, wo er/sie früher wohnte;
d. Was er/sie dort machte;
e. Wann er/sie umzog;
f. Warum er/sie umzog;
g. Ob er/sie eine Familie hat;
h. Welche Mitglieder dazugehören;
i. Was er/sie für einen Beruf hat.

Schüler/Schülerin A   Personalien

– Kassel
– geboren: Rostock DDR
– bis 1959 Elektriker/in
– 1959 mit 23 Jahren in die BRD
– hatte DDR nicht gern
– Familie: heiratete 1964
          2 Kinder (Junge, Mädchen)
– Beruf: Verkäufer/Verkäuferin

die Personalien (*pl.*)   *particulars*

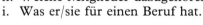

3. Beschreibt die Deutschlandreise, die die Familie Haslam gemacht hat! Wechselt euch regelmäßig bei der Beschreibung ab!

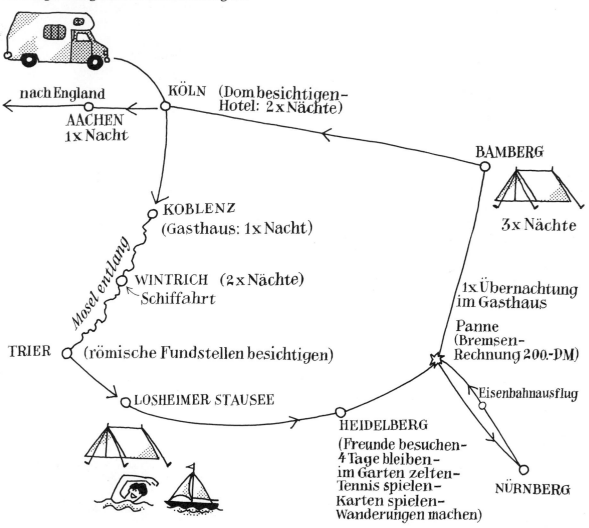

nach England

AACHEN
1 x Nacht

KÖLN (Dom besichtigen-
Hotel: 2 x Nächte)

BAMBERG

3 x Nächte

KOBLENZ
(Gasthaus: 1 x Nacht)

Mosel entlang

WINTRICH (2 x Nächte)
Schiffahrt

1 x Übernachtung
im Gasthaus

Panne
(Bremsen-
Rechnung 200.-DM)

TRIER (römische Fundstellen besichtigen)

Eisenbahnausflug

LOSHEIMER STAUSEE

HEIDELBERG
(Freunde besuchen-
4 Tage bleiben-
im Garten zelten-
Tennis spielen-
Karten spielen-
Wanderungen machen)

NÜRNBERG

4. *What's the weather forecast?*

DAS WETTER

Naßkalt

Stark bewölkt bis bedeckt. Vormittags Schneefall aufkommend. Später in Niederungen teilweise Schneeregen oder Regen. Höchsttemperaturen 0 bis 3 Grad; Tiefstwerte plus 1 bis minus 3 Grad. Gefahr von Straßenglätte.

Fröhliche Weihnachten..

Deutsche Feste: Weihnachten bei Dagmar

Advent

Die Vorbereitung auf Weihnachten beginnt in Deutschland mit der <u>Adventszeit</u>. Das sind die vier Wochen vor Weihnachten. Die meisten Leute kaufen einen <u>Adventskranz</u>, der mit Kerzen und sonstigen kleinen Dekorationen <u>geschmückt</u> wird. An jedem der vier Adventssonntage wird immer eine Kerze <u>angezündet</u>, bis eine Woche vor Weihnachten alle Kerzen brennen.

Christmas wreath holding four candles
decorated

lit

Als wir noch Kinder waren, setzten wir uns in unserer Familie immer abends zusammen. Die Kerzen wurden angezündet, es wurden <u>Adventslieder</u> gesungen und manchmal bastelten wir Weihnachtsgeschenke.

advent hymns

An jedem Adventssonntag halfen meine Schwester und ich unserer Mutter <u>Weihnachtsplätzchen</u> zu backen. An Weihnachten wurden dann diese Süßigkeiten auf einen <u>Gebäckteller</u> gelegt.

Christmas biscuits

biscuit plate

Weihnachten selbst beginnt am 24. Dezember, dem <u>Heiligen Abend</u>. Schon ab Nachmittag durften meine Schwester und ich nicht mehr ins Wohnzimmer. Das war nun Vaters Bereich, wo der <u>Christbaum</u> mit silbernen <u>Kugeln</u>, weißen Kerzen und anderen Dekorationen von ihm geschmückt wurde.

Christmas Eve

Christmas tree

silver   balls

32

Father Christmas
the baby Jesus

Und dann begann die lange Zeit des Wartens, denn das Christkind kam mit den Geschenken erst abends. So verbrachten wir also den Nachmittag damit, daß wir einige Weihnachtslieder sangen, noch ein Gedicht lernten, oder unsere Mutter uns Weihnachtsgeschichten vorlas.

Christmas service
parish

Um 5.00 Uhr abends gingen wir dann in die Kirche zur Weihnachtsmesse. Nachher versammelte sich die Gemeinde auf dem Rathausplatz und sang alte Weihnachtslieder.

giving out of presents

Anschließend zu Hause fand endlich die Bescherung statt. Die Kerzen des Christbaumes wurden angezündet, und wir bewunderten ihn. Unter dem Baum lagen die Geschenke. Bevor wir alles auspacken und anschauen durften, sangen wir noch Weihnachtslieder, trugen unsere Gedichte vor oder lasen die Weihnachtsgeschichte.

recited

Christmas goose

So ist also in Deutschland der 24. Dezember der beliebteste Weihnachtstag. Am 25., dem ersten Feiertag, macht man es sich in der Familie gemütlich. In manchen Familien gibt es wohl die traditionelle Weihnachtsgans, aber bei uns zu Hause gibt es meistens nach der Suppe Rehbraten, selbstgemachte Spätzle, und als Dessert eine leckere Süßspeise oder Weihnachtsgebäck.

roast venison
delicious

noodles (from southern Germany)

 *..und einen guten Rutsch ins neue Jahr*

33

3
Gesundheit

ERSTER TEIL
Beim Arzt oder bei der Ärztin

Wenn man im Ausland ist, kann es schon mal vorkommen, daß man wegen eines Unfalls oder wenn man plötzlich krank wird, medizinische Behandlung braucht. Bei ernsten Fällen geht man direkt zum Arzt, bzw. zur Ärztin – sonst ruft man vorher an, um einen Termin auszumachen. In sehr dringenden Fällen, zum Beispiel wenn jemand von einem Auto angefahren und verletzt wird, ruft man die Notrufnummer (110 in der BRD) oder ein Krankenhaus an.

<u>an</u>fahren   *to knock down, to run over*
wegen + gen.   *because of*

Rufnummern der Fernsprechsonderdienste		Ortsnetz[3]) Saarbrücken	Ortsnetz[3]) Neunkirchen	übrige Ortsnetze
Notruf		1 10	1 10	1 10
Feuerwehr		1 12	1 12	[1])
Fernsprechauftragsdienst		1 14	01 14	01 14
Fernsprechauskunft	Inland	1 18	01 18	01 18
	Ausland	00118	00118	00118
Fernvermittlungsstelle (Fernamt)	Inland	0 10	0 10	0 10
	Ausland	00 10	00 10	00 10
Störungsannahme für Fernsprecheinrichtungen		117	0117	0117
Fernschreib- u. Datenübertragungseinrichtungen		11 17	0 11 17	0 11 17
Ton- u. Fernsehrundfunk, Funkdienste		1 17	01 17	01 17
Telegrammaufnahme		1 13	01 13	01 13

Am Wochenende werden die Ärzte von einem Notdienst ersetzt und die betreffende Nummer wird in der Zeitung angegeben.

Folgende Auskünfte standen zum Beispiel an einem Freitag im Lokalteil einer Regensburger Zeitung. Einige Apotheken, bzw. Arztpraxen haben am Wochenende Dienst und deren Adressen und Telefonnummern werden hier angegeben.

ersetzen (*wk*)   *to replace*

Übung 1. Sieh dir den Zeitungsausschnitt an! Beantworte folgende Fragen!

der Ausschnitt (-e)   *extract*

a. *Between which hours and on which days does the weekend emergency service in Regensburg operate?*
b. *What is the telephone number of the weekend emergency service?*
c. *During which hours could you visit the emergency weekend surgery in Regensburg?*
d. *What is special about the service that exists for the sick and the handicapped?*
e. *To what organisation could battered women turn for help?*
f. *What dental services are available at weekends?*
g. *Where in Regensburg could you have found a chemist that was open on this particular weekend?*

Ärzte und Apotheken

Ärztlicher Notfalldienst (von Freitag, 19 Uhr, bis Montag, 7 Uhr)

Telefon 56 00 66
Der ärztliche Notfalldienst soll nur in dringenden Fällen in Anspruch genommen werden.
Gehfähige Patienten können in dringenden Fällen die Kassenärztliche Notfallpraxis in Regensburg, Greflinger Straße 4 (BRK-Gebäude), am Samstag und Sonntag jeweils in der Zeit von 9 bis 12 Uhr und von 15 bis 17.30 Uhr aufsuchen.
ARV-Medikamenten-Notdienst: Kostenloser Service für Kranke und Behinderte, die nicht selbst zur Apotheke gehen können, von Samstag, 8 Uhr, bis Montag, 7 Uhr.

Telefon 5 50 55
Hilfe für geschlagene Frauen: unter der Nummer 56 33 88 beim Frauenhaus Regensburg.
Zahnärztlicher Notfalldienst an Samstagen, Sonn- und Feiertagen nur von 10 bis 12 Uhr, Telefonbereitschaft von 17 bis 18 Uhr.
Notdienstapotheken: Samstag/Sonntag, 8./9. August: H i r s c h - Apotheke, Gabelsberger Straße 4, T h e r e s i e n - Apotheke, Kumpfmühler Straße 45.

in Anspruch nehmen   *to claim, to take up*
jeweils … und …   *at both … and at …*

Dr. Med. Brigitte Schlag

Alle Kassen

Mo., Di., Do., Fr.	Di., Fr.
8.00–10.30	14.00–17.30

Frau Doktor Schlag

🔊 Wie man einen Termin ausmacht

Wenn man nicht weiß, wann der Arzt, bzw. die Ärztin eine Sprechstunde hat, oder wenn man einen Termin ausmachen will, ruft man in der Praxis an. Termine werden dann von der Sprechstundenhilfe ausgemacht.

Die Essenerin Sarah Fries, deren Temperatur schon seit zwei Tagen erhöht war, rief an einem Dienstag bei Doktor Schlag an und sprach mit der Sprechstundenhilfe.

die Sprechstunde (-n) *consulting hours*
die Sprechstundenhilfe (-n) *doctor's receptionist*
meine (deine, seine, usw.) Temperatur ist
  erhöht *my (your, his, etc.) temperature is up*

„Praxis Doktor Schlag."

„Guten Tag. Ich möchte einen Termin ausmachen."

„Ja. Können Sie bis morgen warten oder wollen Sie heute kommen?"

„Heute, wenn es geht. Ich habe Halsschmerzen und Fieber und Husten."

„Dann kommen Sie bitte zwischen 14.00 Uhr und 17.30 Uhr zur Sprechstunde. Am besten kommen Sie gegen 15.30 Uhr. Wie heißen Sie, bitte?"

„Fries, Sarah."

„Danke. Auf Wiederhören."

„Auf Wiederhören."

der Husten (*no pl.*) *cough*

Bei der Ärztin im Sprechzimmer

Ein anderer Patient an diesem Dienstag war Karl-Heinz Richter, der sich seit Tagen nicht wohl fühlte. Als seine Temperatur von seiner Mutter gemessen wurde, stellte es sich heraus, daß er Fieber hatte. Seine Mutter hatte dann in der Praxis angerufen und einen Termin ausgemacht.

Nachdem er von der Ärztin untersucht worden war, wurden ihm Kapseln und Hustensaft verschrieben.

„Guten Tag, Frau Doktor."

„Guten Tag, Karl-Heinz. Was kann ich für Sie tun?"

„Schon seit Tagen geht es mir nicht gut."

„Inwiefern?"

„Ich habe eine fürchterliche Erkältung, einen Husten und auch Fieber."

„Haben Sie heute schon Ihre Temperatur gemessen?"

„Ja. Ich habe 38.5."

„Sie haben bestimmt eine Grippe. Das haben viele im Moment. Das ist nicht schlimm. Ich verschreibe Ihnen einige Kapseln und Hustensaft. Nehmen Sie die Kapseln dreimal am Tag und den Hustensaft morgens und abends, nach den Mahlzeiten. Legen Sie sich am besten heute und vielleicht auch morgen ins Bett."

der Erkältung (-en) *cold*
die Grippe (-n) *flu*
inwiefern *in what way*
die Kapsel (-n) *capsule*

Gerade danach kam ein Notfall in die Praxis herein: Wolfgang Vehling, ein Junge, der von einem vorbeifahrenden Auto erwischt worden war, und dessen Mutter ihn direkt in die Praxis gebracht hatte. Die Arzthelferin gab der Ärztin sofort Bescheid, und Mutter und Sohn kamen ins Sprechzimmer geeilt.

„Guten Morgen, Frau Doktor. Gerade hier an der Kreuzung ist das passiert .... Diese verrückten Autofahrer ...! Sehen Sie sich seinen Arm nur an!"

„Ja. Nehmen Sie bitte Platz. Wo tut das denn weh? Hier an der Schulter und am Oberarm, nicht wahr? Am besten gehen Sie gleich ins Krankenhaus zum Röntgen. Ich lege den Arm zuerst in eine Schlinge. Wie ist Ihr Name, bitte?"

„Vehling."

„Und der junge Mann heißt ...?"

„Ich heiße Wolfgang."

„Sind Sie mit dem Auto da, Frau Vehling?"

„Ja."

„Ich glaube nicht, daß das so schlimm ist, Frau Vehling, aber um ganz sicher zu sein, fahren Sie am besten hin. Meine Sprechstundenhilfe gibt Ihnen die Überweisung."

„Recht schönen Dank, Frau Doktor."

„Nichts zu danken. Mach dir keine Sorgen, Wolfgang. Es war gut, daß du eine dicke Jacke anhattest."

erwischen (*wk*) *to hit, to catch*
das Röntgen *X-ray*
die Schlinge (-n) *sling*
die Schulter (-n) *shoulder*
die Überweisung (-en) *referral (to another doctor or to a specialist)*

Übung 2. Was haben diese Leute und was brauchen sie?

a. Stellt Fragen aneinander!

Zum Beispiel:

A: Was hat Uwe?
B: Er hat Ohrenschmerzen.
A: Was braucht er?
B: Er braucht Watte.

1. Sarah    2. Markus    3. Uwe    4. Verena

5. Heinz    6. Manfred 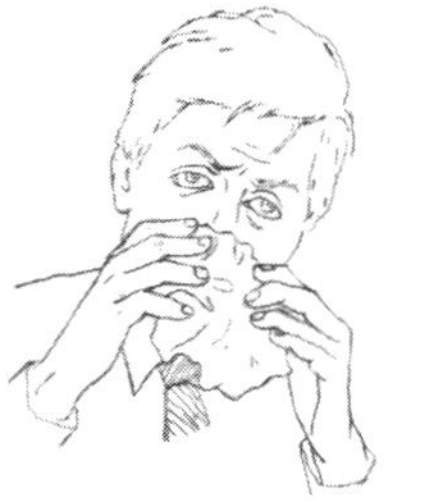   7. Peter    8. Inge    9. Frau Mertens

10. Jens   11. Andreas 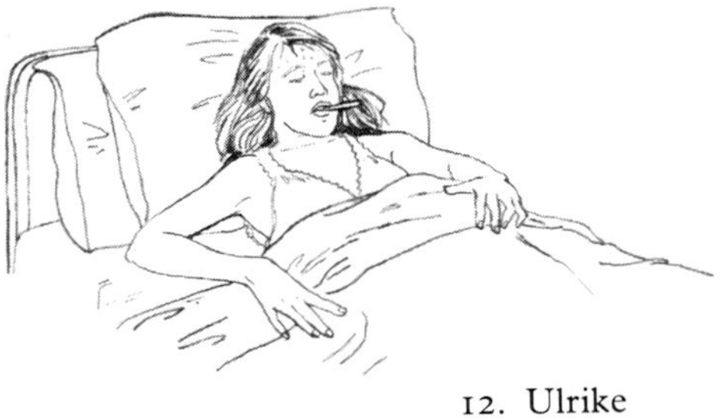   12. Ulrike

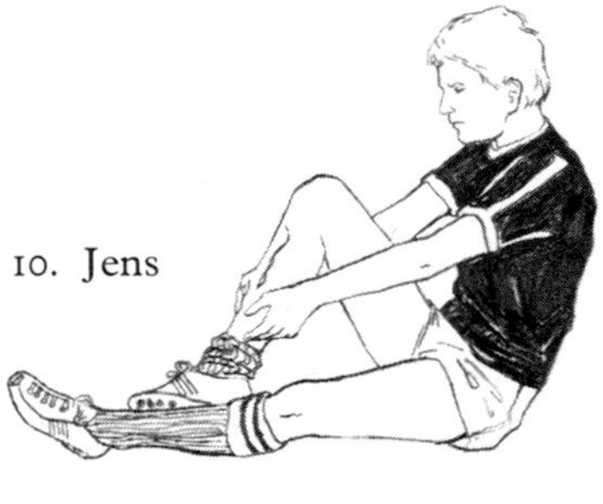

a. WATTE   b. VERBAND   c. SALBE   d.    e. Schmerztabletten   f. Nasentropfen

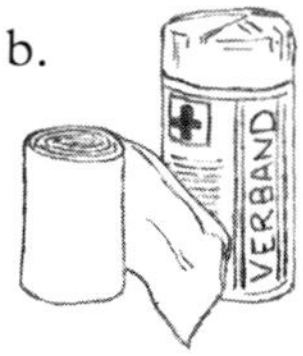

g. Aspirin   h. BRANDSALBE   i. Pflaster / Pflaster   j. HUSTENBONBONS   k. Magentabletten   l. TABLETTEN

b. Schreib nun Sätze mit ‚weil'!

Zum Beispiel:

Uwe braucht Watte, weil er Ohrenschmerzen hat.

Übung 3. Verbinde einen Satz aus der linken Spalte mit einem Satz aus der rechten Spalte, so daß ein sinnvoller Dialog entsteht!

Beschwerde(n)

a. Meine Hose paßt mir nicht mehr. _more_
b. Ich habe starke Kopfschmerzen.
c. Ich glaube, ich habe eine Magenverstimmung – mir ist ganz übel.
d. Ich habe eine Grippe.
e. Mein Fuß ist geschwollen.
f. Ich habe Halsschmerzen und bin auch stark erkältet.
g. Ich habe Zahnweh.
h. Mir brennt der Rücken so und meine Arme sind auch ganz rot.
i. Ich habe Ohrenschmerzen.
j. Ich habe mich beim Brotschneiden in den Finger geschnitten.
k. Ausgerechnet heute, wo es so stürmisch ist, muß ich mit der Fähre nach Hamburg fahren.
l. Mit dem Reisebus fahre ich nicht gern. Mir wird so leicht schlecht.
m. Ich habe mich am Arm verbrannt.
n. Mich hat eine Mücke gestochen.
o. Ich habe Magenschmerzen.

der Kamillentee _camomile tea_
die Nasentropfen (_pl._) _nasal drops_
das Pflaster (-) _plaster_
der Rat _advice_
das Rezept (-e) _prescription_
schmieren (_wk_) _to smear, to rub in_
das Zwieback (-e _or_ ᷱe) _rusk_

Rat, bzw. Rezept(e)

(i) Sie brauchen Bettruhe. Bleiben Sie im Bett, bis das Fieber gesunken ist.
(ii) Du solltest den Zahn ziehen lassen.
(iii) Dann brauchen Sie eine Schmerztablette.
(iv) Du solltest nur Kamillentee trinken und Zwieback essen.
(v) Du bist zu dick geworden. Du solltest eine Diät machen.
(vi) Nächstes Mal sollten Sie nicht so lang in der Sonne liegen.
(vii) Du solltest ihn röntgen lassen.
(viii) Du solltest dich ganz vorne hinsetzen und eine Reisetablette nehmen.
(ix) Kratz dich nicht. Du solltest etwas Mückenstichsalbe darauf schmieren.
(x) Du solltest schnell etwas Brandsalbe darauf geben.
(xi) Dann brauchen Sie Halstabletten und Nasentropfen. Ich verschreibe Ihnen welche.
(xii) Du solltest ein Pflaster darauf kleben.
(xiii) Du solltest Watte hineinstecken und zum Ohrenarzt gehen.
(xiv) An deiner Stelle würde ich eine Pille gegen Seekrankheit nehmen.
(xv) Du solltest eine Tablette gegen Magenschmerzen nehmen.

Übung 4. Sieh dir die Bilder unten an!
a. Was würden diese Leute sagen?
b. Was sollten sie tun? Kannst du etwas vorschlagen?

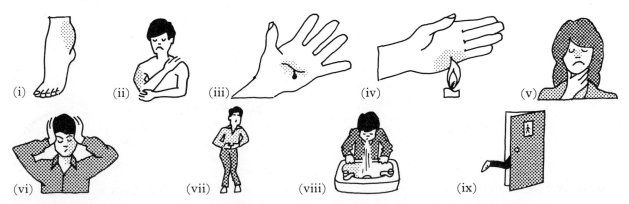

(i)   (ii)   (iii)   (iv)   (v)
(vi)   (vii)   (viii)   (ix)

⧉Übung 5. Wie man einen Termin ausmacht.
Spielt Rollen! (A = Patient/Patientin; B =
Sprechstundenhilfe.)
Seht euch zuerst das Beispiel rechts an!

Zum Beispiel:

A: Ich möchte einen Termin ausmachen.
B: Wann möchten Sie kommen? Heute oder
morgen?
A: Heute, wenn es geht.
B: Was fehlt Ihnen?
A: Ich habe starke Kopfschmerzen.
B: Kommen Sie am besten heute abend.
A: Um wieviel Uhr?
B: Um 18.30 Uhr.
A: 18.30 Uhr. Danke schön. Auf Wiederhören.
B: Auf Wiederhören.

A: Um einen Termin bitten.
B: Wann? Heute oder morgen?

A:
> Heute.
> Morgen.
> Weiß nicht.

B: Symptome?

A:

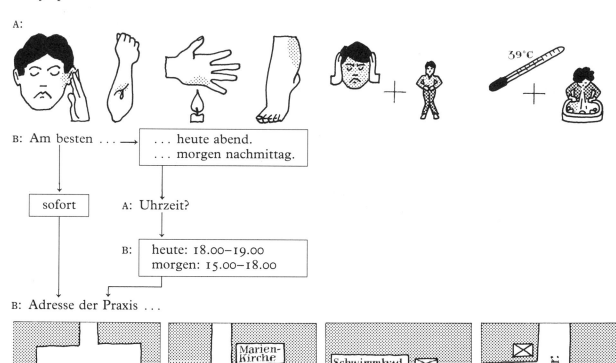

B: Am besten ... →
> ... heute abend.
> ... morgen nachmittag.

sofort   A: Uhrzeit?

B:
> heute: 18.00–19.00
> morgen: 15.00–18.00

B: Adresse der Praxis ...

Marktplatz — Kaufhof

Marien-Kirche — Marienstr.

Schwimmbad — Bergstr.

Hochstr. — Langstr.

A: Danke. Auf Wiederhören.

Übung 6. Nach dem Unfall. Hat der Radfahrer, bzw. die Radfahrerin sich verletzt? Kannst du die richtige Antwort geben?

Zum Beispiel:

c. Er hat sich nicht verletzt.

A: Hat er sich verletzt?
B: Ja. An der Hand.

A: Er hat sich nicht verletzt.
B: Doch. An der Hand.

d. Hat er sich verletzt?

a. Hat er sich verletzt?

e. Sie hat sich nicht verletzt.

b. Sie hat sich nicht verletzt.

f. Hat er sich verletzt?

Übung 7. Kannst du vielleicht raten, wie diese Leute sich verletzt haben?

Zum Beispiel:

Er ist von einer Leiter gefallen.
Sie ist aus dem Bett gefallen.

raten (rät, riet, geraten) *to guess*

Übung 8. Was passiert in einer Praxis?

Zum Beispiel:

In einer Praxis werden Impfungen gemacht.

die Impfung (-en) *vaccination*

Sieh dir folgende Bilder an!
Kannst du sagen, was noch passiert?

a. **Dienstag**

8.00 Kranz
8.20 Richter
8.40 Meyer

b.

c.

d. **Rezept**

1ml. Dramur
2x an Tag

Übung 9. Hör zu!
Rainer Simmer, Mitarbeiter der deutschen Bundesbahn in Saarbrücken, erlebte im letzten Winter einen Unfall. Auf dem Tonband beschreibt er, was passierte, nachdem er an einem kalten Novemberabend den Bahnhof verlassen hatte.
Hör zu und beantworte folgende Fragen, auf Englisch!

a. *What was he doing when he had the accident?*
b. *What caused him to slip?*
c. *What happened after he had come home?*
d. *What did he do on the next day?*
e. *What treatment was he given?*
f. *How long did he have to stay in hospital?*
g. *How does he describe his stay in hospital?*
h. *How long was he off work?*

Zum Lesen und zum Schreiben 1

Unfreiwilliger Flug über das Hausdach

Stockholm, 19. März (AP)

In der schwedischen Stadt Boras hat ein Mann einen Flug über sein Hausdach in den Nachbargarten mit einigen Knochenbrüchen überlebt.

Wie die schwedische Zeitung „Expressen" am Freitag berichtete, war der Mann auf das Dach seines Hauses geklettert, um Schnee fortzuschaufeln. Da das Haus keinen Schornstein hatte, befestigte der ungenannte Hausbesitzer eine Rettungsleine an der Hinterachse seines Autos, führte sie über den Dachfirst und band sie sich dann um die Taille.

Seine nichtsahnende Frau wollte wenige Minuten später mit dem Wagen zum Einkaufen fahren und riß dabei ihren Mann über das Dach in den Heckenzaun. Bei der unsanften Landung brach er sich ein Bein, einen Arm und vier Rippen.

der Dachfirst (-e) *ridge of the roof*
der Heckenzaun (¨e) *hedge*
der Knochen (-) *bone*
die Rettungsleine (-n) *safety line*
der Schornstein (-e) *chimney*
die Taille (-n) *waist*

a. (i)   *Why was the man on the roof?*
   (ii) *Why did he not tie himself to the chimney?*
   (iii) *What did he tie himself to?*
   (iv) *How did he come off the roof?*
   (v)   *Where did he land?*
   (vi) *What were his injuries?*

b. Ergänze den Text! Fülle die Lücken mit einem passenden Wort, bzw. mit passenden Worten aus!

Dieser Schwede wollte ...... von ...... fortschaufeln. Also ...... er auf ...... mit ...... um .... Es gab ...... auf ...... und der Mann befestigte ...... an .... Seine Frau brauchte in ...... zu fahren, und fuhr ab. Der Mann fiel ...... hinunter und ...... sich ...... Knochen.

Zum Lesen 2

der Begleiter (-) *person accompanying someone, companion*
das Bewußtsein *consciousness*
feststellen (*wk*) *to confirm*
infolge + *gen.* or von *as a result of*
klagen (*wk*) über + *acc.* *to complain*
der Kreislauf *circulation*
die Übelkeit (-en) *sickness, nausea*
vermutlich *presumably*

Tödlicher Wespenstich

Durch einen Wespenstich ist ein 46jähriger Wanderer im Schwarzwald gestorben. Der Mann wurde von einem Insekten am linken Ellenbogen vermutlich direkt in eine Blutbahn gestochen. Kurz darauf klagte er über Übelkeit, mußte sich erbrechen und verlor das Bewußtsein. Ein von seinen Begleitern herbeigeholter Arzt konnte nur noch den Tod infolge Herz- und Kreislaufstillstand feststellen.
dpa

Note this adjectival construction, which is common in German:

Ein von seinen Begleitern herbeigeholter Arzt, konnte ihm nicht helfen.
Ein Arzt, der von seinen Begleitern herbeigeholt wurde, konnte ihm nicht helfen.

Ein von einer Wespe gestochener Mann ist im Schwarzwald gestorben.
Ein Mann, der von einer Wespe gestochen wurde, ist im Schwarzwald gestorben.

Der vom Dach hinuntergefallene Mann wurde sofort ins Krankenhaus gebracht.
Der Mann, der vom Dach hinunterfiel, wurde sofort ins Krankenhaus gebracht.

Das Imperfekt

sollen
ich sollte
du solltest
er/sie/es sollte
wir sollten
ihr solltet
Sie sollten
sie sollten

Remember that **sollen** *is a modal verb and as such sends the infinitive to the end of the clause.*

Zum Beispiel:

Du solltest zum Arzt gehen.

Das Passiv

The passive is formed by using the appropriate tense of **werden** *with the past participle.*

The agent (i.e., the person or thing performing the action) is introduced by **von** *and is therefore in the dative case, e.g:* von **der** Sprechstundenhilfe, von **einem** vorbeifahrend**en** Wagen, usw.

Präsens
Die betreffende Telefonnummer **wird** in der Zeitung **angegeben**.
Termine **werden** von der Sprechstundenhilfe **ausgemacht**.

Imperfekt
Der Verletzte **wurde** ins Krankenhaus **geschickt**.
Herr Vehling und seine Mutter **wurden** ins Sprechzimmer **gerufen**.

Perfekt
„Der Mann **ist** von einer Wespe **gestochen worden**," sagte der Arzt.
„Alle Patienten **sind** schon **geröntgt worden**," sagte die Ärztin.

Plusquamperfekt
„Er **war** von einem vorbeifahrenden Wagen **erwischt worden**," erklärte seine Mutter.
Die Kerzen **waren** vor dem Abendessen vom Vater **angezündet worden**.

verbrennen	einsteigen
messen	treffen
brechen	denken

ZWEITER TEIL

Halt dich fit!

Dagmar Rettberg
mit 15 Jahren

Dagmar Rettberg
mit 27 Jahren

Mit 27 sah sie schon ziemlich anders aus und fühlte sich nicht mehr so wohl. Sie hatte 20 Kilo zugenommen.

Bei ihrer ersten Schwangerschaft hatte sie Schwierigkeiten und nach der Geburt ihrer Tochter nahm sie sich nicht mehr die Zeit schwimmen zu gehen und Gymnastik zu machen. Sie aß viel, und sie aß auch falsch. Außerdem fing sie an zu rauchen und deswegen zu husten.

Je dicker sie war, desto unzufriedener wurde sie!

je dicker sie war, desto unzufriedener wurde
  sie *the fatter she got, the unhappier she became*
die Schwangerschaft (-en) *pregnancy*
<u>zu</u>nehmen *to put on weight*

Mit 15 Jahren war Dagmar Rettberg schlank, gesund und sportlich. Sie machte regelmäßig Gymnastik und Dauerlauf, ging oft schwimmen und bewegte sich viel. Sie war ausgesprochen unternehmungslustig. Sie aß gut, brauchte nicht auf ihr Gewicht zu achten und trug Kleidergröße 38.

auf sein Gewicht achten *to watch one's weight*
ausgesprochen *really, very, extremely*
der Dauerlauf *running, jogging*

Einige Jahre später fing sie wieder an zu arbeiten. Bald wurde sie Abteilungsleiterin und ihr Leben, obwohl es interessant und abwechslungsreich war, wurde immer stressiger. Dagmar, deren Leben so hektisch war, litt andauernd unter Streß und fing an zu trinken. Sie aß weiterhin unregelmäßig und falsch und rauchte immer stärker. Sie hatte überhaupt keine Kondition mehr.

Mit 49 Jahren wurde sie durch den Streß und die Arbeit krank und mußte für längere Zeit krankgeschrieben werden. Der Arzt meinte, sie sollte mit dem Rauchen und dem Trinken aufhören, mindestens 20 Kilo abnehmen und sich mehr bewegen.

Wie wird sie sich mit 60 fühlen, wenn sie dem Rat des Arztes folgt? Was meinst du?

abnehmen (i, a, o)   *to lose weight*
der Abteilungsleiter (-)   } *head of*
die Abteilungsleiterin (-nen) } *department*
abwechslungsreich   *varied*
andauernd   *continuously*
aufhören (*wk*)   *to stop*
hektisch   *hectic*
Kondition (*f.*) haben   *to be fit*
leiden (leidet, litt, gelitten)   *to suffer*

Dagmar Rettberg mit 49 Jahren

Bei Hermann Hauser hätte es auch so kommen können. Hermann ist Produktionsleiter bei einer großen Firma. Vor fünf Jahren hat er seine leitende Position beinahe aufgeben müssen.

Wie kam das?

Hermann arbeitete damals viel zuviel, hatte unregelmäßige Eßzeiten, aß aber oft zuviel, trank relativ viel Alkohol und rauchte circa 40 Zigaretten pro Tag. Er war meistens sehr gestreßt, als er abends nach Hause kam und konnte sich schlecht entspannen. Er litt unter Schlaflosigkeit und außerdem ärgerte er sich oft über seinen Sohn, mit dem er immer seltener gut auskam.

Hermann Hauser vor 5 Jahren

Dann kam die Krise.

Er bekam ein Magengeschwür und wurde sofort operiert. Nach seiner Operation, mußte er sehr vorsichtig leben. Er durfte nicht so viel Alkohol trinken, auch keine Zigaretten mehr rauchen und mußte auf sein Gewicht achten. Er lernte sich und das Leben nicht zu ernst zu nehmen.

Zur Zeit ist er schlanker. Er wiegt nur noch 70 Kilo und hält sich auch fit. Er lebt auch gesunder, treibt regelmäßig Sport und geht früher ins Bett. Er ist ruhiger und gelassener geworden.

Je gesunder er wird, desto zufriedener wird er! Er hat immer mehr Spaß am Leben.

sich ärgern (*wk*) *to get angry*
aufgeben *to give up*
mit jemandem gut auskommen *to get on well with someone*
sich entspannen (*wk*) *to relax*
gelassen *calm*
die Krise (-n) *crisis*
leitend *managerial*
das Geschwür (-e) *ulcer*
wiegen (wiegt, wog, gewogen) *to weigh*

Hermann Hauser heute

Übung 1. Vollende folgende Sätze!

Zum Beispiel:

Er machte viel Sport und wurde immer . . . .
Er machte viel Sport und wurde immer **stärker**.

Zur Auswahl stehen folgende Adjektive:

dick	krank	ungesund
gelassen	nervös	unglücklich
gestreßt	ruhig	unruhig
gesund	schlank	unzufrieden
glücklich	stark	zufrieden

Versuch bei jedem Satz ein anderes passendes
Adjektiv zu verwenden!

a. Er aß zuviel und wurde immer . . . .
b. Sie trank zuviel und . . . .
c. Er arbeitete bis spät in die Nacht hinein
   und . . . .
d. Sie aß immer weniger und . . . .
e. Er hörte mit dem Rauchen und dem Trinken
   auf und . . . .
f. Sie arbeitete weniger, fing an Sport zu treiben
   und . . . .
g. Er schlief nicht, arbeitete zuviel, aß nicht
   und . . . .
h. Sie nahm 20kg zu und . . . .
i. Er nahm 20kg ab und . . . .
j. Sie machte überhaupt keinen Sport, aß falsch,
   trank zu viel Alkohol und . . . .

Übung 2. Hör zu!

Bevor du diese Übung machst, sieh dir folgende
Vokabeln ganz genau an:

etwas ernst nehmen   *to take something seriously*
deprimiert   *depressed*
die Flimmerkiste (-n)   *box (slang for television)*
sich Sorgen machen   *to get worried*
übergewichtig   *overweight*
überwinden (überwindet, überwand,
   überwunden)   *to overcome*
zwischendurch   *in between times*

Diese Leute leiden alle unter gesundheitlichen
Problemen und haben vor kurzem einen Arzt
aufgesucht.
Was hat er ihnen geraten?

raten (rät, riet, geraten) + *dat.*   *to give advice*

a. Hör zu und mach Notizen! Schreib die
   Notizen in dein Heft ein!

(i) Herr Nautsch	(vi) Herr Winkelmann
(ii) Frau Esche	(vii) Herr Lange
(iii) Frau Krämer	(viii) Bernadette
(iv) Herr Bauer	(ix) Robert
(v) Frau Berghaus	(x) Irmtrud

b. Was sollten die oben genannten Leute tun?
   Könntest du ihnen einen guten Rat geben?

Zum Beispiel:

Herr Nautsch sollte . . . .

Übung 3. Was sollten sie tun?

a. Herr Ulferts:

- raucht 60 Zigaretten pro Tag;
- trinkt zwei Flaschen Schnapps pro Woche;
- arbeitet 12 Stunden pro Tag;
- schläft fünf Stunden pro Nacht.

b. Frau Fries:

- raucht 40 Zigaretten pro Tag;
- ißt unregelmäßig;
- arbeitet 10 Stunden pro Tag;
- geht sehr spät ins Bett;
- ist seit Jahren nicht mehr in Urlaub gefahren.

c. Heiko:

- ißt zu viele Süßigkeiten;
- sitzt zu Hause 'rum;
- geht nie aus;
- macht nie Gymnastik;
- hat in letzter Zeit 10 Kilo zugenommen.

Süßigkeiten *(pl. fem.)*   *sweets*

Übung 4. Zu Beginn des neuen Jahres faßt man oft gute Vorsätze.

der Vorsatz (¨e)   *resolution*

Zum Beispiel:

Ruth	**dieses Jahr**	**nächstes Jahr**
	Die Tante Maria nur einmal besucht	regelmäßig

Was sagt sie?

Dieses Jahr habe ich die Tante Marie nur einmal besucht. Nächstes Jahr werde ich sie regelmäßig besuchen!

Und was würden folgende Leute sagen?

Name	dieses Jahr	nächstes Jahr
a. Petra	40	5
b. Ingo	selten	1 × Woche
c. Monika	→̶ Zahnarzt	→ Zahnarzt x 3
d. Christiane	+15 Kg	−15 Kg
e. Peter		

f. Ute		
g. Klaus		
h. Wilfried		
i. Ulrich		

Übung 5. Manchmal muß man aus gesundheitlichen oder aus anderen Gründen aufhören, etwas zu tun.

Zum Beispiel:

Als meine Schwester schwanger war,

Als meine Schwester schwanger war, **durfte** sie keinen Wein **trinken**.

Als meine Schwester schwanger war,

Als meine Schwester schwanger war, **durfte** sie nicht so spät ins Bett **gehen**.

Jetzt bist du dran! Mach weiter! Was durften die folgenden Leute nicht mehr tun?

a. Als meine Schwester schwanger war,

b. Mein Vater wurde operiert.

Danach ...

Danach ...

Danach ...

c. Mein Freund wurde zu dick,

also ...

also ...

also ...

d. Meine Freundin bekam ein schlechtes Zeugnis.

Zum Lesen und zum Schreiben

Betriebsunfall

Von Anfang an sah es aus, als würde alles schieflaufen. Um 6.30 Uhr wartete Volker wie immer an der Straßenecke. Sein Kollege kam immer um diese Zeit vorbei und holte ihn ab.

An diesem Mittwoch kam der Kollege erst um 7.00 Uhr vorbeigefahren. Er hatte Schwierigkeiten mit dem Auto gehabt.

„Der Motor hat nicht anspringen wollen," sagte er dem Volker, der ihn fragend ansah. „Heute fängt es ja gut an."

Sie kamen also mit ziemlicher Verspätung im Betrieb an.

Volker ist LKW-Fahrer und muß jeden Morgen als erstes seinen LKW beladen. An diesem Mittwoch, da er durch die Verspätung viel Zeit verloren hatte, beeilte er sich und paßte nicht hundertprozentig auf. In seiner Eile ließ er eine große Kiste auf seinen linken Fuß fallen. Er hatte starke Schmerzen und konnte nicht mehr richtig gehen.

Ein Kollege rief den Betriebssanitäter herbei, und dieser versuchte sofort erste Hilfe zu leisten, war aber nicht ganz zufrieden:

„Der Fuß gefällt mir gar nicht," meinte er. „Am besten fahre ich Sie sofort in die Klinik und wir lassen den Fuß röntgen."

„Na gut, wenn Sie meinen," sagte der Volker, der sich vor lauter Schmerzen kaum bewegen konnte. „Arbeiten kann ich bei diesen Schmerzen sowieso nicht."

Man half ihm vorsichtig ins Auto und der Sanitäter brachte ihn sofort in die Klinik. Man röntgte den Fuß und stellte fest, daß zwei Knochen im Fuß gebrochen waren. Man legte ihm den linken Fuß in Gips, schrieb ihn für acht Wochen krank und brachte ihn anschließend nach Hause.

In den nächsten Wochen mußte er in die Klinik. Dort untersuchte man den Fuß. Erst nach zwei Monaten war Volker wieder arbeitsfähig.

arbeitsfähig *able to work*
beladen (belädt, belud, beladen) *to load*
die Eile *hurry*
erste Hilfe leisten (*wk*) *to administer first aid*
fallen lassen *to drop*
<u>herbeirufen</u> *to call over*
die Kiste (-n) *box, crate*
lauter *sheer*
röntgen lassen *to have X-rayed*
der Sanitäter (-) *first aid attendant*

Verben im Passiv.
Sieh dir den Text oben an! Setz die fehlenden Partizipien ein!
a. An diesem Tag wurde er erst um 7.00 Uhr . . . .
b. Der Betriebssanitäter wurde . . . .
c. Ihm wurde ins Auto . . . .
d. Er wurde in die Klinik . . . .
e. In der Klinik wurde der Fuß . . . .
f. Es wurde . . ., daß zwei Knochen . . . waren.
g. Der linke Fuß wurde in Gips . . . .
h. Er wurde für acht Wochen . . . .
i. Er wurde anschließend nach Hause . . . .
j. Der Fuß wurde ein paar mal . . . .

Das Imperfekt

dürfen

ich	durfte	
du	durftest	
er/sie/es	durfte	
wir	durften	
ihr	durftet	
Sie	durften	
sie	durften	

dürfen *is a modal verb and as such sends the infinitive to the end of the sentence, e.g:*

Nach seiner Operation **durfte** er nicht mehr **rauchen**.
After his operation he was no longer allowed to smoke.

immer + Komparativ

Note the meanings of the following sentences:

Sie rauchte **immer stärker**.
*She smoked **more and more**.*

Sie wurde **immer dicker**.
*She became **fatter and fatter**.*

Er hat **immer mehr** Spaß am Leben.
*He is getting **more and more** enjoyment out of life.*

je . . . desto . . .

Note this construction, which is used with the comparative:

Je schneller **desto** besser.
The quicker the better.

Je dicker sie wurde, **desto** unglücklicher wurde sie.
The fatter she got, the unhappier she became.

Inversion nach der direkten Rede

After direct speech the verb and its subject are inverted.

„Der Motor springt nicht an,“ **sagte er.**

gelingen	vorschlagen
scheinen	helfen
verstehen	gefallen

Wiederholung

1. Hobbys

a. Such dir von der Tabelle unten einen Namen, ein Hobby, usw. aus! Arbeite dann mit einem Partner, bzw. mit einer Partnerin zusammen! Fragt euch gegenseitig, was ihr macht, wie gern ihr das macht, usw.

Name	Hobby/ Sport	gern/ √ besonders gern √√	wann/wie oft	wo	mit	seit
Monika		√√	Mo – Fr	Schule	Verein	1 Monat
Gabi		√	Wochenende	Jugendklub	Freund/in	6 Monaten
Sonja			Mo	Sport- zentrum	allein	1 Jahr
Eva			Di	Schwimm- bad	Familie	2 Jahren
Karl			Mi	zu Hause	Chor (*m.*)	(usw.)
Heinz			Do		Gruppe	
Florian			Fr			
Dirk			Sa			
			So			
			1 × pro Woche			
			2 × pro Woche			
			abends			
			nachmittags			
			(usw.)			

b. Schreib jetzt sechs kurze Texte über die Leute, die auf der Tabelle aufgeführt sind!

Zum Beispiel:

Karl spielt besonders gern Schach. Er spielt jeden Freitagabend im Jugendklub. Er ist Mitglied eines Schachvereins. Er spielt seit einem Jahr Schach.

2. Beantworte folgende Fragen!

a. Wieviele Schulfächer hast du?
b. Nenne sie!
c. Welches Fach hast du am liebsten?
d. Welches Fach oder welche Fächer sind für dich am wichtigsten?
e. Warum?

f. Wie oft hast du Naturwissenschaften in der Woche?
g. Wie oft hast du Fremdsprachen- unterricht?
h. Seit wann lernst du deine erste Fremdsprache?
i. Wann machst du den Schulabschluß?
j. Was willst du nach deinen Prüfungen machen?

der Schulabschluß (¨e) *school-leaving examination*

3. Man hat die Brieftasche von Bernd Mayer gefunden. Sieh dir diese Sachen genau an! Was kannst du über Herrn Mayer und über seine Hobbys sagen? Was macht er im Frühjahr?

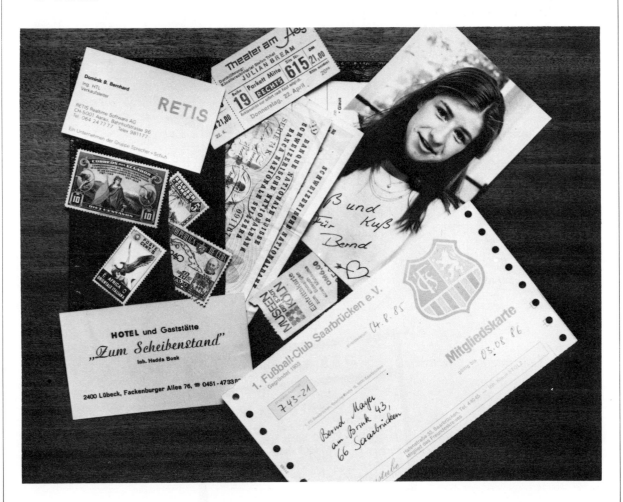

4. Seht euch den Stadtplan unten an!

   a. Fragt nach dem Weg von einem Punkt zum andern!

     Zum Beispiel:

     Wie komme ich am besten vom Schloß zum Busbahnhof?

   b. Wo befinden sich die Bushaltestellen und die U-Bahnstationen?

   c. Stellt einander Fragen zum folgenden Plan!

     Zum Beispiel:

     Wo befindet sich ...?
     Wo liegt ...?

     Bei euren Antworten verwendet: gegenüber, in der Nähe von, neben, vor, rechts von, usw.

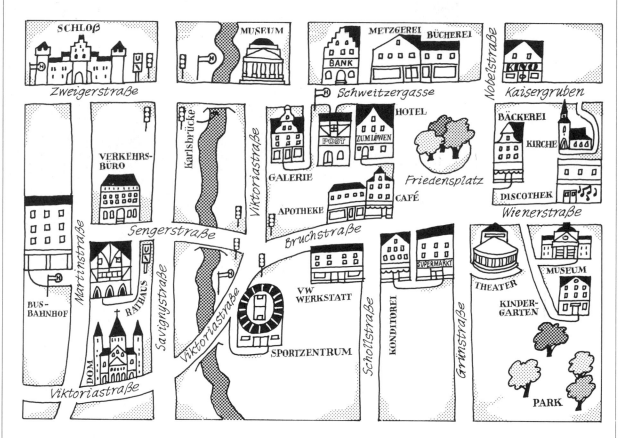

5. *What's the weather forecast?*

DAS WETTER

Niederschläge

Überwiegend bedeckt. Zeitweise Regen, ab Mittag auch schauerartige Niederschläge. Tageshöchsttemperaturen 8 bis 12 Grad, Tiefstwerte nachts 6 bis 1 Grad. Mitunter frischer und stark böiger Wind.

Heimo

Villach

Eine Reise durch Österreich

greetings

<u>Servus</u>! Mein Name ist Heimo, und ich komme aus Kärnten, dem südlichsten der neun Bundesländer Österreichs. Österreich liegt in der Mitte Europas, zwischen Ost und West.

Abitur

army

Ich wurde in der Stadt Villach geboren, sehr nahe den Grenzen zu Italien und Jugoslawien. Meine <u>Matura</u> machte ich auf dem Villacher Gymnasium und anschließend, mit 18 Jahren, mußte ich acht Monate lang zum <u>Bundesheer</u>, um als Soldat ausgebildet zu werden.

Seit vier Jahren studiere ich auf der Universität in Graz die Fächer Englisch und Geschichte.

connect

winter sport resort

world championships
economy   skiing areas

Ich muß viel arbeiten, um mir mein Studium zu finanzieren. Meistens <u>verbinde</u> ich meine Ferienjobs mit meinen Lieblingshobbys. Im Winter bin ich immer Skilehrer in Ramsau am Dachsteingebirge, einem sehr schönen <u>Wintersportort</u> in der Nähe von Schladming. Hier haben im Jahr 1982 die <u>Weltmeisterschaften</u> im alpinen Skilauf stattgefunden. Auch für Österreichs <u>Wirtschaft</u> sind die vielen Berge und <u>Skigebiete</u> als Touristenattraktion sehr wichtig.

Graz

Ramsau, Winterbetrieb, Skilift

Wien – der Prater

Innsbruck

lifesaver
guide

Aber auch im Sommer finde ich immer Arbeit, die mit meinen Hobbys Schwimmen und Reisen zu tun haben. Entweder bin ich Rettungsschwimmer an einem der vielen Badeseen, oder ich arbeite als Reiseführer. Da bekomme ich von einem Reisebüro einen VW-Bus und fahre mit ausländischen Sommergästen in alle Bundesländer, um ihnen die vielen Sehenswürdigkeiten zu zeigen.

Meistens starten wir in Kärnten und fahren über den Großglockner, den höchsten Berg Österreichs (3797m. hoch), nach Tirol. Natürlich wird Innsbruck, die Hauptstadt Tirols besucht. Dort wurden in den Jahren 1964

held

und 1976 die Olympischen Winterspiele abgehalten. Dann geht es weiter in das westlichste Bundesland, nach Vorarlberg. Die Leute hier sprechen

dialects
sound

‚Alemannisch', eine der vielen österreichischen Mundarten, von denen einige fast überhaupt nicht deutsch klingen.

inland lake

Nachdem wir den Bodensee, Europas größten Binnensee, gesehen haben, fahren wir nach Salzburg, Mozarts Geburtsort. Hier essen wir im Gasthof ‚Zum Goldenen Ochsen' zu Abend.

draught beer
fruit schnapps   *band*

Nach ein paar gemütlichen Stunden in der Kellerbar bei ‚Zipfer Bier' vom Faß, Obstler und Musik der Tanzkapelle gehen wir im ersten Stock auf die Zimmer, die vom Reisebüro immer schon im voraus bestellt werden.

set out

Am nächsten Morgen brechen wir früh auf und setzen die Reise über Oberösterreich und Niederösterreich fort der Donau entlang, nach Wien, der Bundeshauptstadt. Hier gibt es besonders viel zu sehen und zu tun, zum Beispiel den Prater mit dem Riesenrad, den Stephansdom und Schloß Schönbrunn.

Nach einem Besuch in der Spanischen Hofreitschule, wo schöne weiße Pferde zu artistischen Leistungen trainiert werden, spazieren wir zum Opernhaus, wo die Wiener Philharmoniker für die nächste Vorstellung, die Operette ‚Die

rehearse

Fledermaus', proben. Danach machen wir einen Einkaufsbummel durch die

Wien – Schloß Schönbrunn

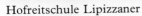
Hofreitschule Lipizzaner

Burgenland, Landschaft

Nikki Lauda

Innenstadt und trinken in einem typischen Wiener Kaffeehaus eine der vielen verschiedenen Kaffeespezialitäten.

Dann jedoch wird es Zeit, an die Rückreise zu denken; nicht aber ohne vorher in den Osten Österreichs zu fahren, um in Burgenland, dem Land an der ungarischen Grenze, ein ‚Achterl‘ ausgezeichneten österreichischen Weines zu versuchen.

⅛ litre wine   excellent

Im Gegensatz zur Alpenregion ist dieser Teil Österreichs sehr flach, und Land und Leute sind deutlich von der slawischen Kultur beeinflußt. Von da treten wir abends die Heimreise an, durch die Steiermark wieder zurück in den sonnigen Süden nach Kärnten.

unlike
influenced
an area of Austria

Manchmal erzähle ich dann im Auto von berühmten Österreichern aus Vergangenheit und Gegenwart. Viele wissen nicht, daß Mozart, Schubert, Strauß und Haydn Landsmänner von mir waren, und daß Österreich die stattliche Zahl von 16 Nobelpreisträgern in der Zeit von 1905 bis 1974 aufzuweisen hat.

past   present
kinsmen
respectable   Nobel Prize
winners   show

Aber auch heute liest man noch oft von lebenden bekannten Österreichern in den Zeitungen. Wer kennt nicht Nikki Lauda, den Weltmeister in der Formel I in den Jahren 1975, 1977 und 1984; Franz Klammer, den bekannten Skiläufer oder Reinhold Messner, der den Mount Everest als erster Mensch allein und ohne Sauerstoff bestiegen hat?

oxygen   climbed

Ja, Österreich mag zwar ein kleines Land sein, es ist aber nicht unbekannt und ist weltweit beliebt als Handelspartner und Urlaubsland.

business partner

Mittlerweile sind wir jedoch wieder zu Hause angekommen, und ich muß mich von meiner Reisegruppe und auch von Euch verabschieden. Mit einem herzlichen Grüß Gott und ....

in the meantime
take my leave

... Auf Wiedersehen in Österreich!

4
Wie kommst du mit deinen Mitmenschen aus?

ERSTER TEIL

Kannst du deine Mitmenschen beschreiben?

sich beeilen (*wk*) *to hurry*
der Bengel (-) *rascal*
jemandem auf die Nerven
   gehen (fallen)
jemandem auf den Wecker
   gehen (fallen)   *to get on someone's nerves*
hassen (*wk*) *to hate*
hilfsbereit *helpful*
die Kneipe (-n) *pub*
die Kopfhörer <u>ab</u>legen *to take headphones off*
meckern (*wk*) *to grumble*
stinkfaul *bone-idle (slang)*
unverschämt *outrageous, impertinent*
verschwenden (*wk*) *to waste*

Stefan

Sternzeichen:
Waage
23.Sept.–22.Okt.

Kirsten

Sternzeichen:
Stier
21.Apr.–20.Mai

Stefan ist neunzehn Jahre alt. Er hat kurze blonde Haare. Er ist ein gutaussehender junger Mann etwa 1,70m groß, schlank und sportlich. Er ist ruhig und zurückhaltend und zur Zeit ist er etwas traurig, weil die Silke mit ihm Schluß gemacht hat.

Schluß machen mit   *to finish with somebody*
zurückhaltend   *reserved*

Kirsten ist 23 Jahre alt. Sie hat schulterlange blonde Haare. Sie ist 1,64m groß, hat eine gute Figur und ist überhaupt ein flottes Mädchen. Normalerweise ist sie gutmütig und geduldig. Im Moment ist sie aber sehr gereizt und aufgeregt, weil sie zuviel zu tun hat und etwas gestreßt ist.

aufgeregt   *angry, worked up*
flott   *smart*
gereizt   *irritable*
gutmütig   *good-natured*
schulterlang   *shoulder-length*

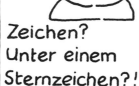

Unter welchem Sternzeichen bist du geboren, Fränzi?

Zeichen? Unter einem Sternzeichen?!

Ja, Sternzeichen. Unter welchem Sternzeichen?

Ich bin unter keinem Sternzeichen geboren.

Ich bin unter einem Baum geboren.... Apfelbaum, so weit ich weiß.

Frau Möhring

Sternzeichen:
Steinbock
22.Dez.–19.Jan.

Dorothea

Sternzeichen:
Fische
19.Feb.–20.März

Frau Möhring ist 58 Jahre alt. Seit drei Jahren ist sie verwitwet und sie steht jetzt allein im Leben. Ihre Kinder, die jetzt erwachsen sind, wohnen weit entfernt. Sie hat kurze graue Haare, graue Augen und eine lange Nase. Sie ist immer sehr korrekt angezogen. Das Leben, das sie zur Zeit führt, ist sehr einfach, weil sie es ein bißchen zu ernst nimmt. Sie ist nicht immer verständnisvoll und pflegt dann und wann sich über alles zu beschweren. Vielleicht liegt es nur daran, daß sie ein bißchen ängstlich ist.

ängstlich   *timid, anxious*
sich beschweren über + *acc.*   *to complain about*
liegen an + *dat.*   *to be because of*
(es liegt am Wetter   *it's because of the weather*)
pflegen . . . zu   *to be in the habit of*
verständnisvoll   *understanding*
verwitwet   *widowed*

Dorothea ist siebzehn Jahre alt. Sie hat lockige braune Haare, braune Augen, eine kleine Stupsnase und viele Sommersprossen. Sie trägt gern alte zerfranste Jeansklamotten, obwohl ihre Eltern, deren Meinung ziemlich konservativ ist, sich oft darüber beschweren. Sie finden, ihre Tochter sollte sich endlich ein bißchen eleganter anziehen. Sie ist ziemlich dick. Ab und zu versucht sie abzunehmen. Meistens gelingt es ihr aber nicht. Sie ist ein aufgeschlossenes und lustiges Mädchen aber nicht gerade unternehmungslustig.

aufgeschlossen   *open-minded*
Jeansklamotten (*pl. fem.*)   *denim gear*
die Sommersprossen (*pl. fem.*)   *freckles*
die Stupsnase (-n)   *snub nose*
zerfranst   *frayed*

Übung 1. Lies dir die Personenbeschreibungen von Frau Möhring, Dorothea, Stefan und Kirsten durch!
Denk an zwei Leute, die du kennst, und beschreib sie einem Partner, bzw. einer Partnerin auf eine ähnliche Art und Weise! Der Partner, bzw. die Partnerin sollte Notizen machen und die Beschreibungen später aufschreiben.

Übung 2. Könntest du sagen welches Sternzeichen das ist? (Lösung auf Seite 158.)

die Lösung (-en) *solution*

a. Dieser Mensch, der manchmal schüchtern ist, bleibt gern zu Hause, unterschätzt sich, ist aber lieb, sympathisch und verständnisvoll.

   schüchtern *shy*
   sich unterschätzen (*wk*) *to underestimate oneself*

b. Der Mensch, der unter diesem Sternzeichen geboren ist, bleibt immer seinen Freunden treu. Wechselhaft bei der Arbeit – dann und wann fleißig – aber manchmal kann es ganz anders sein.

   treu *faithful, loyal*
   wechselhaft *changeable*

c. Dieser Einzelgänger kann überempfindlich sein. Er hält sich unter Kontrolle und ist oft verschlossen. Was die Gesundheit angeht, hat er überhaupt keine Probleme.

   was die Gesundheit angeht *as far as health is concerned*
   der Einzelgänger (-) *loner*
   überempfindlich *oversensitive*
   verschlossen *secretive*

d. Ein fleißiger Typ, der auch ganz ruhig sein kann. Kann kritisch sein. Legt sehr viel Wert auf sein Äußeres. Kann eitel sein.

   Äußere★ *outward appearance*
   eitel *vain*

   ★*This noun behaves like an adjective: see page 201 for more information on adjectival nouns.*

e. Stark und leidenschaftlich. Sucht immer nach neuen Erfahrungen. Kein tiefer Denker.

   die Erfahrung (-en) *experience*
   leidenschaftlich *passionate*

f. Dieser Mensch kann sich oft nicht entscheiden. Ausgeglichen und gutmütig, er ist fähig hart zu arbeiten.

   ausgeglichen *well-balanced*
   fähig *capable*

Sternzeichen	Name	Daten
	Steinbock	22.Dez.–19.Jan.
	Wassermann	20.Jan.–18.Feb.
	Fische	19.Feb–20.März
	Widder	21.März–20.Apr.
	Stier	21.Apr.–20.Mai
	Zwillinge	21.Mai–21.Jun.
	Krebs	22.Jun.–22.Jul.
	Löwe	23.Jul.–22.Aug.
	Jungfrau	23.Aug.–22.Sept.
	Waage	23.Sept.–22.Okt.
	Skorpion	23.Okt.–21.Nov.
	Schütze	22.Nov.–21.Dez.

g. Neugierig. Geht gern unter Menschen, selten leidenschaftlich, viel Phantasie . . . manchmal zu viel!

neugierig   *curious, inquisitive*
die Phantasie   *imagination*
unter   *amongst*

h. Dieser phantasievoller Typ, der sich das Leben schwer macht, ist trotzdem gutmütig und vielseitig. Er ist gern unter Freunden.

trotzdem   *nevertheless*
vielseitig   *versatile*

i. Selbstbewußt und warmherzig. Dieser Mensch kann faul sein, obwohl er Vitalität ausstrahlt.

<u>aus</u>strahlen (*wk*)   *to radiate*
faul   *lazy*
selbstbewußt   *self-confident*

j. Dieser Typ, der seine Freiheit sehr schätzt, kann launisch sein. Er ist oft impulsiv und nervös oder sogar aggressiv aber auch menschlich.

menschlich   *humane*
schätzen (*wk*)   *to value*

k. Ruhig, regt sich selten auf aber wenn . . ., dann . . . Vorsicht!! Ein Praktiker – kein Träumer. Sehr vernünftig in der Liebe.

sich <u>auf</u>regen (*wk*)   *to get worked up, angry*
der Praktiker (-)   *practical person*
der Träumer (-)   *dreamer*
vernünftig   *sensible*

l. Solche Leute, die selten munter erscheinen, sind die Realisten der Welt. Zäh mit großer Ausdauer, machen sie einen pessimistischen Eindruck.

die Ausdauer (-)   *stamina, staying power*
der Eindruck (¨e)   *impression*
munter   *cheerful*
zäh   *tough*

Übung 3. Sieh dir die Bilder auf Seiten 60–61 an! Verbinde folgende Satzteile! Deine Sätze sollten den Bildern entsprechen.

a. Herr Bonsiepen ist unzufrieden,
b. Stefan ist traurig,
c. Regine ist erleichtert,
d. Annette wird ungeduldig,
e. Rainer ist schlechter Laune,
f. Hannelore regt sich auf,
g. Martine ärgert sich,
h. Ulrich ist neidisch,

(i) weil Elisabeth ihn anschreit.
(ii) weil Tobias Parolen an die Wand schmiert.
(iii) weil Annette ihr auf den Wecker fällt.
(iv) weil man ihr den Parkplatz weggenommen hat.
(v) weil Silke mit ihm Schluß gemacht hat.
(vi) weil er sich keinen Sportwagen leisten kann.
(vii) weil sie sich das Fußballspiel im Fernsehen ansehen will.
(viii) weil Horst aus dem Zimmer hinausgegangen ist.

Übung 4. Sieh dir die Bilder auf Seiten 60–61 an! Vervollständige folgende Sätze!

a. Andreas ist glücklich, weil . . . .
b. Frau Schulze ist irritiert, ...
c. Elisabeth schimpft, ...
d. Dorit regt sich auf, ...
e. Horst ist unzufrieden, ...
f. Frau Witt freut sich, ...

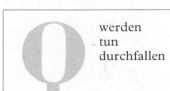

werden	gewinnen
tun	anfangen
durchfallen	mögen

ZWEITER TEIL

Wie kommst du mit deiner Familie aus?

 „Ich heiße Christine Kaufmann und bin siebzehn Jahre alt. Ich wohne mit meiner Mutter und mit meinem Bruder zusammen, weil meine Eltern sich vor einem Jahr getrennt haben. Manchmal fahre ich am Wochenende zu meinem Vater, den ich ansonsten selten sehe.

Christine Kaufmann
17 Jahre

Zu meiner Mutter habe ich ein sehr offenes Verhältnis und wir kommen ganz gut miteinander aus. Sie ist sehr verständnisvoll, und mit ihr kann man über alles reden. Sie ist jetzt berufstätig und obwohl sie sehr viel zu tun hat, hat sie immer Zeit für mich.

Mein Bruder Wolfgang ist vier Jahre jünger als ich. Wir verstehen uns ganz gut (dafür, daß der Altersunterschied so groß ist). Manchmal ist er aber eifersüchtig auf mich, weil ich ja viel mehr darf als er."

der Altersunterschied (-e)   *age difference*
ansonsten   *apart from this*
gut <u>aus</u>kommen mit (jemandem)   *to get on with (someone)*
berufstätig   *working*
dafür, daß   *given that, considering that*
eifersüchtig auf + acc.   *jealous of*
reden (wk)   *to talk*
das Verhältnis (-se)   *relationship*
sich verstehen   *to get on*

„Mein Name ist Wolfgang Kaufmann. Ich bin 13 Jahre alt und ich wohne mit meiner Mutter und meiner älteren Schwester zusammen. Jedes zweite Wochenende verbringe ich bei meinem Vater. Das mache ich gern. Mit meinem Vater zusammen unternehme

Wolfgang Kaufmann
(Christines Bruder) 13 Jahre

ich sehr viel. Er hat ein Segelboot, das man an den Wagen anhängen kann. Wir fahren oft nach Holland zum Ijsselmeer und segeln dort. Das macht mir großen Spaß.

Mit meiner Mutter und meiner Schwester verstehe ich mich aber auch ganz gut. Meine Mutter, deren Arbeit sehr anstrengend ist, ist trotzdem meistens guter Laune. Manchmal wenn sie abends von der Arbeit nach Hause kommt, ist sie müde und will sich natürlich erstmal ausruhen. Das einzige, worüber sie sich aufregt, ist mein Zimmer! Ich lebe gern in einer Unordnung, die ihr unerträglich ist. Ich kann nichts dafür. Von alleine komme ich so gut wie nie auf die Idee mein Zimmer aufzuräumen."

von alleine   *by myself (yourself, etc), on my (your, etc) own*
<u>auf</u>räumen (wk)   *to tidy up, to clear up*
sich <u>auf</u>regen (wk) über + acc.   *to get worked up about*
sich <u>aus</u>ruhen (wk)   *to rest*
auf die Idee kommen   *to hit upon the idea (of doing something)*
unerträglich   *unbearable*

„Ich heiße Norbert und ich bin fünfzehn Jahre alt. Ich verstehe mich eigentlich sehr gut mit meiner Familie. Wir sind zu fünft.

Ich habe eine jüngere Schwester und einen älteren Bruder, mit dem ich mich so gut verstehe, daß es zwischen uns nie zu einem richtigen Streit

Norbert Hauser 15 Jahre

kommt. Zwischen meinem Bruder und mir besteht ein gutes und enges Verhältnis. Immer wenn ich Probleme habe, kann ich zu ihm gehen, und sie mit ihm besprechen. Wir haben auch vieles gemeinsam. Wir sind beide in einer Theatergruppe im Jugendzentrum, wofür wir uns sehr interessieren.

Mit meiner kleinen Schwester ist es schon ein bißchen anders. Mit ihrer ständigen Fragerei fällt

sie mir ziemlich oft auf die Nerven. Wenn ich ihr
dann etwas sage, regt sie sich schnell auf und
läuft zur Mutti, um sich über mich zu
beschweren."

die Fragerei (*pl.*)   *irritating questions*
gemeinsam   *in common*
ständig   *continual, constant*
der Streit (-e)   *quarrel, fight*

Julia und ihre
Familie

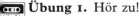
Übung 1. Hör zu!
Hier sprechen Julia und Eva über ihre Familien.
Sieh dir zuerst den Wortschatz an!
Hör dir das Tonband an!

a. Kreuz die richtige Information über jede
   Person an!
b. Schreib ein paar Sätze über Julia und Eva!

Julia

das Verständnis   *understanding*
Krach mit (jemandem) haben   *to have a quarrel
   with (somebody)*

MUTTER:

gutes Verhältnis

schlechtes Verhältnis

VATER:

(i) Verständnis für junge Leute

   kein Verständnis für junge Leute

(ii) heißt ihre Freunde immer willkommen.

   kann ihre Freunde nicht leiden.

BRUDER:

(i) gutes Verhältnis

   schlechtes Verhältnis

(ii) nichts gemeinsam

   vieles gemeinsam

SCHWESTER:

(i) Sie irritiert sie.

   Sie haben nie Krach miteinander.

(ii) Rita ist eifersüchtig.

   Rita ist nicht eifersüchtig.

Eva

der Neffe (-n)   *nephew*
die Nichte (-n)   *niece*
die Schwägerin (-nen)   *sister-in-law*

BRUDER:

(i) wohnt bei seinen Eltern zu Hause.

   wohnt mit seiner Frau zusammen.

(ii) gutes Verhältnis

   schlechtes Verhältnis

ELTERN:

(i) relativ alt

   relativ jung

(ii) Meistens kommen sie miteinander gut
   aus.

   Meistens kommen sie miteinander
   schlecht aus.

SCHWÄGERIN:

(i) gutes Verhältnis

   schlechtes Verhältnis

(ii) hat ein Kind.

   hat zwei Kinder.

(iii) Eva hat kleine Kinder gern.

   Kleine Kinder irritieren sie.

Übung 2. Hör zu!
‚Eine sehr traurige Entwicklung'

a. Lies dir folgende Vokabeln und die unten
   angegebenen Meinungen ganz genau durch!

   sich lösen *(wk)* von + *dat.* *to break away
      from*
   das Altersheim (-e) *old people's home*
   sich auflösen *(wk)* *to disintegrate, to break up*
   die Entwicklung (-en) *development*
   die Familienstruktur (-en) *family structure*
   locker *loose*
   das Seniorenheim (-e) *old people's home*
   sich verändern *(wk)* *to change*
   volljährig *having reached the age of majority*
   sich wandeln *(wk)* *to change*
   der Zusammenhalt *cohesion, unity*

b. Hör dir das Tonband an!
   Hier spricht jemand über die Familienstruktur
   in der Bundesrepublik. Sieh dir die Sätze
   unten an! Such dir dann die Sätze aus, die
   seiner Meinung wirklich entsprechen!

c. Schreib dann vollständige Sätze!

Zum Beispiel:

Er meint, daß ....
Seiner Meinung nach ....

Alte Leute wohnen
immer mehr im
Seniorenheim.

Früher wohnten
Großeltern häufig
bei ihren Kindern.

Die Familie löst
sich auf.

Wenige 19jährige
wohnen bei ihren
Eltern zu Hause.

Die deutschen
Jugendlichen
verbrachten immer
wenig Zeit in der
Familie.

Immer mehr Voll-
jährige wohnen zu
Hause.

Das Familienleben
wird immer enger.

Alte Leute bleiben
bei ihren Familien.

Die Familienstruktur
hat sich verändert.

Die Familienstruktur
bleibt unverändert.

Verwitwete Leute
wohnen meistens
alleine zu Hause.

Es ist gut, daß
Senioren im Heim
wohnen können.

Was ist seine Meinung
über das Familienleben?

Übung 3. Schreib zu diesem Bild so viele Sätze
wie möglich! Benutze das Relativpronomen!

Zum Beispiel:

Der Mann, der das Auto fährt, heißt Helmut.
Die Frau, die . . . .

Das Relativpronomen

	Maskulinum	Femininum	Neutrum	Plural
Nominativ	der	die	das	die
Akkusativ	den	die	das	die
Genitiv	dessen	deren	dessen	deren
Dativ	dem	der	dem	denen

The relative pronoun has the same gender as the word to which it refers. Its case depends on the job it does in the relative clause, e.g:

Singular
Nominativ **Dieser Typ, der** seine Freiheit sehr schätzt, kann launisch sein.
Akkusativ **Das Leben, das** sie zur Zeit führt, ist sehr einfach.
Genitiv **Der Junge, dessen** Arm verletzt wurde, wurde ins Krankenhaus gebracht.
Dagmar, deren Leben sehr hektisch war, litt andauernd unter Streß.
Dativ Ich habe **die Michaela**, mit **der** ich befreundet bin, angerufen.

Plural
Nominativ **Ihre Kinder, die** jetzt erwachsen sind, wohnen weit entfernt.
Akkusativ **Die Leute, die** Frau Dr. Schlag behandelt, wohnen alle in diesem Stadtteil.
Genitiv **Ihre Eltern, deren** Meinung ziemlich konservativ ist, beschweren sich oft über ihre Kleidung.
Dativ **Die Leute**, mit **denen** er die Reise gemacht hatte, kamen aus Österreich.

anrufen   fallen
anschwellen   reißen
stechen   bieten

Wiederholung

1. Vervollständige folgende Sätze!

Zum Beispiel:

Heimo, ich gehe gerade einkaufen. Kannst du . . . holen, bitte?

Heimo, ich gehe gerade einkaufen. Kannst du mir den Korb holen, bitte?

a. Angela, Karl möchte beim Spülen helfen. Kannst du . . . holen, bitte?

b. Dietrich, Gabi braucht . Kannst du . . . kaufen?

c. Lutz, Sally möchte beim Abtrocknen helfen. Könntest du . . . holen?

d. „Horst, bist du in der Küche?"

„Ja."

„Annette braucht den . Kannst du ... holen?"

e. Inge, ich möchte den Flur kehren. Kannst du ... geben?

f. Bernd, Oma und Opa möchten etwas lesen. Kannst du ... kaufen?

der Korb (̈e)   *basket*

2. Was machen diese Leute? Und wo?

3. Kannst du deinem Partner, bzw. deiner Partnerin dein eigenes Haus beschreiben?

4. Beschreib jetzt dein Schlafzimmer!
   Vergiß nicht:
   – die Farben;
   – die Möbelstücke;
   – die Wände;
   – die Vorhänge;
   – die Bilder und Poster;
   – den Boden.

5. Wohin sollten die Möbel kommen?

Zum Beispiel:

A: Wohin sollte der kleine Schrank kommen?
B: Am besten kommt er ins Badezimmer.

die Kommode (-n)   *chest of drawers*
der Sessel (-)   *armchair*

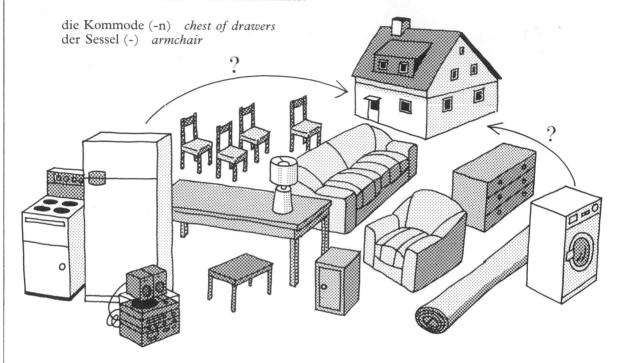

6. Seht euch die Bilder unten an und macht die Übungen auf Seite 73!

a. Fragt euch gegenseitig, was ihr gerne eßt!

Zum Beispiel:

A: Magst du Bohnen?

B:
> Ja, sehr.
> Nicht sehr.
> Nicht besonders.
> Einigermaßen.
> usw.

b. Biete deinem Partner oder deiner Partnerin etwas an! Er oder sie soll es entweder höflich ablehnen oder annehmen!

Zum Beispiel:

A: Möchtest du etwas Fleisch?

B:
> Nein, danke. Das reicht. Es hat aber gut geschmeckt.
> Ja. Gern. Es schmeckt mir sehr gut.

7. *What's the weather forecast?*

DAS WETTER

Trocken

Örtlich Frühnebel, sonst heiter bis wolkig. Trocken. Tageshöchsttemperaturen 3 bis 8 Grad, Tiefstwerte nachts plus 1 bis minus 4 Grad. Schwacher Wind um Süd.

5
Wo könnte man arbeiten? Was könnte man werden?

Ich könnte . . .
Ich möchte . . .
Ich würde gern . . .

. . . in einem Krankenhaus arbeiten

. . . Sozialarbeiter/Sozialarbeiterin werden

. . . in einer Bank arbeiten

. . . Verkäufer/Verkäuferin werden

. . . Journalist/Journalistin werden

. . . zur Bundeswehr gehen (Soldat/Soldatin werden)

. . . Vertreter/Vertreterin werden

. . . im öffentlichen Dienst arbeiten

. . . Erzieher/Erzieherin werden

. . . Sekretär/Sekretärin werden

. . . Beamte/Beamtin werden

. . . in der Landwirtschaft arbeiten

. . . bei der Post arbeiten

. . . Ingenieur/Ingenieurin werden

. . . Klempner/Klempnerin werden

. . . Automechaniker/Automechanikerin werden

. . . in einer Fabrik arbeiten

. . . bei der Polizei arbeiten

der Erzieher (-) die Erzieherin (-nen)	*teacher (usually of young children)*
der Ingenieur (-e) die Ingenieurin (-nen)	*engineer*
der Klempner (-) die Klempnerin (-nen)	*plumber*
im öffentlichen Dienst	*in the public sector*
der Sozialarbeiter (-) die Sozialarbeiterin (-nen)	*social worker*
der Vertreter (-) die Vertreterin (-nen)	*sales representative*

74

Was du gerne machen möchtest		
Ich	möchte	gern ... am liebsten ...
	würde	auf jeden Fall ... vor allen Dingen ...

Was du nicht gerne machen möchtest		
Ich	möchte	nicht ... nicht besonders gern ...
	würde	auf keinen Fall ... nicht gern ...

Übung 1. In der linken Spalte stehen Berufe
und in der rechten Spalte stehen Beschreibungen
von diesen Berufen.
Kannst du die Beschreibungen mit den
passenden Berufen verbinden? Nützliche
Vokabeln stehen unten.
Du brauchst nur einen Buchstaben und eine Zahl
hinzuschreiben.

Zum Beispiel:

a (vi), b (ii), usw.

Berufe

a. ein Arzt, bzw. eine Ärztin
b. ein Vertreter, bzw. eine Vertreterin
c. ein Bankangestellter, bzw. eine
   Bankangestellte
d. eine Krankenschwester, bzw. ein
   Krankenpfleger
e. ein Verkäufer, bzw. eine Verkäuferin
f. ein Bauer, bzw. eine Bäuerin
g. ein Klempner, bzw. eine Klempnerin
h. ein Automechaniker, bzw. eine
   Automechanikerin
i. ein Postangestellter, bzw. eine Postangestellte
j. ein Kriminalpolizist, bzw. eine
   Kriminalpolizistin
k. ein Vorarbeiter, bzw. eine Vorarbeiterin
l. ein Ingenieur, bzw. eine Ingenieurin
m. ein Soldat, bzw. eine Soldatin
n. ein Lokführer, bzw. eine Lokführerin
o. ein Sozialarbeiter, bzw. eine Sozialarbeiterin
p. ein Erzieher, bzw. eine Erzieherin

Arbeit

(i) bekämpft Kriminalität.
(ii) leitet die Arbeit am Fließband oder
     in der Werkstatt.
(iii) entwirft und baut Brücken, usw.
(iv) nimmt an Manövern teil.
(v) fährt Lokomotiven und achtet auf
    Signale.
(vi) berät Familien und arbeitet mit
     Familien, die Probleme haben.
(vii) untersucht und behandelt Patienten.
(viii) arbeitet am Schalter oder auf dem
       Telefonamt.
(ix) spricht mit vielen Leuten, vertritt eine
     Firma und macht Werbung.
(x) arbeitet mit Kindern, spielt, erzieht
    und kümmert sich um sie.
(xi) repariert und installiert
     Wasserleitungen.
(xii) händigt Geld aus und wechselt Geld.
(xiii) hilft dem Arzt und kümmert sich um
       die Patienten.
(xiv) arbeitet mit Tieren und baut Getreide
      und Gemüse an.
(xv) verkauft Waren.
(xvi) repariert Autos und Motoren.

achten auf + *acc.* (*wk*) *to watch out for*
anbauen (*wk*) *to cultivate*
aushändigen (*wk*) *to give out, to hand out*
bekämpfen (*wk*) *to fight*
beraten *to advise*
entwerfen *to draft*
erziehen *to bring up, to educate*
das Fließband (¨er) *conveyor belt, assembly line*
installieren (*wk*) *to install*
die Kriminalität *crime*
sich kümmern um + *acc.* (*wk*) *to take care of*
vertreten (vertritt, vertrat, vertreten) *to represent*
die Werbung (-en) *advertising, publicity*

Übung 2. Was machen folgende Leute?
Stellt Fragen aneinander!

Zum Beispiel:

A: Was macht ein Pilot?
B: Er fliegt Flugzeuge.

Pilot

Anstreicher

Bäcker

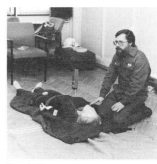
Sanitäter

Diskjockey

Taxifahrerin

Vertreterin

Maurer

Barmädchen

Bergarbeiter

Verkäufer

Bäuerin

Ingenieur

Architekt

Metzgerin

Fotografin

Übung 3. Was könnten diese Leute alle werden?
Mach Vorschläge! Oft gibt es mehr als eine
Möglichkeit!
Gib Gründe!

Zum Beispiel:

Tim könnte Bauer werden, weil er gern mit
Tieren arbeitet.

Tim könnte auch andere Berufe wählen. Welche
und warum?

a. Tim

„Ich möchte einen
Beruf haben, der mir
Spaß macht. Ich würde
gern entweder mit
Tieren oder mit
Pflanzen arbeiten."

b. Petra

„Ich würde am liebsten
im Büro arbeiten, weil
ich nicht körperlich
arbeiten möchte."

c. Claudia

„Ich möchte etwas
Praktisches tun, weil
ich gern mit den
Händen arbeite. Basteln
hat mir immer Spaß
gemacht."

d. Christoph

„Wenn ich ein gutes
Zeugnis bekomme,
möchte ich
weiterstudieren, damit
ich später bessere
Chancen habe."

e. Ralf

„Wenn ich einen guten
Schulabschluß
bekomme, möchte ich
Medezin studieren."

f. Michaela

„Ich möchte auf jeden
Fall mit Menschen
zusammenarbeiten."

g. Stephanie

„Am liebsten würde ich
im Freien arbeiten. Ich
möchte auf keinen Fall
am Schreibtisch
sitzen."

h. Silke

„Ich möchte möglichst
schnell Geld verdienen.
Ich möchte keine lange
Ausbildung machen."

i. Andreas
j. Stefan
k. Susanne
l. Tanja

„Ich hoffe später mal etwas mit Elektronik oder Informatik machen zu können, weil ich glaube diese Berufe Zukunft haben."

„Ich möchte nicht besonders gern mit Menschen arbeiten. Ich arbeite viel lieber mit Zahlen."

„Ich möchte vor allen Dingen einen sicheren Arbeitsplatz haben."

„Ich möchte viel reisen und mit vielen Leuten in Kontakt kommen."

die Chance (-n) *opportunity, chance*
vor allen Dingen *above all, first and foremost*
die Elektronik (*no pl.*) *electronics*
auf jeden Fall *in any case*

körperlich *physical (physically)*
möglichst schnell *as quickly as possible*
der Schreibtisch (-e) *desk*
die Zukunft (*no pl.*) *future*

Übung 4. Und wie ist es mit dir und deinen Klassenkameraden/Klassenkameradinnen? Was würdet ihr gern machen? Habt ihr besondere Berufswünsche?
Frag mal in der Klasse 'rum!
Du solltest mindestens fünf Klassenkameraden/Klassenkameradinnen fragen, was sie später gern machen würden und warum.

a. Mach Notizen!
b. Schreib sie auf! (Die Tabelle auf Seite 75 wird dir helfen, die Sätze zu formulieren.)

Übung 5. Hör zu!
Hier sprechen Birgit, Peter, Tobias und Tanja mit einem Berufsberater.

a. (i) Was sind ihre Berufsvorstellungen? Worauf legen sie Wert? Welche Interessen und Hobbys haben sie?
(ii) Welche Berufe schlägst du für sie vor?
(iii) Welche Berufe schlägt der Berufsberater vor?

(iv) Warum lehnt Birgit (Peter, usw.) die Vorschläge ab?
(v) Welchen Vorschlag nimmt Birgit (Peter, usw.) an und warum?

b. Schreib einen Bericht über Birgit, Peter, Tobias und Tanja! Beschreib, was sie gern, bzw. nicht gern machen würden und wieso!

Zum Beispiel:

Birgit interessiert sich für Sprachen. Sie reist gern, kommt gern mit anderen Leuten in Kontakt. Sie möchte gern Reiseführerin werden, weil . . . .

●**Übung 6.** Hör dir deinen Lehrer, bzw. deine Lehrerin an und mach Notizen! Welche Stellen werden in folgenden Städten angeboten? Wer wird gesucht?
Mach dir eine Kopie dieser Tabelle und trag die Information ein!

Schreib jetzt alles auf!

Zum Beispiel:

Ein Vertreter/eine Vertreterin wird für die Firma Luxus in Saarlouis gesucht.

STELLENANGEBOTE		
Stadt	**Stelle**	**Arbeitsplatz**
Homburg		
Neunkirchen		
St. Wendel		
Wadern		
Losheim		
Völklingen		
Dillingen		
Rehlingen		
Saarbrücken		
Mettlach		

Wir suchen zum 1. 8. 83
nette, freundliche Bedienung
(Alter zweitrangig). Erfahrungen in der Gastronomie sind vorteilhaft, aber nicht Bedingung. Evtl. kann Wohng. zur Verfügung gestellt werden. Desweiteren suchen wir
1 Küchenhilfe
von 18—23 Uhr. Rufen Sie einfach bei uns an, bis 17 Uhr: (0 68 42) 18 10, nach 17 Uhr (0 68 48) 5 51
Pilsstube — Speiserestaurant Römer-Haus, Schwarzenacker

Mittelständisches Unternehmen sucht **Fremdsprachenkorrespondentin** zur baldigen Einstellung. Halbtagsbeschäftigung ist möglich. Gute Sprachkenntnisse in Französisch und Englisch sind erforderlich, Spanischkenntnisse erwünscht.
Angebote bitte unter Chiffre Nr. 450 693 an SZ Sbr Postf. 296

⚡ **Übung 7.** Peter und Jane sind beides Schüler der Oberstufe und finden aber trotzdem Zeit, eine Teilzeitarbeit auszuüben.
Deiner Meinung nach was sind die Vor- und Nachteile dieser beiden Jobs? Sag deinem Partner, bzw. deiner Partnerin deine Meinung!

	a. Peter	b. Jane
Wo?	– auf einem Bauernhof – Größe umfaßt 250 Hektaren – Weizen, Gerste, Kartoffeln und Raps werden angebaut – 250 Rinder werden für die Fleischproduktion aufgezogen.	– im Kiosk – hier werden Zigaretten und Süßigkeiten, Zeitungen und Zeitschriften verkauft. Die Zeitungen werden nicht ausgetragen sondern von den Kunden abgeholt.
Wann?	– samstags und in den Ferien	– 2 Stunden pro Abend außer dienstags – am Wochenende: 3 Stunden am Samstagnachmittag, 3 Stunden am Sonntagnachmittag.
Stundenlohn?	£1.40	£1.25
Tätigkeiten?	– im Winter: das Vieh füttern – bei Schutzimpfungen mithelfen – den Traktor kontrollieren (damit er immer einsatzbereit ist) – bei der Ernte mithelfen – kann sämtliche Arbeiten ausführen	– Kunden bedienen – Waren auffüllen – Waren auslegen – einen Preis auf die Waren kleben – Namen und Adressen der Kunden auf die Zeitungen schreiben
Vorteile?	– Geld verdienen – ständig etwas Neues lernen	– Geld kriegen – saubere Arbeit – Erfahrungen sammeln – mit vielen Leuten in Kontakt kommen – selbständig arbeiten
Nachteile?	– Freizeit wird eingeschränkt – Es lohnt sich aber!	– schlecht bezahlt – keine Ermäßigung – ziemlich langweilig – keine Freizeit: weder für Hausaufgaben noch für sich selbst

anbauen (*wk*) *to cultivate*
aufziehen *to raise*
ausüben (*wk*) *to carry out*
einsatzbereit *ready for use*
einschränken (*wk*) *to limit*
die Erfahrung (-en) *experience*
die Ermäßigung (-en) *reduction*
die Ernte (-n) *harvest*
füttern (*wk*) *to feed (animals)*
die Gerste (-n) *barley*
die Hektare (-n) *hectar (10,000 sq. m.)*

der Lohn (¨e) *wage*
sich lohnen (*wk*) *to be worthwhile*
der Raps *oil-seed rape*
sämtlich *all*
die Schutzimpfung (-en) *vaccination*
die Tätigkeit (-en) *activity*
die Teilzeitarbeit (-en) *part-time job*
umfassen (*wk*) *to cover*
das Vieh *cattle*
der Weizen *wheat*

Zum Lesen und zum Schreiben 1

Junge Leute berichten ...

Manche Leute haben selbst während der Schulzeit neben ihren Schularbeiten einen Job und verdienen dabei etwas Taschengeld. Viele tragen Zeitungen aus, gehen zum Babysitten oder arbeiten in einem Geschäft oder so etwas Ähnliches.

Rita Ehrler zum Beispiel hat schon als 12jährige Schülerin Zeitungen ausgetragen.

> Als ich etwa zwölf Jahre alt war, verteilte ich eine Jugendzeitschrift im Dorf. Ich hatte ungefähr 30 Abonnenten, denen ich einmal die Woche die Zeitschrift bringen mußte. Mit dem Fahrrad fuhr ich von Haus zu Haus, bei jedem Wetter. Jeden Monat kassierte ich bei meinen Kunden Geld ein. Das war manchmal recht mühsam, denn die Leute waren nicht immer zu Hause. Natürlich war ich stolz, etwas Taschengeld zu verdienen. Daneben bekam ich auch immer eine Zeitschrift geschenkt.

der Abonnent (-en) } subscriber
die Abonnentin (-nen) }
<u>aus</u>tragen *to deliver*
(Geld) <u>ein</u>kassieren *(wk)* *to collect in (money)*
mühsam *arduous, hard*
verteilen *(wk)* *to distribute*

Zum Lesen 2

Regina als stolze Lokführerin

Regina Bülck, 27, gelernte Kraftfahrzeugmechanikerin aus Lübeck, macht Eisenbahngeschichte: Als erste Frau Deutschlands erhielt sie jetzt die Ernennungsurkunde zur Lokomotivführerin. „Die Bahn hat mich schon immer interessiert", bekennt Regina Bülck, „dann reizte mich aber

Foto: Dieter Lüttgen

Lokführerin Bülck: Bammel vor erster Alleinfahrt

auch der sichere Arbeitsplatz." Nur vor ihrer ersten Alleinfahrt hat sie etwas Bammel.

vor etwas Bammel haben *to be scared of something*
bekennen *to admit, to confess*
die Ernennungsurkunde (-n) *certificate of appointment*
die Kraftfahrzeugmechanikerin (-nen) *motor mechanic*

Zum Lesen 3

Englisch für Riehms Kühe

Nicholas Cox aus Leicester zu Gast auf Georgshof

Mister Cox füttert die Kühe.

pbs. Neunkirchen. „Ich fühle mich wie zu Hause", sagt er und lacht. Die Arbeit mache ihm Spaß, und er komme sehr gut mit seiner Gastfamilie aus. Seit dem 4. Februar ist Nicholas Cox aus der englischen Grafschaft Leicestershire auf dem Georgshof der Familie Riehm in Uchtelfangen. Nicholas Cox ist 19 Jahre alt, hat in Leicester ein Gymnasium besucht und Abitur gemacht. Seine Eltern betreiben in der Nähe der englischen Stadt einen Bauernhof, der vorwiegend auf Schaftszucht spezialisiert ist. Ernst Platz, Agraringenieur und Landwirtschaftsbeauftragter im Landkreis Neunkirchen, betont, daß der Austausch durch die guten Kontakte mit der Grafschaft möglich wurde.

Nicholas Cox ist nicht nur nach Uchtelfangen gekommen, um eine Zeit auf einem deutschen Hof zu leben, sondern auch um seine ohnehin guten deutschen Sprachkenntnisse zu verbessern. Im Herbst, erzählt er, beginne er ein Sprachenstudium in Southampton.

Unterschiede sieht er zu seiner Heimat nicht so viele. Die Betriebsstruktur bei den Riehms sei anders, die Landschaft sei für ihn neu. Er freut sich auf den Frühling, um die Vegetation hier kennenzulernen. Der Landwirtschaftsmeister Matthias Riehm lobt den Fleiß des Gastes aus England. Nicholas Cox hat seine Reise nach Uchtelfangen selbst bezahlt. Bei der Familie Riehm hilft er, bekommt dafür Kost und Logis und ein Taschengeld.

der Agraringenieur (-e) *agricultural engineer*
betreiben (betreibt, betrieb, betrieben) *to run, to operate*
Kost und Logis *board and lodging*
der Landwirtschaftsbeauftragte★ *agricultural representative*
loben (*wk*) *to praise*
die Schafzucht *sheep breeding*
vorwiegend *mainly*

★*This noun behaves likes an adjective: see page 201 for further information on adjectival nouns.*

Q	zwingen	sprechen
	sterben	wiegen
	leiden	treiben

Wiederholung

1. Kannst du folgende Gegenstände beschreiben?

2. Ein Brief an das Fundbüro.
Lies dir folgenden Brief durch und beantworte die Fragen unten!

Sehr geehrte Damen und Herren,

ich möchte einen Verlust melden. Es handelt sich um meine Lederjacke. Ich habe sie im Zug auf der Strecke Hamburg-Würzburg liegenlassen. Das war der D 785, der um 7.35 Uhr aus Hamburg-Altona abfuhr und um 14.18 Uhr in Würzburg ankam. Ich saß ziemlich hinten in einem Nichtraucherabteil. Ich glaube, daß ich die Jacke auf dem Gepäckträger gelassen habe.

Die Jacke ist aus schwarzem Leder, mit drei Knöpfen und zwei Taschen. Ein kleines, rotes Adreßbuch steckt in der rechten Tasche.

Ich danke Ihnen im voraus für Ihre Bemühungen, und würde mich sehr auf eine baldige Antwort freuen.

Ihr,

Mike Hampson

die Bemühung (-en)   *effort*

a. *Describe what he lost.*
b. *Where did he lose it?*
c. *Whereabouts was he sitting?*
d. *Where had he put his jacket?*

3. Kannst du den Brief richtig schreiben?

melden. Am letzten Tag meines
eine japanische Marke und zwar Fujica. Er ist
Sehr geehrte Damen und Herren,
ich möchte einen Verlust ⟵ Hier beginnt die zweite Zeile
300.-DM wert. Schreiben Sie mir bitte, wenn Sie
habe. Der Apparat ist
habe dort meinen Fotoapparat verloren. Leider hatte ich
den Apparat haben. Ich danke Ihnen im voraus.
keine Zeit vor der Abreise, diesen Verlust
daß ich ihn dort liegengelassen
zu melden. Am frühen Nachmittag saßen wir am
Ihre,
Urlaubs in Deutschland war ich im Stadtpark und
Flußufer, in der Nähe der Brücke. Ich glaube,

das Flußufer (-)   *river bank*

4. Stell dir vor, daß du folgende Gegenstände verloren hast. Schreib Briefe an das Fundbüro!

a. Verlust: Armband, Gold, 250.-DM Wert
   Wo: Hallenbad
   Wann: 3. Aug. Nachmittag

b. Verlust: Tasche (Leder, rot)
   Wo: Park, Café Seeblick
   Wann: 4. Juli. (Abend)
   Inhalt: Taschentücher (*pl.*)
         Führerschein (*m.*)
         Brieftasche (*f.*)
         Kamm (*m.*)
         Kalender (*m.*)

5. Nenne die Körperteile!

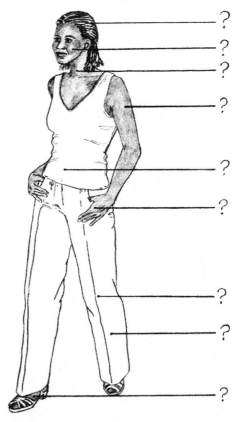

?
?
?
?
?
?
?
?
?

6. Kannst du folgende Beschwerden beschreiben?

Zum Beispiel:

Frank

Frank hat sich in den Finger geschnitten.

Ute

Peter

Barbara

Rolf

Beatrix

Michael

Susi

Romeo

39°C

Silvia

Bernhard

Gabi

7. Was soll man tun, wenn man:
  a. eine offene Wunde hat?
  b. Kopfschmerzen hat?
  c. sich verbrannt hat?
  d. Zahnweh hat?
  e. sich den Fuß verrenkt hat?
  f. einen Sonnenbrand bekommen hat?

8. *What's the weather forecast?*

DAS WETTER

Schneefall

Stark bewölkt mit Schneefall, in tieferen Lagen auch Regen. Tageshöchsttemperaturen um plus 2 Grad, im höheren Bergland bei minus 2 Grad. Tiefstwerte nachts 0 bis minus 4 Grad. Auffrischender Wind. Straßenglätte.

Deutsche Feste: Fasching, Karneval, Fastnacht

Dagmar beschreibt Fastnacht im Schwarzwald

carnival
Ash Wednesday
Carnival Thursday

Die Fastnacht, auch Karneval genannt, findet in der Woche vor Aschermittwoch statt. Sie fängt mit dem Schmutzigen Donnerstag an und hört vor dem Aschermittwoch um Mitternacht auf. In dieser Zeit wird groß gefeiert. Die Schüler haben schulfrei, und viele Erwachsene haben Ferien. An der Fastnacht können sich die Leute noch einmal

to let off steam   lent

austoben vor der Fastenzeit. In der BRD wird Karneval besonders im Rheinland, in Bayern und im Schwarzwald groß gefeiert. So geht es im Schwarzwald zu:

carnival music ('the march of the fools')

Um sieben Uhr am Morgen des ‚Schmutzigen Dunschdig‘ wird die Stadt durch die Stadtmusik mit dem Narrenmarsch geweckt.

disguised, dressed up   made up

Ich muß zwar noch in die Schule, aber heute nehmen wir nichts ernst. Die ganze Klasse hat sich verkleidet und geschminkt. Selbst die Lehrer (manche jedenfalls!) machen mit.

fools

Um ungefähr elf Uhr kommt die Stadtmusik mit den Narren, um die Schüler aus der Schule zu holen.

Bis zum Aschermittwoch ist nun schulfrei. Sämtliche Schüler laufen hinter der Stadtmusik und den Narren her zum Rathausplatz. Und dort gehen einige Narren ins Rathaus, wo ihnen vom Bürgermeister der Schlüssel überreicht wird, als Symbol dafür, daß nun für die nächsten Tage die

to govern

Narren die Stadt ‚regieren‘!

Am Nachmittag um zwei Uhr findet in der Stadt ein närrischer <u>Umzug</u> für alle Kinder und Schüler statt. Wir verkleiden uns als <u>Hexen</u>, Cowboys, Prinzessinnen, Clowns und viele andere Phantasiefiguren und rennen hinter der Stadtmusik und den Narren her.

procession
witches

Für uns Schüler finden dann am Samstag-, Sonntag- und Montagnachmittag in verschiedenen Lokalen Kinder- und Jugendbälle statt, wo getanzt wird, und die <u>originellsten</u> Kostüme einen Preis bekommen. Für die Erwachsenen werden abends <u>Fastnachtsbälle</u> veranstaltet.

most original

carnival balls

Am sogenannten Rosenmontag findet ein großer Fastnachtsumzug statt, wo lokale Ereignisse oder politisches Geschehen durch ‚den Kakao gezogen' <u>werden</u>. <u>Musikkapellen</u> und Fastnachtsfiguren aus anderen Städten und Dörfern nehmen <u>ebenfalls</u> an dem Umzug teil.

are made fun of
bands

also, equally

Am Fastnachtsdienstag treffen wir uns nachts, kurz vor Mitternacht, auf dem Rathausplatz, wo auf einem <u>Scheiterhaufen</u> eine <u>Strohpuppe</u> verbrannt wird. Zum letzten Mal in diesem Jahr spielt die Stadtmusik den Narrenmarsch. Wir tanzen um die brennende Strohpuppe und <u>heulen</u> und <u>jammern</u>, weil die Fastnacht verbrannt wird und also zu Ende geht.

funeral pyre, stake   straw doll

howl, cry
moan

Aber Schlag Mitternacht werden alle wieder fröhlich und freuen sich, denn jetzt geht es ja schon wieder auf die neue Fastnacht (am 11.11. um 11.11 Uhr) zu.

6
Reisen

ERSTER TEIL
Mit öffentlichen Verkehrsmitteln

public   *transport*

Ein Reporter bei ‚Jugend im Beruf' schrieb vor kurzem eine Serie über verschiedene Berufsmöglichkeiten. Er bereitete eine Ausgabe vor, die sich um Tourismus handelte.

Neulich fragte er Sonja Mathis, die im Reisebüro ‚Weltweit' in München angestellt ist, ob sie ihm ein Interview geben würde. Sie sagte, daß sie am Sonntagmorgen im Sportklub sein würde. Dort trafen sie sich wie vereinbart und sie sprach mit ihm über ihre Arbeit.

„Das Reisebüro hat wochentags zwischen 9.00 Uhr und 18.30 Uhr und samstags nur morgens auf. Wir Mitarbeiter haben allerdings während der Woche eine anderthalbstündige Mittagspause zwischen 12.30 Uhr und 14.00 Uhr.

Ich komme morgens gegen 8.30 Uhr an, damit ich vor der Öffnungszeit des Büros die Post durchschauen kann. Flugtickets und Fahrkarten müssen zurechtgelegt und Rechnungen für die gebuchten Reisen ausgestellt werden.

Um Punkt 9.00 Uhr machen wir das Büro auf, und nach und nach kommen die ersten Kunden herein. Viele bedienen sich selbst. Sie sehen sich lediglich die Broschüren und Kataloge an und gehen wieder weg, ohne eine Frage zu stellen. Andere kommen sofort auf mich oder auf andere Kollegen zu, setzen sich hin und lassen sich bedienen. Sie fragen zum Beispiel nach Bus-, Flug- und Zugverbindungen und nach Preisen für ihre geplanten Reisen.

Wenn es sich um einen Flug handelt, können wir jetzt durch den Computer dem Kunden sofort sagen, ob es in der von ihm gewünschten Maschine noch Platz gibt.

Die meisten Kunden kommen zu uns, weil sie für den kommenden Sommer oder Winter ihren Urlaub buchen wollen – mit Twen-Tours oder Neckermann oder so. In der Regel haben sie sämtliche Kataloge schon zu Hause durchgeblättert und sich einen passenden Reisetermin und ein Hotel ausgesucht. Wir checken die ausgesuchten Termine usw. bei der Reisegesellschaft durch, und wenn alles klappt, machen die Kunden eine Anzahlung. Später bekommen sie eine Reisebestätigung und müssen bis spätestens 30 Tage vor Antritt der Reise die noch nicht bezahlten Rechnungen regeln.

Es kommt selten vor, daß Leute hier herein kommen um sich zu beschweren. Und wenn, dann meistens wegen des schlechten Essens im Hotel, oder weil sie den gewünschten Seeblick nicht bekommen haben.“

eine anderthalbstündige Mittagspause *a lunch
  break of one and a half hours*
(anderthalb *one and a half*)
angestellt sein *to be employed*
der Antritt (-e) *beginning*
die Ausgabe (-n) *issue*
durchblättern (*wk*) *to leaf through*
durchschauen (*wk*) *to look through*
der Gesamtbetrag (-̈e) *total sum*
gewünscht *desired*

sich handeln um + *acc.* *to be about, to be a
  question of*
klappen (*wk*) *to work well*
lediglich *merely*
nach und nach *little by little*
der Mitarbeiter (-) *employee, colleague*
neulich *recently*
die Öffnungszeit (-en) *opening time*
in der Regel *as a rule*
wie vereinbart *as arranged*
zurechtlegen (*wk*) *to put in order, to sort out*

Ein typischer Tagesbeginn im Reisebüro ‚Weltweit'

Der erste Kunde, der ins Büro eintrat, war Herr
Blankenagel. Er wollte wegen der Hochzeit seines
Neffen nach London fliegen. Er kam ins
Reisebüro, um eine Flugreservierung zu machen.

Der erste Kunde kommt 'rein.

„Guten Tag. Ich möchte am kommenden
Montag nach England fliegen. Ich muß vor 15.00
Uhr in London sein. Die Hochzeit meines Neffen
fängt um 16.00 Uhr an."

„Wollen Sie erste Klasse oder Economyklasse
fliegen?"

„Economyklasse, wenn es geht."

„Am 15. Januar. Moment! Also, da gibt es

leider keine Direktverbindung. Es gibt aber
Umsteigeverbindungen. Von hier aus können
Sie um 10.40 Uhr mit der Maschine DW 134
nach Frankfurt fliegen. Dann sind Sie um
11.50 Uhr in Frankfurt und können mit der
Lufthansa um 12.45 Uhr weiter nach London
fliegen. Sie haben etwa eine Stunde Wartezeit
in Frankfurt. Ankunft London: 13.20 Uhr. Es
gibt auch folgende Möglichkeit: Sie können
mit der Bahn nach Frankfurt fahren. Um 8.00
Uhr fährt ein Zug, und um 12.17 Uhr sind Sie
in Frankfurt. Sie müssen in Mannheim
umsteigen."

„Nein, danke. Ich fliege lieber. Ich habe keine
Zeit zu verlieren."

„Möchten Sie am 15. zurückfliegen?"

„Ja. Gibt es dann abends eine
Direktverbindung?"

„Ja. Um wieviel Uhr möchten Sie fliegen?"

„Gegen 21.00 Uhr."

„Also. Abflug mit LH 21.50 Uhr, Ankunft
München 00.25 Uhr. Wie hört sich das an?"

„Gut. Können Sie die Reservierung sofort
machen? Übrigens bin ich Nichtraucher – also
einen Nichtraucherplatz, bitte."

„Moment mal. Ich sehe mal eben nach, ob es
in dieser Maschine noch Platz gibt."

Sonja ging zum Computer 'rüber und checkte alles durch.

„Alles klar. Es gibt Platz. Wir können die Reservierung sofort machen. Ich schreibe Ihnen alles auf und stelle das Flugticket aus."

Sonja checkt alles durch.

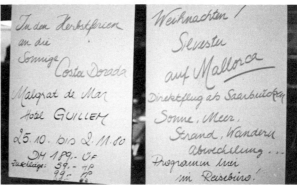

der Abflug (¨e)   *take off*
die Economyklasse   *tourist class*
das Flugticket (-s)   *air ticket*
die Hochzeit (-en)   *marriage*
Wie hört sich das an?   *How does that sound?*
übrigens   *by the way*
die Umsteigeverbindung (-en)   *transfer connection*

If you are using reported speech in German (i.e., if you are reporting what someone else said) then you generally use the **Konjunktiv** *(the subjunctive).*
The following sentences show how the conversation between Sonja and Herr Blankenagel could have been reported. In each sentence the **Konjunktiv** *has been printed in* **bold**.
For further information on the **Konjunktiv** *see pages 95 and 96.*

Herr Blankenagel sagte, daß er am kommenden Montag fliegen **möchte**.

Er sagte, daß er vor 15.00 Uhr in London sein **müßte**.

Er sagte, daß er auf eine Hochzeit in London eingeladen **sei**.

einladen (lädt, lud, geladen) auf + *acc. to invite*

Er sagte, daß er in der Economyklasse fliegen **wollte**.

Sonja sagte, daß es keine Direktverbindung geben **würde**.

Sie sagte, daß er mit der Bahn nach Frankfurt fahren **könnte**.

Sie sagte, daß es um 8.00 Uhr einen Zug nach Frankfurt geben **würde**.

Er antwortete, daß er fliegen **wollte**.

Sie sagte, daß es in der von ihm gewünschten Maschine noch Platz geben **würde**.

Er sagte, daß er Nichtraucher **sei**.

Frau Staub war die nächste Kundin. Sie hatte es auch eilig. Sie wollte ihre schon gebuchte Reise mit der Fähre nach England rückgängig machen. Jetzt wollte sie schneller da sein.

„Guten Tag. Leider muß ich eine Reservierung, die ich vor kurzem gemacht habe, rückgängig machen. Es tut mir leid, aber meine Pläne haben sich halt geändert."

„Was war das für eine Reservierung?"

„Eine Reservierung für den 20. Januar auf der Fähre von Hoek van Holland nach Harwich – die Nachtfähre: Abfahrt 23.00 Uhr, Ankunft Harwich 06.30 Uhr. Die Zugverbindung nach London hatte ich auch schon gebucht. Ankunft London 09.14 Uhr. Kann ich diese Reservierung rückgängig machen? Ich möchte jetzt nach London fliegen. Kann ich direkt von München nach London fliegen?"

„Ja. Wann möchten Sie fliegen?"

„Am 18. Januar. Ich muß um 11.00 Uhr in London sein. Wann muß ich von hier weg?"

„Sie müssen um 09.25 Uhr mit LH 050 fliegen, Ankunft London 10.00 Uhr. Sie wissen wohl, daß die Uhrzeit in London anders ist als bei uns?"

„Ja."

„Möchten Sie erste Klasse oder Economyklasse fliegen?"

„Economyklasse, bitte."

„Gut. Ich stelle Ihr Ticket sofort aus. Soll ich Ihnen die Rechnung zuschicken oder möchten Sie gleich bezahlen?"

„Schicken Sie mir die Rechnung zu."

sich ändern *(wk)* *to change*
meine Pläne haben sich halt geändert *it's just that my plans have changed*

rückgängig machen *to cancel*
die Uhrzeit (-en) *time*
zuschicken + *dat. (wk)* *to send on (to)*

Übung 1. Was wurde gesagt?
Kannst du diese Sätze zu Ende führen? Die Sätze auf Seite 91 werden dir helfen. Hier handelt es sich nur um ‚sein' und die Modalverben: können, mögen, müssen, wollen.

a. Frau Staub sagte, daß sie ihre Pläne ändern .... (müssen)
b. Sie sagte, daß sie die Reservierung rückgängig machen .... (wollen)
c. Sie fragte, ob sie nach London fliegen .... (können)
d. Sonja fragte, wann sie fliegen .... (mögen)
e. Frau Staub sagte, daß sie vor 11.00 Uhr in London sein .... (müssen)
f. Sonja bestätigte, daß die Uhrzeit in London anders .... (sein)
g. Frau Staub sagte, daß sie Economyklasse fliegen .... (wollen)
h. Sonja fragte, ob sie gleich bezahlen .... (mögen)
i. Frau Staub antwortete, daß sie später bezahlen .... (mögen)

Übung 2. Hör zu!
Die folgenden Leute wollen alle irgendwohin fliegen. Hör gut zu und trage sämtliche Informationen in die Tabelle ein!

Nummer	Flugnummer	Reiseziel	Abflug: – Flughafen – Uhrzeit – Tag	Umsteige- verbindung	Ankunft
1.					
2.					
3.					
4.					
5.					
6.					

Übung 3. Im Reisebüro
Ihr seid in Saarbrücken. Der/die eine ist der/die Reisende und der/die andere arbeitet im Reisebüro.
Übt Dialoge, als ob der/die Reisende folgende Flugwünsche hätte: Fluginformationen befinden sich auf Seite 159. Der/die Angestellte muß Flugnummer, Tag und Uhrzeit angeben!

Reiseziel	Reisetag
Berlin	So
Düsseldorf	Fr oder Sa
Frankfurt	Fr
München	Mo
Nürnberg	Mo
Frankfurt	So
München	Mi
Nürnberg	Sa
Düsseldorf	Sa

Übung 4. Übt Dialoge!
Der/die Reisende möchte mit der Bahn fahren. Der/die andere muß Zugnummer, Ankunft- und Abfahrtszeiten, gegebenenfalls auch Umsteigeort angeben!
Informationen befinden sich auf Seite 159.

gegebenenfalls *if need be, if necessary*

Reiseziel	gewünschte Ankunftszeit
München	abends
Frankfurt	abends
Düsseldorf	morgens
Berlin	abends
Nürnberg	mittags
Frankfurt	egal
Düsseldorf	nachmittags
Nürnberg	egal

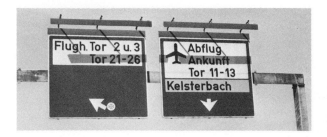

Übung 5. Übt Dialoge, die dem folgenden ähnlich sind, indem ihr die Informationen auf dieser Seite und auf Seite 160 verwendet.
A (der Kunde, bzw. die Kundin) hat schon eine Reservierung gemacht. Nun haben sich seine, bzw. ihre Pläne geändert. B ist der, bzw. die Angestellte im Reisebüro.
Wechselt euch regelmäßig ab!

A: Ich habe

| eine Flugreservierung | gemacht |
| einen Flug | gebucht |

und ich möchte

| sie |
| ihn |

ändern.

B: In Ordnung. Für wann hatten Sie gebucht?
A: Das war für den 21.8. Flugnummer LH 475 nach Hannover.
B: Wann möchten Sie denn jetzt fliegen?
A: Etwas später.
B: Ja. Sie haben einen Flug um 18.00 Uhr: Nummer LH 488. Wollen Sie das mal aufschreiben?

Reservierung			gewünschte Änderung	
Datum	Flugnummer	Reiseziel	später	früher
24.6	LH 161	London		√
14.8	BA 002	Edinburgh	√	
23.12	DW 402	Frankfurt		√
1.4	NS 136	Nürnberg	√	
16.5	SA 141	Berlin	√	
4.11	LH 071	Düsseldorf		√

Die indirekte Rede   *Indirect speech*

Indirect speech is the simple reporting of what someone else has said; it may also show degrees of belief or disbelief in what is being reported.

Konjunktiv I

haben	sein
ich habe	ich sei
du habest	du seiest
er habe	er sei
sie habe	sie sei
es habe	es sei
wir haben	wir seien
ihr habet	ihr seiet
Sie haben	Sie seien
sie haben	sie seien

Zum Beispiel:

Er sagte, daß er keinen Hunger habe, aber davon bin ich nicht überzeugt.
He said he wasn't hungry, but I'm not convinced of it.

Sie sagte, daß sie 18 Jahre alt sei. Sie sieht aber etwas älter aus.
She said she was 18 years old. She looks older though.

Konjunktiv II

a. **haben** *and* **sein**
Haben and *sein* are often used in their *Konjunktiv II* forms, especially in Northern Germany.*
Konjunktiv II is also used to avoid the confusion which arises when *Konjunktiv I* and the present indicative sound exactly the same. This arises most frequently in the third person plural form.*

Zum Beispiel:

Sie sagten, daß sie morgen keine Zeit haben.

In such a case (where **sie** ... **haben** *is the third person plural form of both the present indicative and the* **Konjunktiv I**), *it is preferable to use the* **Konjunktiv II**, *so as to avoid this confusion and to allow for a greater subtlety of meaning. For example:*

Sie sagten, daß sie morgen keine Zeit **hätten**.

Here are the **Konjunktiv II** *forms of* **haben** *and* **sein** :

haben	sein
ich hätte	ich wäre
du hättest	du wärest
er hätte	er wäre
sie hätte	sie wäre
es hätte	es wäre
wir hätten	wir wären
ihr hättet	ihr wäret
Sie hätten	Sie wären
sie hätten	sie wären

Zum Beispiel:

Sie sagte, daß sie keine Lust hätte, ins Kino zu gehen.
*She **said** she didn't feel like going to the pictures.*

Er sagte, daß er kein Raucher wäre. Ich habe ihn aber rauchen sehen.
*He **said** he wasn't a smoker. I've seen him smoking though.*

Modal verbs (**können, mögen, müssen, sollen, werden, wollen**)

These verbs are commonly used in their **Konjunktiv II** *forms. They are used in* **Konjunktiv I** *also, but as a rule only in formal or official use: for this reason, the* **Konjunktiv I** *forms are not given here.*

können
ich könnte
du könntest
er könnte
sie könnte
es könnte
wir könnten
ihr könntet
Sie könnten
sie könnten

The stems of the modal verbs given above are:

können	könnt-
mögen	möcht-
müssen	müßt-
sollen	sollt-
werden	würd-
wollen	wollt-

Zum Beispiel:

Er fragte, ob er nach Paris fliegen könnte.
He asked if he could fly to Paris.

Die Umschreibung mit ‚würde‘

In practice and in speech the **Konjunktiv** *is used mostly with* **haben**, **sein** *and with the modal verbs. People tend increasingly to avoid the* **Konjunktiv** *with other verbs and to use the* **Konjunktiv II** *of* **werden** *with the infinitive instead. Here is an example of its use in a sentence referring to future intentions:*

Er sagte, daß er morgen vorbeikommen würde.
He said that he would call in tomorrow.

And here are examples of its use in sentences referring to the past:

Sie sagte, daß einige Kunden sich umsehen würden.
She said that some customers just had a look around.

Sie sagte, daß sie um Punkt 9.00 Uhr das Büro aufmachen würde.
She said that she opened the office on the dot of 9 o'clock.

werden (Konjunktiv II)
ich würde
du würdest
er würde
sie würde
es würde
wir würden
ihr würdet
Sie würden
sie würden

The **Konjunktiv** *used as an indicator of doubt*

When the **Konjunktiv** *is used in indirect speech it can indicate degrees of doubt about the accuracy of what is being reported. For example:*

Er sagte, daß er morgen einen Termin **hat**.
(The speaker is sure that this person has an appointment.)

Er sagte, daß er morgen einen Termin **habe**.
(The speaker accepts that this person has an appointment – but is not completely certain of it.)

Er sagte, daß er morgen einen Termin **hätte**.
(The speaker could be expressing an element of doubt about the person's appointment).

The use of **Konjunktiv I** *in newspapers*

Konjunktiv I *is often found in newspaper articles which report what people have said. Example of this use of the* **Konjunktiv I** *are to be found in* **Zum Lesen 3**, *page 83* (**Riehms Kühe**).

Zum Lesen

Katastrophale Rückreise: eine wahre Geschichte!

Herr Morger hielt sich mit seiner Tochter Susi in Paris auf. Sie durfte ihn auf der Geschäftsreise begleiten. Es war Freitagabend, und die beiden bereiteten sich auf die Heimreise nach Österreich vor, denn Herr Morger mußte am Montagmorgen zur Arbeit und Susi mußte wieder zur Schule gehen.

Es war für ihn zu anstrengend, selber zu fahren. Also hatte er beschlossen, seinen Wagen auf den Zug zu verladen. Er und seine Tochter wollten mit der Bahn nach Linz reisen. Die Fahrkarten für Sonntagmorgen waren gekauft, er mußte nur noch etwas Geld von der Bank abheben, denn am Samstag war sie geschlossen.

Nachdem er die Bank verlassen hatte, wollten sie noch einmal die französische Küche genießen. Sie gingen also in ein schönes Restaurant im Quartier Latin, und erst als er ans Zahlen dachte, stellte er mit Schrecken fest, daß ihm seine Brieftasche fehlte. „Ist sie gestohlen worden? Habe ich sie liegenlassen? Ja natürlich! Sie muß noch in der Bank sein," dachte er.

Er erinnerte sich an seine Brieftasche aus braunem Leder mit seinen Initialen (JM) eingraviert. Sie lag neben dem Schalter Nummer 3. Herr Morgers ganzes Geld mitsamt Fahrkarten und Scheckkarten, usw waren in seiner Brieftasche. Die Bank war schon zu. Was nun?

Er selber hatte keine Francs bei sich, aber glücklicherweise hatte Susi genug Geld für das Essen. Damit war das Problem aber nicht gelöst.

Sollte er noch heute abend Hilfe bei der Polizei suchen? Es blieb ihm nichts anderes übrig.

Auf direktem Weg ging er zur nächsten Polizeiwache. Er beschrieb seine Lage und fragte, ob die Polizei mit dem Bankdirektor Verbindung aufnehmen könnte. Der Polizist war nicht gerade begeistert von diesem Vorschlag, denn einen Bankdirektor stört man nicht am Wochenende! Heute abend sei es auf keinen Fall möglich. Nach längerem Hin und Her versprach der Polizist, es am Samstagmorgen zu versuchen. Herr Morger sollte dann wiederkommen, sagte der Polizist.

Wie es sich herausstellte, zeigte sich M. Pittet, der Bankdirektor, sehr hilfsbereit. Er konnte sich an die liegengelassene Brieftasche erinnern. Er hatte sie in den Geldschrank gelegt. M. Pittet wollte Herrn Morger aus seiner Notlage helfen. Aus Sicherheitsgründen mußte ein anderer Bankdirektor, der den zweiten Schlüssel hatte, beim Öffnen des Geldschranks dabei sein. Leider war diese Begleitperson auf einer Jagd in der Sologne – also nicht erreichbar. Die Brieftasche konnte nicht aus dem Geldschrank geholt werden. Der Direktor schlug vor, neue Fahrkarten zu kaufen, und später nach seiner Ankunft in Linz das Geld für die verlorenen Karten zurückzufordern. Gesagt, getan! Aber nicht so leicht!

Am Samstagmorgen weigerte sich der Beamte am Fahrkartenschalter Herrn Morgers Scheck ohne Scheckkarte anzunehmen. Verzweifelt rief Herr Morger M. Pittet an und fragte ihn um Rat. M. Pittet bot ihm an, sofort zum Bahnhof zu kommen und mit dem mißtrauischen Beamten zu sprechen.

In der Tat hatte Herr Morger eine halbe Stunde später seine Fahrkarten endlich in den Händen: die Fahrt konnte losgehen.

Nach der langen Heimreise hatten sie eine zweite Überraschung. Das Auto, das im gleichen Zug mitreisen sollte, kam nicht an. Warum? Man hatte den Wagon mit dem Auto auf das Abstellgleis geschoben! Nun stand das Auto in Zürich auf einem Abstellgleis. Erst nach zwei Tagen konnten sie es am Linzer Bahnhof abholen.

Trotz allem aber kamen sie am Montagmorgen rechtzeitig am Arbeitsplatz und in der Schule an.

es blieb ihm nichts anderes übrig   *there was nothing else he could do*
aus Sicherheitsgründen   *for security reasons*
gesagt, getan   *no sooner said than done*

Das Partizip Präsens

To form the present participle of a verb, simply add **-d** *to the infinitive. For example:*

Infinitiv	**Partizip Präsens**
folgen	folgen**d**
kommen	kommen**d**
passen	passen**d**
betreffen	betreffen**d**

Anwendung als Adjektiv

Zum Beispiel:

Am **folgenden** Montag wollte er nach Düsseldorf fliegen.
*On the **following** Monday he wanted to fly to Düsseldorf.*

Für den **kommenden** Sommer haben wir eine Reise geplant.
*We have planned a holiday for the **coming** summer.*

Der **kommende** Winter wird hart sein.
*The **coming** winter will be hard.*

Note that the present participle has to agree with its noun in number, gender and case when it is used as an adjective. For example:

Der kommend**e** Winter .... *(singular, masculine, nominative)*

Das Partizip Perfekt als Adjektiv

The past participle behaves like any other adjective.

Zum Beispiel:

Er buchte seine **geplante** Reise.
Sie wählte die **gewünschte** Farbe.
Der **reservierte** Platz war am Fenster.
Sie war mit dem **ausgesuchten** Hotel sehr zufrieden.

Zum Lesen und zum Schreiben

Gepäck, Tarife, Fahrkarten und Informationen

a.

Was macht dieser junge Mann?

b.

Was muß man hier machen?

   (i) Erstens öffnet man die Tür, legt das
       Gepäck hinein und ....
  (ii) Zweitens ....
 (iii) Drittens ....
  (iv) Viertens ....
   (v) Was macht man nach 24 Stunden?
  (vi) Wohin muß man nach 72 Stunden gehen,
       um sein Gepäck abzuholen?

c.

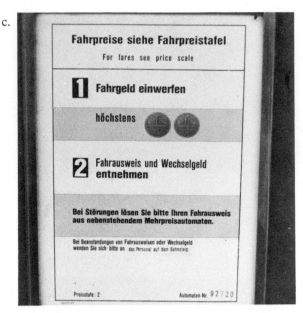

Fahrpreise siehe Fahrpreistafel
For fares see price scale

1 Fahrgeld einwerfen

höchstens

2 Fahrausweis und Wechselgeld entnehmen

Bei Störungen lösen Sie bitte Ihren Fahrausweis aus nebenstehendem Mehrpreisautomaten.

Bei Beanstandungen von Fahrausweisen oder Wechselgeld wenden Sie sich bitte an das Personal auf dem Bahnsteig

Preisstufe: 2   Automaten-Nr. 9 2 7 2 0

die Störung (-en)   *malfunctioning, disturbance*

(i) *Give a summary of the instructions on this machine.*
(ii) *How do you know how much to pay for a ticket?*
(iii) *What do you do if the machine is out of order?*

d.

1. Wählen Sie die Taste des gewünschten Fahrausweises!

2. Zahlen Sie bitte mit:

Ohne Restgeldrückgabe

3. Entnehmen Sie den Fahrausweis und entwerten Sie ihn in der U-Bahn an der Sperre, sonst im Fahrzeug!

die Sperre (-n)   *barrier*
die Taste (-n)   *button*

(i) *What sort of ticket is this machine for?*
(ii) *What particular advice are you given about payment?*

e.

Fahrkarten für Einzelreisen
Mini-Gruppen-Karten
von Köln Hbf nach allen Bahnhöfen der DB
IC TEE -Zuschläge <u>ohne</u> Reservierung

Monats- u. Wochenkarten

(i) *Where is this sign?*
(ii) *What does it tell you about the sort of ticket you can get at this particular point?*

f.

Bei Reklamationen wenden Sie sich bitte innerhalb einer Woche persönlich oder schriftlich an:
Deutsche Bundesbahn
Fahrkartenausgabe
Saarbrücken Hbf
Telefon: (0681) 30777
Bitte Automaten-Nummer 202
und Uhrzeit angeben!

Es werden **10** DM-Banknoten angenommen.
Banknote **unbedingt** wie abgebildet in den oberen Schlitz einführen, bis sie vollständig eingezogen worden ist.

Bei Irrtum oder Störung bitte Taste Ⓒ drücken. Rückgabe durch unteren Schlitz.

der Irrtum (¨er)   *mistake*
die Reklamation (-en)   *complaint*

(i) *What sort of a machine is this?*
(ii) *There are two ways of making a complaint described here: what are they?*
(iii) *Within what space of time must you lodge your complaint?*
(iv) *What two pieces of information must you give when doing so?*
(v) *What do you do if you make a mistake or if the machine goes wrong?*
(vi) *How do you get your money back if anything goes wrong?*

g.

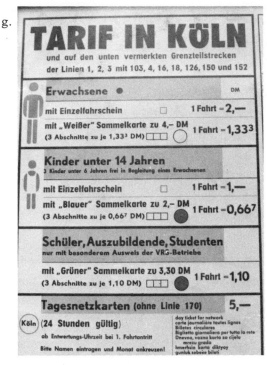

4.

5.

6.

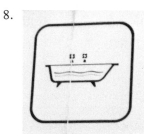
7.

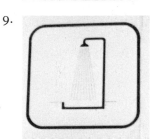
8.

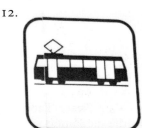
9.

(i) *What will a single journey cost an apprentice?*

(ii) *What do you think a **Sammelkarte** is?*

(iii) *What will a single journey cost a 12 year old?*

(iv) *What special concession is available to adults travelling with two young children?*

10.

11.

h. Kannst du jedes Schild auf Deutsch erklären?

Zum Beispiel:

1.

1. Das zeigt, daß man hier die U-Bahn nehmen kann (daß es hier eine U-Bahnstation gibt).

12.

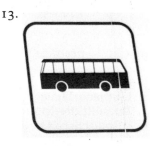
13.

2.

3.

Q | überwinden | sein
fließen | laufen
bleiben | bringen

ZWEITER TEIL
Mit dem Auto unterwegs – auf dem Lande

Übung 1. Hör zu!

Diese vier Leute sind alle mit dem Auto unterwegs und alle haben eine Panne. Was machen sie? Entweder rufen sie die Polizei oder den ADAC an und bitten um Hilfe oder, wenn sie nicht auf der Autobahn sondern auf einer Land- oder Bundesstraße sind, können sie sogar eine Werkstatt anrufen.

a. Hör jetzt zu!
b. Kannst du sämtliche wichtige Details notieren? (Name, Marke des Wagens, Standort, Einzelheiten über die Panne, usw.)
c. Trage sie in die Tabelle ein!

	Dialog 1 ADAC	**Dialog 2** Notdienst	**Dialog 3** Werkstatt Schneider	**Dialog 4** Klaus Lammel (Werkstatt)
Name				
Mitgliedsnummer				
Standort				
Wagen				
Marke				
Kennzeichen				
Farbe				
Problem				

überhitzt *overheated*

d. Übt jetzt Dialoge!
Ihr sollt die Informationen auf dieser Tabelle austauschen. Die Person, die die Panne meldet, behält die bereits ausgefüllte Tabelle. Die andere Person, die telefonisch angerufen wird, braucht natürlich eine neue Tabelle und darf ihre ausgefüllte Tabelle nicht benutzen. Wechselt euch bei der Übung ab!

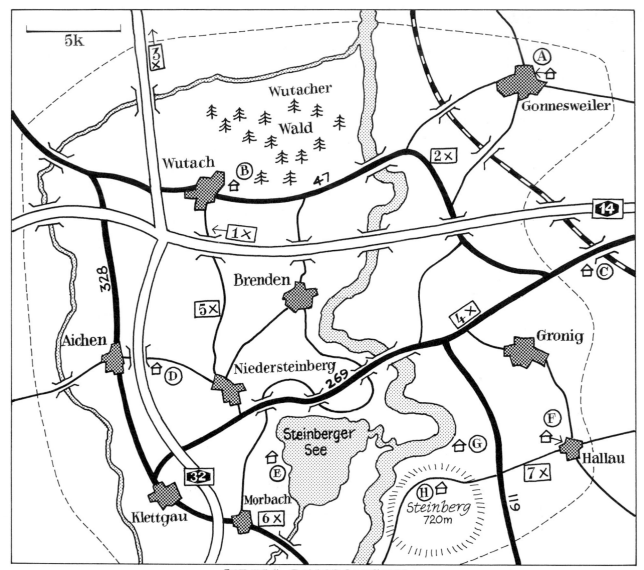

KREIS BENDINGEN

Übung 2. Auf der Landkarte hat man acht Häuser (A–H) eingezeichnet. Kannst du sagen, wo sie sich befinden? Beschreibe die Lage der einzelnen Häuser so genau wie möglich!

Übung 3. Hör zu!
Folgende Leute sind mit dem Auto unterwegs. Sie kennen sich nicht gut aus und müssen nach dem Weg fragen.
Wohin fahren sie?
Sieh dir die Landkarte oben an! Hör gut zu, wie man den Weg beschreibt, und schreib das Reiseziel der Autofahrer auf!

a. Herr Winkelmann ist in Hallau. Wohin fährt er?
Er fährt nach . . . .
b. Frau Seibert ist in Hallau. Wohin fährt sie?
Sie fährt nach . . . .
c. Markus ist in Gonnesweiler. Wohin fährt er?
Er fährt nach . . . .
d. Ulrike ist in Brenden. Wohin fährt sie?
Sie fährt nach . . . .
e. Monika ist in Brenden. Wohin fährt sie?
Sie fährt nach . . . .

der Bogen (¨) *curve, bend*
die Kurve (-n) *curve, bend*
kurvenreich *winding*

Übung 4. Auf der Landkarte auf Seite 103 hat man sieben Autos eingezeichnet. Alle haben eine Panne. Der Fahrer, bzw. die Fahrerin (A) hat eine Autopanne gehabt und ruft bei der Polizei (B) an, um Hilfe zu suchen.
Übt Dialoge!
Nachdem A den Standort beschrieben hat, muß B ihm/ihr zeigen, wo sein/ihr Wagen auf der Landkarte ist.
Wechselt euch regelmäßig ab!

A (der Fahrer, bzw. die Fahrerin)	B (der Polizist, bzw. die Polizistin)
1.	1. „Polizeirevier Steinberg."
2. Begrüße den Polizisten/die Polizistin.	2.
3.	3. „Wie heißen Sie, bitte?"
4. Gib deinen Namen.	4.
5.	5. „Was ist los mit dem Wagen?"
6.	6.
7.	7. „Wo ist das Auto?"
8. Standort? Sieh Landkarte! 1–7?	8.
9.	9. „Was für einen Wagen haben Sie?"
10. VW Golf (Polo, Käfer, Ford Escort, Fiesta, Sierra, Opel Kadett, Rekord, usw.)	10.
11.	11. „Gut. Bleiben Sie am Wagen."

Übung 5. Hör zu! Hier ein wichtiger Verkehrshinweis!
Wenn man über die aktuelle Verkehrslage auf den Autobahnen informiert sein möchte, kann man jeder Zeit sein Auto-Radio einschalten. Rund um die Uhr werden wichtige Verkehrshinweise gesendet. Auf welchem Kanal des Auto-Radios man empfangen kann, erfährt man von speziellen Hinweisschildern, die an der Autobahn aufgestellt sind.

einschalten (*wk*) *to switch on*
senden (*wk*) *to broadcast*
der Verkehrshinweis (-e) *traffic news bulletin*

a. Bevor du dir das Tonband anhörst, lies dir folgende Verkehrsvokabeln durch!

die Abzweigung (-en) *turn off, junction*
die Ausfahrt (-en) *exit (off motorway)*
das Autobahnkreuz (-e) *motorway junction*
die Baustelle (-n) *roadworks*
die Einfahrt (-en) *sliproad*
die Fahrbahn (-en) *carriageway, lane of motorway*
die Fahrtrichtung (-en) *direction in which you are travelling*
das Fahrzeug (-e) *vehicle*
der Stau (-s) *traffic jam, tailback*
die Umleitung (-en) *diversion*
die Verkehrsbehinderung (-en) *obstruction to traffic*
die Verkehrslage (-n) *traffic situation*

b. Hör dir jetzt die Verkehrsdurchsagen an und beantworte die Fragen!

Durchsage 1.
(i) *Which motorway is referred to here?*
(ii) *Which carriageway is affected?*
(iii) *What caused the traffic jam?*
(iv) *How far back does the traffic jam stretch?*
(v) *Where is it?*

Durchsage 2.
(i) *Which motorway is mentioned here?*
(ii) *Which carriageway is affected?*
(iii) *What caused the traffic jam?*
(iv) *How far back does the traffic jam stretch?*
(v) *Where is it?*

Durchsage 3.
(i) *What sort of roads are mentioned here?*
(ii) *Which area of the ‚Hochsauerland' is mentioned?*
(iii) *What two things are holding up traffic?*
(iv) *Why are drivers asked to be particularly careful?*

Durchsage 4.
(i) *Which state is mentioned here?*
(ii) *What is causing problems for traffic?*
(iii) *What has been done about it?*

Durchsage 5.
(i) *Which state is mentioned here?*
(ii) *Which motorway is referred to?*
(iii) *Which carriageway is affected?*
(iv) *What is causing the traffic jam?*
(v) *How far back does the traffic jam stretch?*

ein Hinweisschild

Zum Lesen und zum Schreiben 1

a.

Fernwehkranker Teenager

Neumarkt, 9. Dezember (dpa)

Die 13jährige Alexandra Rackl aus Sulzbürg in der Oberpfalz, die wegen ihrer Fernweh-Touren nach Spanien bereits Schlagzeilen machte, ist erneut ausgerissen. Nach Angaben der Polizei wird das Mädchen seit einer Woche wieder vermißt. Einziger Anhaltspunkt sei ein Zettel, auf dem steht: „Ich gehe wieder in das Land, wo die Blumen blühen." Die Schülerin war zuletzt im vergangenen Oktober mit ihrem erst vier Jahre alten Bruder ausgerissen und mit angeblich 600 DM bis nach Spanien gekommen. Diesmal ist sie allein unterwegs.

angeblich *supposedly*
der Anhaltspunkt (¨e) *clue*
*ausreißen (reißt, riß, gerissen) *to run away from home*
blühen (*wk*) *to bloom*
erneut *again, once more*
der Fernweh *wanderlust, urge to travel*
die Schlagzeile (-n) *headline*

(i) *Why has Alexandra Rackl hit the headlines again?*
(ii) *What message did she leave behind?*
(iii) *How did she make news before?*

Zum Lesen und zum Schreiben 2

Wie das Radio dem Autofahrer helfen kann.

Das WDR-Verkehrsstudio stellt sich vor.

Staus im Großraum Düsseldorf, Falschfahrer auf der A2 in Richtung Bielefeld, Glatteis auf der A45 bei Drolshagen, Unfall auf der A430 bei Duisburg-Kaiserberg, entlaufene Pferde auf der B262 oder aktuelle Umleitungsempfehlungen gehören zu den alltäglichen Nachrichten in der Düsseldorfer Warnfunk-Zentrale und im WDR-Verkehrsstudio. Und so sendet der Westdeutsche Rundfunk regelmäßig seine Hinweise zur aktuellen Verkehrslage:

• Montag-Samstag von 6.00 bis 21.00 Uhr jeweils zur vollen Stunde (bzw. nach den Nachrichten), zusätzlich von 6.00 bis 9.00 Uhr und von 16.00 bis 19.00 Uhr auch noch jede halbe Stunde.

• Sonntags von 7.00 bis 21.00 Uhr jeweils zur vollen Stunde (oder nach den Nachrichten) und zusätzlich von 15.00 bis 19.00 Uhr jede halbe Stunde.

• Für wichtige aktuelle Hinweise wird das laufende Programm jederzeit unterbrochen.

Wer die WDR-Verkehrsdurchsage verpaßt hat, kann sich über den letzten Stand der Ereignisse per Autofahrer-Telefon-Service informieren:

0221/23 53 08.

Auf welchem Kanal Ihres Auto-Radios Sie WDR II empfangen können, erfahren Sie von speziellen Hinweisschildern, die an der Autobahn aufgestellt sind. Der Kennbuchstabe C sagt Fahrern, die ein Auto-Radio mit Verkehrsfunkdecoder besitzen, welchen Bereich sie einprogrammieren müssen, damit sich ihr Gerät automatisch bei den Verkehrsdurchsagen von WDR II einschaltet. (Für das gesamte Land NRW gilt die Bereichskennung C.)

---

der Falschfahrer (-) *someone driving in the wrong direction or on the wrong side of the road, etc.*
zusätzlich *in addition*

a.   (i) *What is causing delays in the Düsseldorf area?*
  (ii) *What hazard is there on the A2 to Bielefeld?*
  (iii) *Where is black ice causing problems?*
  (iv) *Where has there been an accident?*
  (v) *What other danger to traffic is there on the B 262?*
  (vi) *What does WDR stand for?*
  (vii) *When can you hear the traffic news on weekdays?*
  (viii) *And on Sundays?*
  (ix) *If you miss the broadcast how else can you hear the traffic news?*
  (x) *How do you know which station to tune into if you are driving through an area on a motorway?*

b. *What is the German for:*
  (i) *Greater Düsseldorf;*
  (ii) *after the news;*
  (iii) *on the hour;*
  (iv) *up-to-the-minute information;*
  (v) *the latest traffic situation?*

 jede Stunde, jeden Tag, usw.
every hour, every day, etc.

Singular
jede halbe Stunde *every half hour*
jede Stunde *every hour*

Plural
alle zwei Stunden *every two hours*

jede- *is used in the same way with* **Tag, Woche, Monat, Jahr**, *etc.*

Zum Beispiel:

jeden Tag	alle zwei Tage
jede Woche	alle zwei Wochen
jeden Monat	alle zwei Monate
jedes Jahr	alle zwei Jahre

 beladen   schließen
anspringen   verbinden
wissen   sich unterhalten

DRITTER TEIL
Mit dem Auto unterwegs – in der Stadt

„Urwinkl ist eine ganz schöne Stadt. Ich wohne gern hier. Es gibt auch viel zu tun. Das Freizeitangebot ist sehr gut. Wir haben ein schönes, geheiztes Hallenbad – das ist ganz neu. Kinos haben wir auch – jede Menge – und schöne Lokale, wo man abends hingehen kann. Das ist

Hermann Gans
Verkehrsverein

alles, wie gesagt, schön und gut, aber ich bin Busfahrer und als Busfahrer muß ich ja sagen, daß der Straßenverkehr eine Katastrophe ist – eine einfache Katastrophe! Sehen Sie sich das mal an! Die Busse kommen nie rechtzeitig an. Man kann sich nicht an den Fahrplan halten. Das liegt nicht an uns Busfahrern, sondern an den Straßen. Für den modernen Stadtverkehr sind sie einfach nicht geeignet.“

das Freizeitangebot (-e) *range of leisure time activities*
geeignet *suitable, right*
sich halten an + acc. *to keep to (timetables, schedules, etc.)*
es liegt an den engen Straßen *it's because of the narrow streets*
das Lokal (-e) *bar, pub*

„Urwinkl ist eine bildschöne, kleine Stadt mit ihren Fachwerkhäusern und den vielen winkligen Gassen – richtig romantisch und historisch sehr interessant. Deshalb kommen Touristen aus aller Welt, um unsere Stadt zu besichtigen. Aber ehrlich gesagt, in der Hochsaison, wenn wir so viele Gäste haben,

Hildegard Camphausen   Informationsbüro

wird es doch etwas zu voll. Dann bekommt man unmöglich einen Parkplatz. Wir brauchen dringend neue Parkhäuser. Es ist alles zu klein und eng hier.“

das Fachwerkhaus (¨er) *half-timbered house*
die Gasse (-n) *narrow street, alley*
winklig *twisty, windy*

Mittelalter = Middle Ages

Building   *Stands*

„Es ist alles ziemlich problematisch, nicht wahr. Die Altstadt steht unter Denkmalschutz. Viele Gebäude und Brunnen zum Beispiel stammen aus dem Mittelalter. Abreißen kann man sie natürlich nicht, will man ja auch nicht, aber auf der anderen Seite kann man, solange die alten Gebäude noch stehen, die Straßen nicht erweitern.

Bodo Steingruber
Baubehörde

Was wir eigentlich brauchen ist eine Ringstraße – dann könnte der Verkehr die Stadt umfahren und man könnte ohne weiteres in der Innenstadt eine Fußgängerzone machen."

die Baubehörde (-n) *planning department*
unter Denkmalschutz stehen *to be under a*
    preservation order
erweitern (*wk*) *to widen*
ohne weiteres *without further ado*
die Ringstraße (-n) *ring road*

LANGSAM

Übung 1. Hör zu!
Wohin fahren sie?
Diese Leute haben alle nach dem Weg gefragt, weil sie sich in der Stadt nicht gut auskennen. Sieh dir den Stadtplan auf Seite 109 an!
Auf dem Stadtplan sind die Leute A bis E. Du fängst mit A an. Wohin fährt A?
Hör dir den Dialog an und schreib die Antwort auf!

a. A fährt zum/zur . . . .
b. B . . . .
c. C . . . .
d. D . . . .
e. E . . . .

Übung 2. Übt Dialoge!

Auf dem Stadtplan sind die Nummern 1–5 und mehrere Gebäude.

Such dir eine Nummer und ein Gebäude aus! Dein Partner, bzw. deine Partnerin soll dir sagen, wie du von deiner Nummer zum Gebäude fahren kannst. (Vergeßt nicht, daß ihr per du seid!)

Zum Beispiel:

A: 2 – Dom.
B: Also. Fahr geradeaus, usw.

per du sein   *to be on* **du** *terms*

Übung 3. Seht euch den Stadtplan an! Wo wohnen die Leute auf dem Stadtplan?

a. Stellt Fragen aneinander!

Zum Beispiel:

A: Wo wohnt Angelika?
B: Gegenüber dem Stadion.

b. Schreib Sätze!

Zum Beispiel:

Angelika wohnt gegenüber dem Stadion.

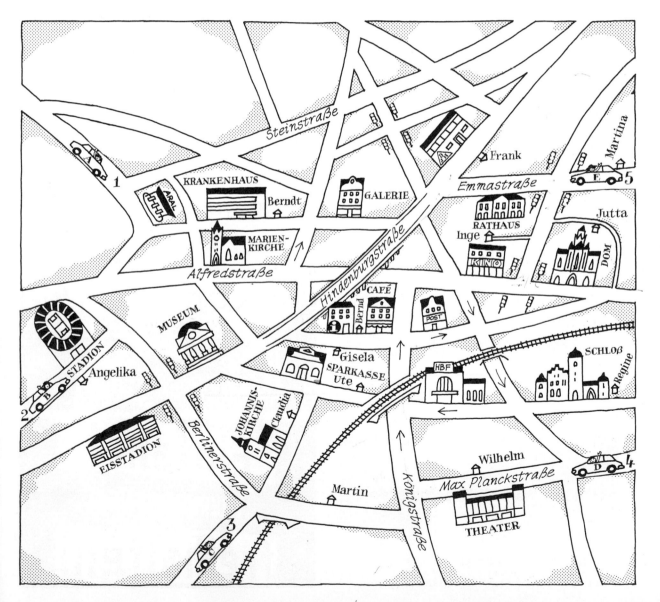

Zum Lesen und zum Schreiben 1

Im Parkhaus

a.

der Bezirk (-e)   *district*

(i) *What costs 15.-DM?*
(ii) *How do you qualify for the special price?*
(iii) *What do you think* **angef.** *is an abbreviation for?*

b.

Parkebene 2

What does this sign mean?

c.

> Haben Sie
> **Ihr Licht ausgeschaltet?**
> **Ihren Wagen abgeschlossen?**
> Ihre Wertsachen abgedeckt?

abdecken (*wk*)   *to cover up*

What does this sign remind you to do?

d.

Ausgang

Bitte erst zahlen, dann Wagen abholen

What does this sign instruct you to do?

Zum Lesen und zum Schreiben 2

Fliege im Auge: Ein Toter

Bei dem Versuch eine Fliege, die ihr offenbar durch ein geöffnetes Seitenfenster direkt ins Auge geflogen war, zu entfernen, verlor eine 24jährige Frau die Kontrolle über ihren Wagen und fuhr auf einen parkenden Kleinlaster auf. Bei dem Unfall wurde der 22jährige Beifahrer getötet und die Fahrerin schwer verletzt.   dpa

der Beifahrer (-)   *passenger*
der Kleinlaster (-)   *small lorry*

a. *What caused the accident?*
b. *What was the result of the accident?*

Zum Lesen und zum Schreiben 3

Nachtwandler fährt 40 Kilometer und überlebt!
SLEEP WALKER

PORTSMOUTH. Ein Jugendlicher, der noch nie in seinem Leben am Steuer gesessen hatte, behauptete, gestern 40 Kilometer im Schlaf mit dem Wagen seines Vaters gefahren zu sein.

Der Junge, dessen Name noch nicht bekannt ist, ging am Montagabend in Portsmouth ins Bett, schlief dort ein, wurde aber in einer Telefonzelle in Southampton wieder wach! Von dort aus rief er um 4.15 Uhr morgens seinen verschlafenen Vater an.

„Ich weiß, daß es sich unglaublich anhört," meinte Kommissar Colin Lewis aus dem Polizeirevier Southampton. „Wir haben aber absolut keinen Grund, die Geschichte nicht zu glauben.

„Wir Polizisten sind von Natur aus mißtrauisch aber diese Geschichte scheint uns wahr zu sein. Angeblich hat der Junge eine Vorgeschichte als Nachtwandler."

Nach dem Telefonanruf am frühen Morgen nahm der Vater mit der Polizei Kontakt auf. Zwei Polizisten begleiteten den noch im Schlafanzug bekleideten Jungen zum nächsten Polizeirevier. Dort warteten sie auf seine besorgten Eltern.

„Der Wagen war nicht beschädigt und der Vater bestätigte, daß sein Sohn nie gefahren sei," fügte Herr Lewis hinzu.

Obwohl er ohne Führerschein und Versicherung fuhr, wird keine Anzeige gegen den Nachtwandler erstattet. Nach Angaben der Polizei versprachen die Eltern dafür zu sorgen, daß der Junge möglichst bald einen Arzt aufsucht.

Anzeige erstatten (*wk*) gegen + *acc.* *to press charges*
besorgt *concerned*
der Führerschein (-e) *driving licence*
der Kommissar (-e) *inspector*
der Nachtwandler (-) *sleepwalker*
von Natur aus *by nature*
verschlafen *sleepy, dozy*

Falsch oder richtig?
Kannst du die falschen Sätze verbessern?

a. Der Junge fuhr oft Auto.
b. Man weiß noch nicht, wie der Junge heißt.
c. In der Nacht von Montag auf Dienstag blieb er zu Hause.
d. Er rief seinen Vater am Nachmittag an.
e. Kommissar Lewis glaubt diese Geschichte.
f. Der Junge war nie vorher nachtgewandelt.
g. Der Vater sprach mit der Polizei.
h. Der Junge ging alleine zum Polizeirevier.
i. Seine Eltern fuhren nach Southampton.
j. Der Junge wird einen Termin beim Arzt ausmachen.

Q	heißen	vertreten
	schießen	beraten
	entwerfen	genießen

Wiederholung

1. Wo treffen wir uns?
Stellt euch vor, ihr wollt euch treffen.

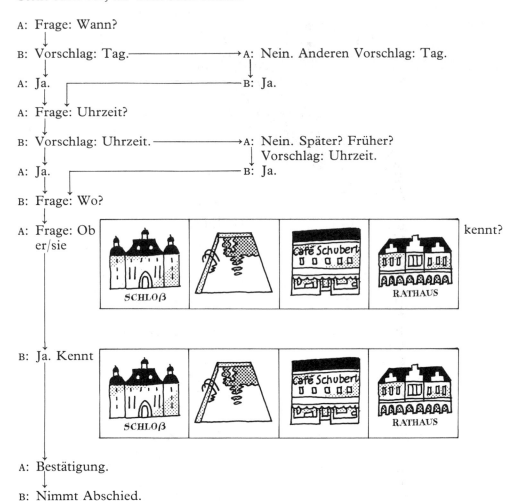

A: Frage: Wann?

B: Vorschlag: Tag. ⟶ A: Nein. Anderen Vorschlag: Tag.

A: Ja. B: Ja.

A: Frage: Uhrzeit?

B: Vorschlag: Uhrzeit. ⟶ A: Nein. Später? Früher?
Vorschlag: Uhrzeit.

A: Ja. B: Ja.

B: Frage: Wo?

A: Frage: Ob er/sie ... kennt?

B: Ja. Kennt ...

A: Bestätigung.

B: Nimmt Abschied.

2. a. Lies dir folgenden Text durch!

Horst und Monika sprachen am Telefon. Sie wollten sich treffen. Für Horst war ein Treffen am Samstag möglich. Monika aber mußte am Samstag im Geschäft arbeiten, und es war unmöglich, ihn dann zu treffen. Sie schlug Sonntag vor. Das paßte ihm ganz gut – aber nur nach 13.00 Uhr. Am Sonntagmorgen mußte er einen Besuch bei seinem Großvater abstatten. Wo sollten sie sich treffen? Monika schlug das Sportzentrum vor, aber für ihn war das nicht so praktisch. Endlich stimmten sie miteinander überein. Sie würden sich am Bahnhof um 14.20 Uhr treffen.

einen Besuch <u>ab</u>statten (*wk*)   *to pay a visit*

b. Schreib jetzt den Dialog von Horst und Monika!

3. Im Café
Was sagten die Kunden, als sie folgendes bestellten?

1 Kaffee	1,40
1 Tee	1,30
1 gem. Eis	2,20
1 Torte	2,60
	7,50

1 Kännchen Kaffee	4,20
1 Limo	1,60
2 Cola	3,20
2 Apfelstrudel	5,00
1 Eis mit Sahne	3,20
1 Pflaumenkuchen mit Sahne	2,80
	20,00

4. Magdas Einkaufsliste
   a. In welchen Geschäften kaufte sie ein?

Zum Beispiel:

Den Aufschnitt kaufte sie beim (in der) . . . .

   b. Was sagte sie jedem Verkäufer, bzw. jeder Verkäuferin?

200g Aufschnitt
1 kg Kartoffeln
1 ℓ Milch
Briefmarken: 1 x 1,60
1 x 1,20
250 g Tomaten
1 kg Äpfel
Streichhölzer (3x)
Chips (3 Pakete)

5. Karen, Horst und Jutta waren in einem Café.
Karen trinkt nicht gern Kaffee. Horst trinkt nichts Alkoholisches und ißt nicht gern Brot. Jutta ist Vegetarierin und wollte etwas Warmes trinken.
Hier ist die Rechnung. Wer aß und trank was?

1 Bockwurst m. Kartoffelsalat	3,50
1 Käsebrot	2,30
1 Salami m. Brot	2,60
1 Cola	1,60
1 Bier	1,30
1 Koffee	1,20
	11,60

6. *What's the weather forecast?*

DAS WETTER

Sehr kalt

Wolkig mit Aufheiterungen. Im allgemeinen trocken. Frühtemperaturen nahe minus 15 Grad. Höchstwerte tagsüber minus 6 bis minus 10 Grad. Straßenglätte. Mäßige Winde aus Nord bis Nordost.

Berlin

the edge of the Mittelgebirge mountain range	Berlin liegt zwischen dem <u>Mittelgebirgsrand</u> und der Ostseeküste inmitten der Mark Brandenburg an den Flüssen Spree und Havel. Keine andere deutsche Stadt hat so viele Seen, Wälder, Park- und Grünanlagen.
area of land	Von der Einwohnerzahl und von der <u>Bodenfläche</u> her ist Berlin die größte Stadt Deutschlands und auch die größte Industriestadt.
divided sector boundary independent	Heute ist Berlin eine <u>gespaltene</u> Stadt. Eine <u>Sektorengrenze</u> trennt Berlin in zwei völlig voneinander <u>unabhängige</u> Städte: Berlin-Hauptstadt der DDR (1,1 Millionen Einwohner) und West-Berlin (2,1 Millionen Einwohner). Dies war aber nicht immer der Fall. Wie sah Berlin in früheren Zeiten aus?
rulers bear	Die Geschichte der Stadt geht weit zurück. Sie ist über 750 Jahre alt. Einer der ersten <u>Herrscher</u> war Albrecht ‚<u>der Bär</u>‘, der im 12. Jahrhundert nach Berlin kam. Er gab der heutigen Stadt seinen Namen und auch seinen
coat of arms	<u>Wappen</u> – Berlin heißt eigentlich ‚Bärlein‘.
kingdom of Prussia rank, class Empire	Im 18. Jahrhundert wurde Berlin die Hauptstadt des neuen <u>Königreiches</u> <u>Preußen</u>. Friedrich II der Große machte Berlin zu einer Hauptstadt von europäischem <u>Rang</u> so wie Paris, Rom oder London. Später im 19. Jahrhundert wurde Deutschland ein <u>Kaiserreich</u> und Berlin wurde Hauptstadt des Deutschen Reiches. Es wurden sehr viele schöne Gebäude errichtet. 1920 in der Zeit der Weimarer Republik wurden einige Vororte
incorporated formed economic	<u>eingemeindet</u> und Groß-Berlin mit über vier Millionen Einwohnern wurde <u>gebildet</u>. Während dieser Zeit war Berlin nicht nur das politische, sondern auch das <u>wirtschaftliche</u> und kulturelle Zentrum des Deutschen Reiches. Besonders auf künstlerischem Gebiet wurde Berlin berühmt und die Stadt
attracted	<u>zog</u> Künstler aus aller Welt <u>an</u>.
Allies Hitler's dictatorship victorious powers occupation zones	Nach der Weimarer Republik kam die Hitlerzeit – auch zu dieser Zeit war Berlin die Hauptstadt. 1945 als der Krieg zu Ende ging und die <u>Alliierten</u> Deutschland von der <u>Hitlerdiktatur</u> befreiten, teilten die vier <u>Siegermächte</u> Deutschland in vier <u>Besatzungszonen</u> auf.
according to division	Groß-Berlin wurde <u>entsprechend</u> der <u>Aufteilung</u> Deutschlands zur Viersektorenstadt. Aus politischen Gründen war es nicht möglich eine
government	gemeinsame <u>Regierung</u> zu bilden, und 1948 wurde Berlin in zwei geteilt: West-Berlin und Ost-Berlin. Am Anfang versuchten die Sowjeten auch West-Berlin unter ihrer Kontrolle zu kriegen, indem sie eine Blockade über die
access roads imposed raw materials	<u>Zugangswege</u> auf dem Lande nach West-Berlin <u>verhingen</u>. Alles, was die West-Berliner brauchten: Lebensmittel, <u>Rohstoffe</u>, sogar Kohle, mußte per Luft eingeflogen werden. Diese Blockade dauerte monatelang. 1949 wurde sie
lifted founded	<u>aufgehoben</u> – die DDR wurde <u>gegründet</u> und Ost-Berlin wurde Hauptstadt der DDR.
ruins	Da Berlin während des zweiten Weltkrieges die Hauptstadt Deutschlands war, war die Stadt besonders hart betroffen. Nach dem Krieg lag Berlin in <u>Trümmern</u> – jeder dritte Berliner hatte sein Heim verloren.
reconstruction carry out came about wealth tempting	Nach '49 wurde West-Berlin durch amerikanische Hilfe schnell wieder aufgebaut und wurde bald zum ‚Schaufenster des Westens‘ im Osten. Der östliche Teil Berlins, der zur Hauptstadt der DDR wurde, mußte erstmal sehr hohe Reparationskosten an die UdSSR zahlen und konnte den <u>Wiederaufbau</u> nicht so schnell <u>durchführen</u>. Es <u>entstand</u> ein sehr großer Unterschied zwischen dem Lebensstandard in West-Berlin und in Berlin-Hauptstadt der DDR. Der materielle <u>Reichtum</u> des Westens wirkte <u>verlockend</u>: viele DDR-Bürger beschlossen über West-Berlin in die BRD zu

skilled workers

gehen. Viele von ihnen waren <u>Facharbeiter</u> und Akademiker. Die DDR hatte ihre Ausbildung bezahlt und wollte sie nicht verlieren. Um diesen Verlust zu verhindern, errichteten sie 1961 eine Mauer. Diese Mauer verläuft quer durch die Stadt und stabilisiert die Grenze.

détente
Eastern treaties

Eine Zeitlang war es unmöglich über diese Grenze zu gehen, aber Anfang der 70-er Jahre fing die <u>Entspannungspolitik</u> zwischen Ost und West an. Die <u>Ostverträge</u> wurden 1972 unterzeichnet und seitdem wird den West-Berlinern wieder die Möglichkeit gegeben, Berlin-Hauptstadt der DDR und die DDR zu besuchen. Außerdem ist der Transitverkehr zwischen der BRD und West-Berlin viel einfacher geworden.

United Nations

Dank dieser Entspannung zwischen der BRD und der DDR durften 1973 beide Länder Mitglieder der <u>Vereinten Nationen</u> werden.

Tegeler Forst

Strandbad Wannsee

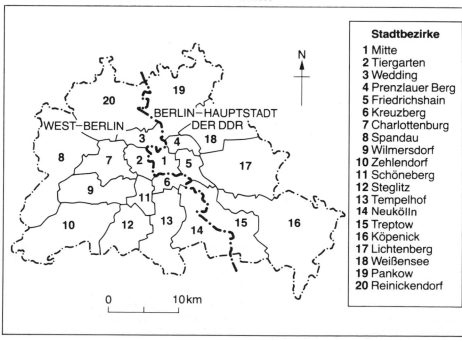

Stadtbezirke
1 Mitte
2 Tiergarten
3 Wedding
4 Prenzlauer Berg
5 Friedrichshain
6 Kreuzberg
7 Charlottenburg
8 Spandau
9 Wilmersdorf
10 Zehlendorf
11 Schöneberg
12 Steglitz
13 Tempelhof
14 Neukölln
15 Treptow
16 Köpenick
17 Lichtenberg
18 Weißensee
19 Pankow
20 Reinickendorf

7
Urlaub und Zeitvertreib

ERSTER TEIL
Urlaub – Vorbereitung und Ankunft

Vor zwei Jahren besuchte ein Neunkirchener Jugendklub Shepshed, eine Kleinstadt in Mittelengland. Während des Besuches unternahmen sie viel, und die deutschen und englischen Jugendlichen verstanden sich recht gut. Nachdem die Deutschen nach Hause zurückgekehrt waren, schrieben sie einen Brief an ihre Freunde und fragten, ob sie nicht nach Deutschland fahren könnten. Im vorigen Jahr kam dieser Besuch zustande.

Einige Mitglieder saßen mit der Jugendleiterin zusammen, planten die Reise und machten Kostenvoranschläge. Sie meinten, es würde sich lohnen, nicht nur nach Neunkirchen zu fahren, sondern etwas mehr von dem südlichen Raum der BRD kennenzulernen. Sie entschieden sich für Freiburg und dessen Umgebung.

Nachdem sie den Plan entworfen hatten, schrieben sie mit Hilfe der Fremdsprachen-assistentin einen Brief an den Leiter des Neunkirchener Jugendklubs. Sie baten ihn, Betten in der Jugendherberge zu reservieren. Sie schrieben auch direkt ans Verkehrsamt in Freiburg und an den Herbergsvater der Freiburger Jugendherberge.

Am 16. Juli ging die Fahrt in aller Frühe los. Mit zwei Fahrern konnten sie die 1000 km ohne allzu große Schwierigkeiten in einem Tag zurücklegen.

Nach einer ruhigen Überfahrt von Dover nach Ostende und einer problemlosen Fahrt durch Belgien und Luxemburg, kamen sie planmäßig abends um 10.00 Uhr in Neunkirchen an.

Vor ihnen lagen vier äußerst hektische Tage – Partys, industrielle Besuche (sie waren in einer Kokerei und in einer Hütte), Ausflüge mit Lagerfeuer und Würstchenbraten und sogar eine Nachtwanderung. Am schönsten fanden sie die Discos.

Etwas erschöpft und mit vielen Adressen in den Taschen fuhren sie weiter. Im Schwarzwald wollten sie sich hauptsächlich ausruhen. Also machten sie nichts Besonderes außer Schwimmen, Einkaufen und Faulenzen. An einem Tag hatte der Kleinbus eine Panne. Es lag an der Zündung. Da sie den Bus reparieren lassen mußten, beschlossen sie, eine

Gruppenfahrkarte nach Basel zu kaufen, um einen Blick in die Schweiz zu werfen.

Während der Deutschlandreise waren viele Freundschaften zwischen den deutschen und englischen Jugendlichen entstanden.

äußerst *extremely*
einen Blick werfen *to glance at*
entwerfen (entwirft, entwarf, entworfen) *to draft*
erschöpft *exhausted*

hauptsächlich *mainly*
die Hütte (-n) *iron and steel works*
der Jugendleiter (-) ⎫
die Jugendleiterin (-nen) ⎬ *youth leader*
die Kokerei (-en) *coking plant*
der Kostenvoranschlag (⁻e) *estimate*
planmäßig *according to plan*
der Raum (⁻e) *area*
der Zeitvertreib *passing the time*
die Zündung *ignition*
zurücklegen *to cover (distance)*
*zustandekommen *to come about, to come off*

Hier ist der Brief, den die Jugendleiterin vor der Deutschlandreise geschrieben hat.

Shepshed, den 18. Januar.

Liebe Freunde, liebe Freundinnen,

erstmals wünschen wir Euch allen alles Gute zum Neuen Jahr. Wisst Ihr, warum wir jetzt schreiben? Ihr werdet Euch sicherlich freuen, zu hören, dass wir es endlich geschafft haben, eine Deutschlandreise in die Wege zu leiten! Und zwar haben wir folgendes vor:

Wir kommen am 16. Juli, spät abends, in Neunkirchen an und möchten vier Tage lang dort in der Jugendherberge wohnen. Könntet Ihr das für uns buchen? Da Ihr an Ort und Stelle seid, wäre es vielleicht einfacher, wenn Ihr uns die Reservierung abnehmen würdet. Falls der oben vorgeschlagene Termin nicht passt, könnten wir ohne weiteres unseren Anreisetag bis auf vier Tage verschieben.

Nach unserem Besuch bei Euch, wollen wir weiter nach Freiburg fahren. Wir kommen übrigens mit dem Kleinbus. Der Tony und die Sandra fahren. Wir sind zwölf insgesammt: sechs Mädchen, vier Jungen und ein Ehepaar.

Wir freuen uns alle sehr auf ein baldiges Wiedersehen und hoffen, dass die Neunkirchener Discos genau so gut sind wie unsere!

Herzliche Grüsse von uns allen hier in Shepshed,

Deine,

jemandem etwas abnehmen *to relieve someone of something*

verschieben (verschiebt, verschob, verschoben) *to postpone*
in die Wege leiten (*wk*) *to arrange*

Übung 1. Die Jugendlichen mußten an die Jugendherberge in Freiburg und auch ans Verkehrsamt schreiben. Könntest du diese Briefe schreiben? Wenn du Hilfe brauchst, so findest du auf dieser Seite einige nützliche Hinweise.

a. Schreib einen Brief an den Herbergsvater in Freiburg für die Jugendlichen!
Du mußt ihm folgende Informationen mitteilen:
  (i) Reisetermin: 20.7–24.7 inklusive;
  (ii) Anzahl und Geschlecht der Teilnehmer.

  die Anzahl (-en) *number*

b. Schreib nun einen Brief ans Verkehrsamt in Freiburg!
Schreib, als ob du Mitglied der Jugendgruppe wärest; erkläre die Grundsituation und erkundige dich nach Sport- und Musikveranstaltungen und nach dem Freizeitprogramm für Juli! Bitte auch um Prospekte und Broschüren von Freiburg und Umgebung!

  die Veranstaltung (-en) *event, function*

Übung 2. Man fährt aber nicht immer mit einer Gruppe, wenn man in Urlaub fährt. Manchmal fährt man auch privat: d.h. alleine, mit Freunden oder mit der eigenen Familie. Wenn das so ist, dann kann es schon mal vorkommen, daß man einen deutschen Freund, bzw. eine deutsche Freundin um Hilfe bittet. Bei dieser Gelegenheit erzählt man auch meistens ein paar Neuigkeiten.

erzählen (*wk*) *to tell*
die Neuigkeit (-en) *item of news*

Kannst du einen solchen Brief schreiben? Versuch es doch mal! Hier einige Vorschläge:

Du willst im kommenden Sommer mit deinen drei Freunden nach Deutschland fahren – 1.7–23.7. inklusive. Ihr seid zwei Jungen und zwei Mädchen. Frag deinen deutschen Freund, bzw. deine deutsche Freundin, ob er/sie vier Betten in der Jugendherberge in Regensburg vom 10.7.–12.7. reservieren kann.
Du willst auch ein paar Neuigkeiten erzählen:
  (i) Dein Bruder hat endlich eine Stelle als Elektriker bekommen;
  (ii) Ihr habt einen Hund gekauft, braun, heißt Ben. Du gehst jetzt oft mit ihm spazieren.
  (iii) Ihr werdet zu deinem Geburtstag eine Fete feiern. Viele Leute schon eingeladen.

eine Fete feiern (*wk*) *to give a party*

Ein paar Tips zum Briefeschreiben bei der Planung einer Reise	
zur Begrüßung:	Lieber/Liebe Sehr geehrte/r
zum Plan:	beabsichtigen vorhaben eine Deutschlandreise machen ankommen abfahren übernachten bleiben
einige Bitten:	Informationsmaterial (Informationsmaterien) Hotelverzeichnis Preisliste Prospekte Broschüren ein Hotel empfehlen
Termine:	vom … bis … inklusive eine Nacht, drei Nächte nächstes Jahr im kommenden Sommer im Mai
Was die Antwort betrifft:	einen internationalen Antwortschein beilegen einen adressierten Umschlag beilegen Anzahlung nötig? bestätigen (Bestätigung) hoffen, bald Nachricht zu erhalten
Wie man Schluß macht:	Vielen Dank im voraus (für Ihre Mühe) Mit freundlichen Grüßen Mit bestem Gruß Ihr/Ihre … Viele liebe Grüße von Deinem/Deiner … Bis bald! Schreib bald wieder!

sich anziehen	fliegen
kennen	erhalten
sitzen	stehen

ZWEITER TEIL
Eine Unterkunft aussuchen

Übung 1. Lerne die unten angegebenen Vokabeln!
Zeigt auf etwas auf den Bildern und testet einander!

Zum Beispiel:

A: Nummer 3.
B: Das ist ein Doppelzimmer mit Bad.

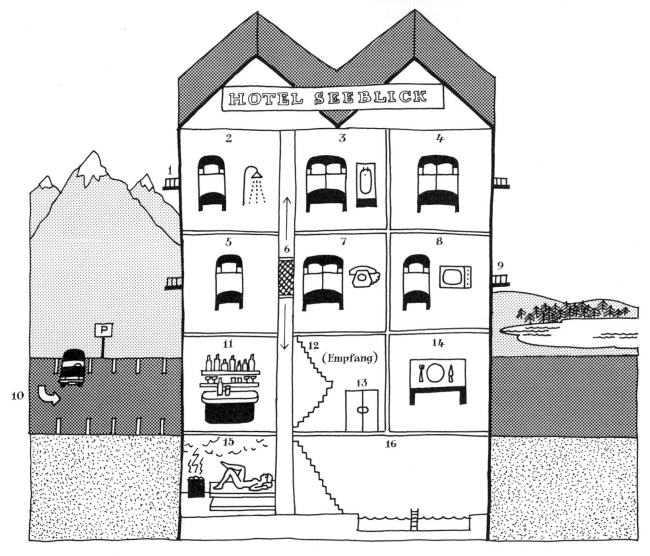

der Aufzug	die Dusche	der Parkplatz	das Telefon
das Bad	das Einzelzimmer	das Restaurant	die Treppe
der Balkon	der Empfang	die Sauna	im Untergeschoß
die Bar	im Erdgeschoß	das Schwimmbad	
das Doppelzimmer	der Farbfernseher	im ... Stock	

Übung 2. Sieh dir die Tabelle unten an und beantworte folgende Fragen!

a. Welches Hotel hat die höchste Bettenzahl?
b. Welches Hotel hat die niedrigste Bettenzahl?
c. Welches Hotel ist weit vom See entfernt, hat aber ein eigenes Schwimmbad?
d. Welches Hotel bietet weder Halb- noch Vollpension an?
e. Welches Hotel ist kinderfreundlich, hat aber kein Schwimmbad?
f. In welchem Hotel kann man zum günstigsten Preis ein Zimmer mit Balkon und Blick auf die Berge bekommen?
g. Welches Hotel ist sowohl kinderfreundlich als auch hundefreundlich?
h. In welchem Hotel kann man weder Telefon noch Fernseher auf seinem Zimmer haben?
i. Welches Hotel ist groß und sehr nah am See?
j. Welches Hotel hat viele Stockwerke aber keinen Aufzug?
k. Welches Hotel ist kinderfreundlich aber nicht hundefreundlich?

Übung 3. Folgende Leute fahren alle in die Berge. Kannst du für sie ein passendes Hotel aussuchen, das ihren Wünschen entspricht?

a. Lies dir die Texte durch, sieh dir die Tabelle unten an und versuche das richtige Hotel auszuwählen!

b. Kannst du deine Auswahl begründen?

Zum Beispiel:

Das Hotel Arosa wäre genau richtig für . . . , weil . . . .

begründen (wk)   *to justify, to give reasons for*

(i) Frau Becker fährt dieses Jahr allein in Urlaub, da ihr Mann vor kurzem gestorben ist. Sie selbst ist nun fast 70 Jahre alt und nicht mehr sehr aktiv. Sie sucht ein kleines freundliches Familienhotel mit Vollpension. Sie will keine Wanderungen machen, möchte aber ein schönes Zimmer möglicherweise mit Balkon und Blick auf die Berge haben, damit sie in aller Ruhe die Sonne und die Landschaft genießen kann.

Die angegebenen Preise beinhalten Übernachtung, Frühstück, Bedienungszuschlag und die Mehrwertsteuer.

HOTELS	🏨	🛏	🛏🛁/🚿	🛏	🛏🛁/🚿	🛏	🏔
HOTEL ZUM KÖNIG	🏨	60	70,-	60,-	50,-	40,-	✓
HOTEL AROSA	🏨	57	45,-	35,-	30,-	25,-	✓
HOTEL RITTSTEIG	🏨	40	40,-	32,-	30,-	20,-	✓
PENSION ZUR BRÜCKE	🏨	27	38,-	29,-	34,-	23,-	✗

(ii) Das Ehepaar Tackmann fährt dieses Jahr in die Berge. Es ist ihnen egal, wie teuer das ist. Hauptsache sie bekommen ein Zimmer mit allem Komfort. Sie sind beide tüchtige Geschäftsleute und wollen selbst im Urlaub telefonisch erreichbar sein. Sie haben selber keine Kinder und würden lieber in einem Hotel wohnen, wo keine Kinder sind.

tüchtig   *hard-working*

(iii) Im Sommer fährt Ingrid Johanning mit ihren drei Kindern (9, 12, 14) in Urlaub. Sie sucht ein Hotel, das nicht allzu teuer ist. Das Hotel muß möglichst viel anbieten. Die Jugendlichen brauchen natürlich viel ‚Action‘ und möchten auch gern mit anderen Kindern und Jugendlichen in Kontakt kommen. Sie legen nicht besonders viel Wert auf Komfort, möchten aber eine Schwimmgelegenheit haben. Am liebsten hätten sie Vollpension.

(iv) Gerd Kaiser fühlt sich am wohlsten in großen Hotels, weil die Atmosphäre da ihm gefällt und immer was los ist. Im vorigen Jahr hatte er einen Skiunfall und er hat zeitweise immer noch Beschwerden, besonders beim Treppensteigen. Er fährt relativ selten in Urlaub und wenn er schon mal verreist, gönnt er sich meistens ein wenig Luxus.

sich (etwas) gönnen (*wk*)   *to treat oneself (to something)*

(v) Klaus Kuhr bevorzugt schöne teuere anonyme Hotels, wenn er in Urlaub fährt. Am wichtigsten für ihn sind die Ruhe und der Luxus. Auf ein Zimmer mit Balkon und Bad oder Dusche kann er nicht verzichten. Morgens vor dem Frühstück schwimmt er in der Regel ein paar Hundert Meter und anschließend ruht er sich in der Sauna aus. Er ist Feinschmecker und genießt es jeden Abend in ein anderes Restaurant zu gehen, wo er verschiedenartige exotische Spezialitäten ausprobieren kann.

der Feinschmecker (-)   *gourmet*

🏨	🏨	☎	🛗	🏊	P	🐕	🏞	👥	📺
✓	✓	✓	✓	✓	✓	✗	500m	✓	✓
✗	✗	✓	✗	✓	✓	✗	200m	✗	✓ 5.-DM
✓	✓	✗	✗	✗	✓	✓	1km	✓	✗
✓	✓	✗	✗	✓	✓	✓	10.5km	✓	✓

Übung 4. Stell dir vor, du bist eine der Personen, die in Übung 3 genannt wurden! Ruf nun im Informationsbüro an, erkläre deine Lage und versuch ein passendes Zimmer zu reservieren! Dein Lehrer, bzw. deine Lehrerin spielt die Rolle des Angestellten, bzw. der Angestellten.

 **Übung 5.** Hör zu!
Ankunft im Hotel und auf dem Campingplatz. Hör dir die Dialoge an und schreib so viele Informationen wie möglich auf!
Sag deinem Lehrer, bzw. deiner Lehrerin anschließend, was die Leute suchten, und ob sie das bekamen oder nicht.

Übung 6. Seht euch die Tabelle rechts an! Spielt Rollen!
A: der Kunde, bzw. die Kundin.
B: der Hotelbesitzer, bzw. die Hotelbesitzerin (der Campingplatzbesitzer, bzw. die Campingplatzbesitzerin).
Wechselt euch regelmäßig ab!

ein Doppelzimmer und ein Einzelzimmer in demselben Stock

Übung 7. Vergleiche diese zwei Campingplätze!

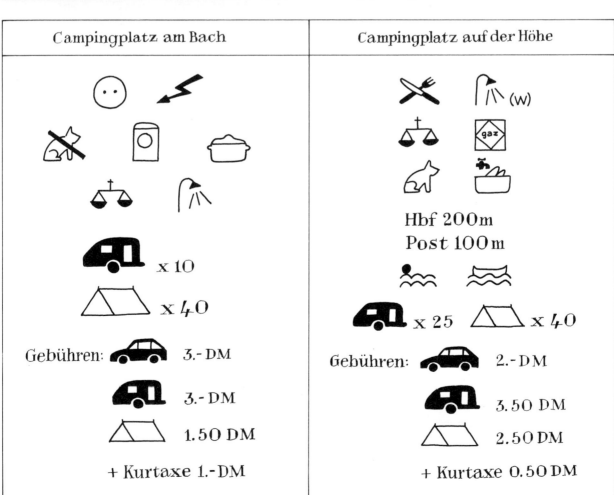

	Dialog A	Dialog B	Dialog C	Dialog D	Dialog E
A	?	?	?	Haben Sie noch…?	Haben Sie noch…?
B	Wünsche?	Wünsche?	Wünsche?	△ ? ?	? △ ?
A	4☽	} → 3☽ + /	2☽ +	△	
B	✓ 4☽ ✓ × ✓	entweder → 60.-DM 50.-DM oder → 90.-DM 70.-DM	✓ 2☽ ✓ × ✓	☽ ?	☽ ?
A	DM ?	+ zu 90.-DM, + zu 70.-DM	DM ?	3☽	1W → Montag
B	+ zu 70.-DM + zu 50.-DM	3☽ ✓ 14 16	80.-DM + ⬆ 120.-DM ⬆ 105.-DM	⚇ × ?	Fein ✓ Anmeldeformular Name … … …
A	+ zu 70.-DM	⊙? ? ?	⬆ ✓	2	?
B	→ 379	07.30 - 10.00	→ 56	✓ Anmeldeformular Name … … … …	200m ↓
A			⊙? ? ?		
B			07.00 - 09.30		
A			⊙? ? ?		
B			18.00 - 20.00		

Übung 8. Was haben sie vielleicht in ihren Rucksäcken?

Zum Lesen und zum Hören

Im Kurhaus

Brigitte Berger arbeitet in einem Kurhaus im Schwarzwald. Sie hilft den anreisenden Gästen, eine Unterkunft zu finden. Zur Verfügung stehen ihnen ein Hotelverzeichnis, ein Lageplan, eine Preisliste und ein Ortsprospekt.

das Kurhaus (¨er)   *tourist office*
der Lageplan (¨e)   *map that shows the whereabouts of hotels*

Hier beschreibt Brigitte, was passiert, wenn Gäste im Kurhaus ankommen.

a. Lies dir folgenden Text durch!

„Hier im Haus haben wir eine Zimmerliste mit allen Unterkünften darauf und eine Preisliste. Jeden Morgen rufen uns die Vermieter an und melden ihre freien Zimmer,

Unterkunfts-Verzeichnis

Name und Anschrift		Bettenzahl	Einzelzimmer Höchstpreis	Doppelzimmer Höchstpreis	F – fl. w. Wasser · Zt – Zimmertelefon · B – Bad o. Dusche · Ba – Balkon · Z – Zentralheizung · G – Garage · Ga – Garten · O – Ofenheizung · T – Terrasse · R – Radio · H – hundefreundlich · Tv – Fernsehen · KP – Kinderspielpl. · KR – Konf.-Raum · L – Liegewiese · P – Parkplatz	Ruhetage
Hotel-Restaurants						
Weißer Hase, Ludwigstraße 23	Tel. 3 40 66	240	62,–	99,–	F Zt B Z G Ba H KR	SO
Schwarzer Ochse, Ludwigstr. 22	Tel. 21 19	123	41,–	86,–	F Zt B Z G KR P	
Dreiflüssehof Danziger Straße 42/44	Tel. 5 10 18	110	38,–	72,–	F Z G Ga B Zt P L T Ba KR H	
Hotel „Passauer Wolf" Rindermarkt 6–8	Tel. 3 40 47/3 40 48	58	64,50	127,–	F B Z G KR	
Schloß Ort, Im Ort 11 am Dreiflußeck	Tel. 3 40 72/3 40 73	56	42,–	84,–	F Zt B Z Ga G P T Lift H ruh. Lage	
Hotel garni Herdegen Bahnhofstraße 5	Tel. 5 69 95	55	42,–	83,–	F B Z G P T Zt Lift H KR	SO
Wienerwald „D 3" Restaurant GmbH Loße Klingergasse 17	Tel. 3 30 69	50	38,–	72,–	F B Z H Zt	
Abrahamhof, Innstraße 167	Tel. 67 88	50	38,–	72,–	F Z Ga B T Zt Ba H P L KP KR	FR
Albrecht, Kohlbruck 18	Tel. 5 10 11/5 10 12	57	50,–	83,–	F B Z G Ga T Ba Zt KR	FR
Altstadt-Hotel, Am Dreiflußeck Bräugasse 27–29	Tel. 3 34 51/3 34 52	74	77,–	121,–	F B Z R Zt G P T Tv KR	
Hotel garni Stiehler Spitalhofstr. 73a	Tel. 5 18 79	50	43,–	77,–	F Zt B Z G Ba R H P 22.12.–7.1. geschl.	
Zum König, Rindermarkt 2	Tel. 3 40 98	32	44,–	77,–	F B Z Zt G Ga T KR	
Deutscher Kaiser (garni) Bahnhofstraße 30	Tel. 64 05	33	31,–	64,–	F B Z G H	
Zum Laubenwirt Am Dreiflußeck, Ort 14	Tel. 3 34 53	34	53,–	121,–	F B Z Zt T R H KR	

indem sie bekannt geben, ob es ein Doppelzimmer oder ein Vierbettzimmer oder eine Ferienwohnung ist. Wir notieren das alles. Wir haben einen Lageplan – der zeigt, wo die Hotels, usw. liegen – und einen Ortsprospekt.

Wenn die Gäste bei uns ankommen, schauen sie sich die Liste an, und sie wissen dann, was frei ist. Wir haben auch eine Preisliste dabei. Dann fragen wir sie, was sie für eine Unterkunft suchen, und wo sie am liebsten wohnen möchten – ob es direkt am See, oder außerhalb, auf einem Bauernhof oder ob es in der Nähe vom Schwimmbad sein soll, und natürlich in welcher Preislage. Dann mache ich drei oder vier Vorschläge, und die Leute suchen sich das freie Zimmer oder die Wohnung, die ihnen am besten gefällt, selbst aus. Der Vermieter bestätigt uns das dann telefonisch, worauf wir es von unserer Liste streichen.

Wenn die Gäste außerhalb der Bürozeiten ankommen, können sie von draußen das Hotelverzeichnis, das die freien Zimmer anzeigt, anschauen. Dann müssen sie allerdings selber anrufen. Eine Telefonzelle steht gerade neben dem Zimmernachweis."

b. Stellt euch vor, ihr seid im Kurhaus! Einer/eine von euch spielt die Rolle der Person, die dort arbeitet (A); der/die andere spielt die Rolle des Kunden, bzw. der Kundin (B).
Das Hotelverzeichnis und die Preisliste befinden sich links unten.

Schüler/Schülerin A	Schüler/Schülerin B
1.	1. Begrüßung.
2. Begrüße die Kunden.	2.
3.	3. Sag, was du brauchst.
4. Zeig den Kunden das Hotelverzeichnis und die Preisliste (siehe links unten). Frag, wo sie gerne wohnen möchten, welche Preislage ihnen paßt.	4.
5.	5. Beantworte die Fragen.
6. Mach ein paar Vorschläge.	6.
7.	7. Such dir ein Hotel oder zwei Hotels aus.
8. Sag den Kunden, wie man dahin kommt.	8.
9.	9. Auf Wiedersehen.
10. Auf Wiedersehen.	10.

Zum Lesen 2

Freies Campen nur in zwei Ländern erlaubt

Schweden und Norwegen beweisen Toleranz

RUHRGEBIET (adac)

Nur in zwei Ländern Europas kann man noch sein Zelt dort aufschlagen, wo es einem gefällt. Campingfreunde brauchen in Schweden überhaupt keine Genehmigung und in Norwegen nur dann, wenn sie in der Nähe von Bauernhöfen übernachten wollen. Zwar ist das freie Campen in Portugal formell ebenfalls erlaubt, doch wird es in der Praxis oft nicht geduldet, so daß man nur in Notfällen sein Zelt außerhalb von Campingplätzen aufschlagen sollte.

In Deutschland, Belgien, Dänemark, Finnland, Großbritannien, Italien, Luxemburg, den Niederlanden, Österreich und in der Schweiz kann man sein Zelt oder seinen Wohnwagen mit einer Genehmigung des Grundstückseigentümers – also eines Privatbesitzers, der Gemeinde oder des Forstamtes – aufstellen.

Generell verboten ist das freie Campen in Bulgarien, Rumänien und Ungarn, während man in Frankreich, Griechenland, Jugoslawien und Spanien unter Umständen eine Ausnahmegenehmigung von den örtlichen Behörden erhalten kann. Das gilt in Notfällen auch für Polen. Dort und in der CSSR darf man aber auf dem Grundstück von Verwandten oder Freunden sein Ferien-Domizil aufschlagen. Für die Türkei wird dringend vom freien Zelten abgeraten. Hier sollte man sich in Notfällen an die Polizei wenden.

abraten   *to warn, to advise against*
die Ausnahme (-n)   *exception*
die Behörde (-n)   *authority*
dulden (*wk*)   *to tolerate*
erhalten   *to receive*
das Forstamt (-̈er)   *forestry office*
gelten für   *to go for*
die Gemeinde (-n)   *municipality*
die Genehmigung (-en)   *permit, authorisation*
örtlich   *local*
der Privatbesitzer (-)   *private owner*
unter Umständen   *possibly*
ein Zelt aufschlagen   *to put up a tent*

Hast du diesen Zeitungsartikel gut verstanden? Versuch mal diese Fragen auf Englisch zu beantworten!

a. *In which European countries is free camping allowed?*
b. *Under what circumstances would you need a camping permit in Norway?*
c. *What are you told about camping in Portugal?*
d. *What regulations apply to both Germany and Great Britain?*
e. *Which three countries do not tolerate unauthorised camping?*
f. *How could you get round the general ban on free camping in France?*
g. *What are the camping regulations in Poland and Czechoslovakia?*
h. *What are you advised to do in Turkey, if you can't find any room at a campsite?*

aufschlagen	unternehmen
gießen	erscheinen
sich entscheiden	aussehen

Wiederholung

1. Wo steigt man aus?
Seht euch die Tabelle rechts an und übt
Dialoge!

Zum Beispiel:

A: Ich möchte zum Schwimmbad fahren.
Kann ich dort aussteigen?
B: Nein. Sie müssen am Hauptbahnhof
aussteigen.

2. Seht euch den Plan unten an!
Übt Dialoge!

Zum Beispiel:

A: Wie komme ich am besten zum/zur
(nach) ... ?
B: Fahren Sie mit der Bus-/Straßenbahn·
linie ... Richtung ... bis zum/zur ..
und dann mit ... , usw.

Reiseziel	Haltestelle
Schwimmbad	Hauptbahnhof
das neue Rathaus	Berlinerplatz
Stadion	Stadion
Theater	Wienerplatz
Stadtgarten	Stadtgarten
Informationsbüro	Porscheplatz
Stadtbibliothek	Hindenburgstraße
Krankenhaus	Krankenhaus
Museum	Limbeckerplatz
das alte Rathaus	Post

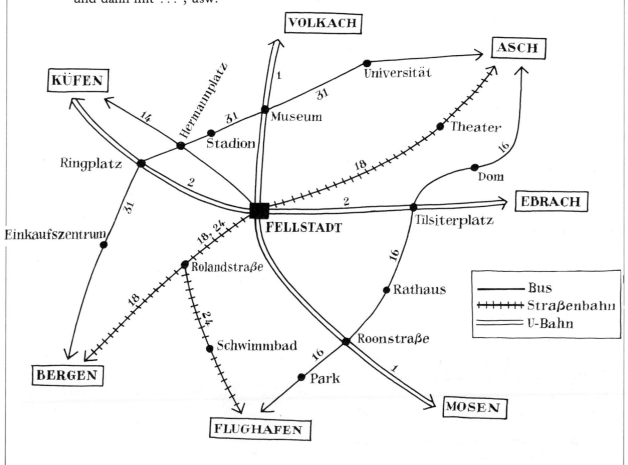

Luzern-Hergiswil-Engelberg

Gleis/Voie/Track		16	14	16	15	16	14	14	15	14	14	14
Luzern	ab/dp	ɜ 6.06	7.17	7.55	8.22	9.26	9.53	11.17	12.09	13.17	14.22	15.17
Hergiswil	an/ar	× 6.18	× 7.27	8.05	8.34	9.36	10.05	11.27	12.19	13.27	14.32	15.27
Hergiswil	ab/dp	6.21	7.28	8.06	8.35	9.37	10.06	11.30	12.20	13.30	14.33	15.28
Stans	an/ar	6.29	7.37	8.13	8.42	9.45	10.14	11.37	12.27	13.39	14.40	15.35
Dallenwil	an/ar	† 6.35	7.44	8.19	ꜱ 8.48	9.51	10.20	11.44	12.33	13.45	14.46	15.41
Engelberg	an/ar	† 7.05	8.12	8.46	ꜱ 9.16	10.20	10.49	12.12	13.02	14.14	15.14	16.09

Gleis/Voie/Track		14	16	16	16 ꝯ	15	14	15	16	14	14
Luzern	ab/dp	15.57	16.57	17.27	18.08	ʙ 18.45	19.17	19.59	21.17	22.30	23.17
Hergiswil	an/ar	16.09	× 17.09	17.38	18.19	ʙ 18.57	19.27	20.11	21.29	× 22.42	× 23.29
Hergiswil	ab/dp	16.10	◄ 17.13	17.39	18.20	ᴅ 18.58	19.28	20.14	21.30	ꜱ 22.45	× 23.35
Stans	an/ar	16.18	◄ 17.21	17.47	18.28	ʙ 19.05	19.35	20.22	21.37	22.55	23.45
Dallenwil	an/ar	16.24		17.53	18.34		19.41		21.44		
Engelberg	an/ar	16.55		18.22	19.08		20.10		22.12		

Engelberg-Hergiswil-Luzern

		14	16	16	16	15	14	15	16	14	14	14
Engelberg	ab/dp	6.24		7.30	8.33	9.20	10.36	‡ 11.05	† 11.20	12.30	13.20	14.33
Dallenwil	ab/dp	7.01		8.07	9.10	9.51	11.12	11.44	11.54	13.09	13.55	15.11
Stans	ab/dp	7.08	7.28	8.13	9.17	9.59	11.18	11.54	12.00	13.16	14.01	15.17
Hergiswil	an/ar	7.15	7.35	8.20	9.24	10.06	11.25	12.08	12.08	13.23	14.08	15.25
Hergiswil	ab/dp	7.16	7.36	8.22	9.27	10.09	11.27	12.09	12.09	13.27	14.09	15.27
Luzern	an/ar	7.27	7.46	8.32	9.37	10.19	11.37	‡ 12.19	† 12.19	13.37	14.19	15.37

Engelberg	ab/dp	15.28	16.24	ᴊ 16.43	17.17		ꜱ 18.28	◄ 18.28	19.28	20.50		
Dallenwil	ab/dp	16.04	16.59	ᴊ 17.21	17.53		19.02	19.05	20.05	21.21		
Stans	ab/dp	16.10	17.06	ʙ 17.30	18.00	ʙ 18.35	19.08	19.14	20.12	21.28	ꜱ 22.30	
Hergiswil	an/ar	16.17	17.13	ʙ 17.37	18.07	ʙ 18.42	19.15	19.25	20.20	× 21.37	× 22.40	
Hergiswil	ab/dp	16.18	17.14	ʙ 17.38	18.09	ʙ 18.44	19.16	19.27	20.21	21.44	22.44	
Luzern	an/ar	16.28	17.27	ʙ 17.48	18.19	ʙ 18.56	ꜱ 19.27	◄ 19.37	20.31	21.56	22.56	

× umsteigen – changer – change	ᴀ Montag-Freitag ohne allg. Feiertage	ꜱ an Samstagen und † sowie am 10. Juni
‡ Montag-Samstag ohne allg. Feiertage	ʙ täglich ohne Samstage	ᴊ an † sowie am 10. Juni
† Sonntage und allg. Feiertage	ɜ an ‡ nur bis Stans	ꜱ mit Autobus ab bzw. bis Hergiswil
	◄ an ᴀ ohne 10. Juni	ꝯ an Samstagen Gleis 15

	1.	2.	3.	4.
Strecke				
Tag Datum				
Zugnummer				
Klasse				
Raucher/ Nichtraucher				
Platz Fenster				
Mitte				
Gang				
Ersatzzug				

3. a. Du bist am Luzerner Bahnhof. Es ist
7.00 Uhr.
  (i) Wann fährt der nächste Zug nach
Engelberg?
  (ii) Wann kommt er in Engelberg an?
  (iii) Wo fährt er ab?
  (iv) Muß man umsteigen?
  (v) Wie lange dauert die Fahrt?
  (vi) Fährt der Zug an Samstagen und
Sonntagen?

b. Du bist in Engelberg. Es ist Sonntag
16.00 Uhr. Du willst zurück nach
Luzern fahren.
  (i) Wann fährt der nächste Zug?
  (ii) Wo fährt er ab?
  (iii) Wann kommt er in Luzern an?
  (iv) Muß man umsteigen?
  (v) Du mußt am Montag um dieselbe
Zeit von Engelberg nach Luzern
fahren. Kannst du mit diesem Zug
fahren?

c. Übt Dialoge!
Verwendet den Fahrplan auf Seite 128
und füllt das Reservierungsformular
aus! Macht zusammen vier
Reservierungen!

4. Fahrpläne
Macht eine Kopie dieser Tabelle und füllt
sie mit Hilfe der Informationen auf dieser
Seite und auf Seite 160 aus! Die
Informationen für Schüler/Schülerin A
befinden sich auf dieser Seite; die
Informationen für Schüler/Schülerin B sind
auf Seite 160.
Fragt um eine Auskunft und gebt Antwort!

Reiseziel	Abfahrt	Ankunft	Gleis

Zum Beispiel:

A: Der erste Zug auf deinem Fahrplan.
Wohin fährt er?
B: Er fährt nach . . . .

Schüler/Schülerin A:

nach	ab	an	Gleis
1. Dortmund	10.51	13.21	6
2. Köln	13.25	16.18	4
3. Duisburg	16.01	19.24	3
4. Bonn	21.36	23.10	5

5. Wenn man bei solchem Wetter einen
Einkaufsbummel machen würde, was würde
man vielleicht tragen?

a.

DAS WETTER

Schneefall

Vereinzelt noch Schneefall. Tages-
höchsttemperaturen minus 2 bis minus 6
Grad, Tiefstwerte der kommenden
Nacht minus 7 bis minus 12 Grad. Zeit-
weise auffrischender Wind aus östlichen
Richtungen.

b.

DAS WETTER

Sehr warm

Wolkenlos oder leicht bewölkt. Sehr
warm. Tageshöchsttemperaturen 23 bis
28 Grad, Tiefstwerte 15 bis 10 Grad.
Aussichten bis Sonntag: Sehr warm, ab
Abend örtlich Gewitter.

c.

DAS WETTER

Unbeständig

Veränderliche bis starke Bewölkung.
Zeitweise Regen. Tageshöchsttempera-
turen zwischen 14 und 18 Grad, Tiefst-
werte der kommenden Nacht um 9
Grad. Schwacher bis mäßiger Wind aus
Süd bis West.

6. *What's the weather forecast?*

a.

Mäßig warm

Wechselnd bewölkt. Örtlich Schauer. Höchsttemperaturen 16 bis 21 Grad, Tiefstwerte nachts um 10 Grad. Aussichten für Sonntag: wechselhaft, mäßig warm.

b.

Kühler

Wechselnd wolkig mit Aufheiterungen und nur vereinzelt Schauer. Tageshöchsttemperaturen 11 bis 15 Grad, im Bergland um 9 Grad. Tiefstwerte der kommenden Nacht um 3 Grad, in Erdbodennähe leichte Frostgefahr.

c.

Freundlicher

Heiter, zeitweise wolkig. Meist trocken. Höchsttemperaturen auf 19 bis 24 Grad ansteigend. Tiefstwerte um 10 Grad. Schwache bis mäßige Winde aus Südwest.

d.

Weiterhin mild

Örtlich Nebelfelder. Sonst heiter und trocken. Am Sonntag vorübergehend wolkiger und strichweise etwas Regen. Höchsttemperaturen 8 bis 13 Grad. Tiefstwerte 5 bis null Grad.

7. Beschreib folgendes Wetter!

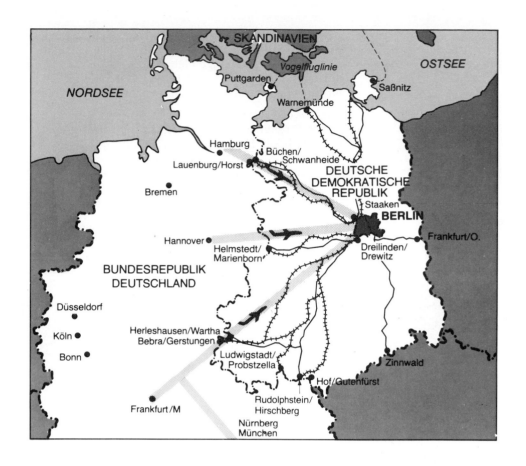

West-Berlin

West-Berlin ist, wie gesagt, eine Weltstadt, die seit Jahrhunderten ein *florierendes* Kunstleben genießt. Viele Künstler: Architekten, Schriftsteller, Maler, Bildhauer, Musiker und Kabarettisten machten in Berlin Kulturgeschichte. Heute noch hat Berlin eine große Anziehungskraft. So viele Theater, Kinos, Opernhäuser, Konzerthallen, Museen und Ausstellungen, wie es in Berlin gibt, kann man kaum wo anders finden. Allein in West-Berlin befinden sich 18 Bühnen und über 50 Kunstgalerien. Nachts schläft die Stadt nicht. Berlin hat Tausende von Nachtlokalen, Kneipen, Restaurants und Discotheken, die durchgehend geöffnet sind. Natürlich kommen jährlich viele Touristen nach Berlin.

Andere Leute kommen nach West-Berlin ganz einfach weil sie dort leben wollen. Viele junge Leute ziehen aus anderen Bundesgebieten nach Berlin. Die sogenannte ‚Alternative Szene', die überall in der BRD vorhanden ist, (wo das bürgerliche Leben abgelehnt wird) ist in Berlin besonders stark ausgeprägt. Junge Männer, die zur Bundeswehr nicht gehen wollen, ziehen es oft vor in Berlin zu leben – dort gibt es keinen Wehrdienst zu leisten, weil Berlin immer noch von den alliierten Truppen besetzt ist.

Viele Gastarbeiter besonders aus der Türkei wohnen auch in Berlin. Man sagt, daß nach Istanbul West-Berlin wahrscheinlich die größte türkische Stadt sei.

flourishing artists writers sculptors

stages

round the clock

middle-class   rejected distinctive   FRG   Armed military sevice   [Forces occupied

immigrant workers

Viele Leute ziehen aus verschiedenen Gründen nach West-Berlin. Dadurch wird das Wohnungsproblem größer. Viele versuchen das Problem zu lösen, indem sie alte baufällige Gebäude besetzen, das heißt sich einrichten und umsonst dort wohnen. Solche alte Gebäude gibt es besonders im Stadtviertel Kreuzberg. Ob diese Besetzung richtig ist oder nicht ist sehr umstritten.

delapidated occupy move in, settle in free controversial

Die Bevölkerungsstruktur West-Berlins ist etwas ungewöhnlich. Ein sehr hoher Prozentsatz der Einwohner steht im Rentenalter. Berlin braucht junge Familien.

of pensionable age

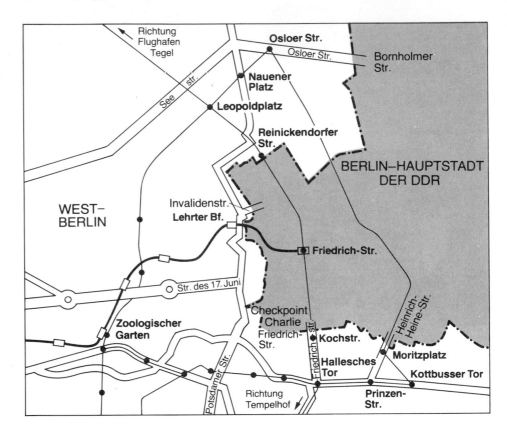

Über die Grenze nach Berlin-Hauptstadt der DDR

border crossing points

In Berlin gibt es verschiedene Grenzübergänge. Ausländer und Westdeutsche können mit der U- oder S-Bahn auf dem Bahnhof Friedrichstraße den Übergang passieren – mit der U-Bahn geht es am schnellsten. Die West-Berliner U-Bahn fährt durch Berlin-Hauptstadt der DDR, hält am Bahnhof Friedrichstraße, und fährt weiter nach West-Berlin zurück.

show
one-day visa
change

An der Grenzübergangsstelle braucht man nur seinen Paß vorzuweisen und für 5.-DM bekommt man eine Tagesaufenthaltsgenehmigung (gültig bis 24.00 Uhr). An der Wechselstelle muß man mindestens 25.-DM umtauschen. Dieses Geld muß man in Berlin-Hauptstadt der DDR ausgeben, denn man darf keine Mark der DDR in den Westen einführen.

Man darf keine Zeitungen, Zeitschriften oder Bücher nach Berlin-Hauptstadt der DDR mitnehmen, denn dort ist die Pressefreiheit nicht so wie im Westen.

Was gibt es in West-Berlin zu sehen?

Den Reichstag
(früheres Parlamentsgebäude)
1884–1894 erbaut
nach dem Kriege neu errichtet

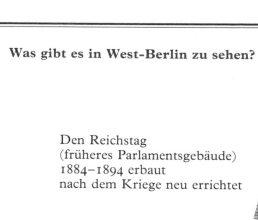

Schloß Charlottenburg
1695 für Sophie Charlotte,
Frau des Kurfürsts
Friedrich I gebaut

Kurfürstendamm
von den Berlinern
,Ku-Damm' genannt

Kaiser-Wilhelm-Gedächtniskirche
schwer beschädigt im 2. Weltkrieg
bleibt als Erinnerung an den Krieg

Berlin-Hauptstadt der DDR

magnificent street
lime trees
Elector

Hinter dem Brandenburger Tor erstreckt sich die lange breite <u>Prachtstraße</u> ,Unter den Linden'. Die Straße ist tatsächlich mit vier Reihen <u>Linden</u> bepflanzt. Sie wurde Mitte des 17. Jahrhunderts vom großen <u>Kurfürsten</u> angelegt und erhielt unter Friedrich dem Großen ihre heutige Form. Hier stehen hoch imposante Gebäude, Theater (zum Beispiel, Brechts berühmtes ,Berliner Ensemble') und Museen.

Staatsoper

Brandenburger Tor

Neue Wache

Unter den Linden

Berlin – Alexanderplatz

Der neue Stadtkern befindet sich aber um den Alexanderplatz (,Alex' genannt). Im Mittelpunkt steht der 365m. hohe Fernsehturm. Hier sieht man viele Warenhäuser, Geschäftshochhäuser und sogar das 37-stöckiger ,Interhotel Stadt Berlin'.

8
Ausflüge und Zeitvertreib

EXCURSION
OUTING.

PASSTIME
DIVERSION.

ERSTER TEIL

Ausflüge und Freizeitgestaltung

HOLIDAY ORGANISATION

Wenn man im Urlaub ist, oder sogar wenn man den Sommer zu Hause verbringt, ist es schön, mal einen Ausflug zu machen.

In den meisten Reisebüros werden preisgünstige Tagesausflüge angeboten. Die Auswahl ist sehr groß, und man kann am Reiseziel, wo einen ein voll ausgearbeitetes Programm erwartet, alles Mögliche unternehmen, zum Beispiel Wandern, Entdecken, Einkaufen, Besichtigungen, Stadtrundfahrten, Abendveranstaltungen, Konzert- und Theaterbesuche. Je nach Lust und Laune kann man sich entscheiden.

Das schöne dabei ist, daß das ganze ohne lange Vorausplanung abläuft. Man braucht lediglich zum Reisebüro hinzugehen und sich nach Reisekosten, Abfahrts- und Ankunftszeiten usw. zu erkundigen. Man sucht sich dann ein Reiseziel aus, das den eigenen Wünschen entspricht, und macht die Buchung.

Nachdem man alles geklärt hat, braucht man bloß pünktlich am Treffpunkt zu erscheinen. Um

alles andere kümmert sich der Reiseunternehmer!

Weg mit dem Autobahnstreß und den Sorgen des Alltags. Man sitzt bequem in einem klimatisierten Reisebus und kann sich entspannen, nette Leute kennenlernen und die Landschaft genießen.

Manche Tagesausflüge werden natürlich auch von der deutschen Bundesbahn aus geleitet.

die Abendveranstaltung (-en) *evening function*
abluufen *to pass, to happen*
bloß *only*
die Freizeitgestaltung (*no pl.*) *organisation of free time*
klimatisiert *air-conditioned*
je nach Lust und Laune *depending on how you feel*
die Stadtrundfahrt (-en) *sightseeing tour*
die Vorausplanung (-en) *forward planning*

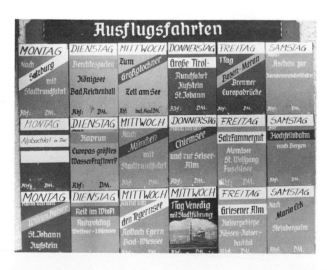

What information does this poster give about the itinerary?
Why do you think the trip is called a **Kaffeefahrt**?

Mit der Bahn ins Blaue!

Der Schöne Tag

— Reisespaß
— nette Leute
— bezaubernde Landschaft
— buntes Programm am Zielort

Ein Tag zum Feiern, zum Abschalten, zum Luftholen, jedenfalls immer verbunden mit einer angenehmen und abwechslungsreichen Reise.

Im Sonderzug geht das Vergnügen schon bei der Anreise im Tanz- und Gesellschaftswagen los.

Aber auch für Individualisten gibt es preisgünstige Tagesausflüge, z. B. zum Wandern, Entdecken, Einkaufen usw. Blättern Sie einmal in diesem Prospekt.

Gute Fahrt und viel Vergnügen wünscht Ihnen

 Ihre
Bundesbahndirektion Saarbrücken
Am Hauptbahnhof 4
6600 Saarbrücken 3

Tages-fahrten

Für alle Tagesfahrten und Kurzreisen zu ausländischen Zielen sowie in den Schwarzwald benötigen Sie einen gültigen Personalausweis oder Reisepaß.

ERMÄSSIGUNG
KINDER

Kinder bis zu zehn Jahren erhalten bei Halbtags- und Tagesreisen 30%, bei Tagesreisen incl. Essen 10% Ermäßigung.

Die Abfahrten bei den Tagesfahrten erfolgen alle ab Saarbrücken, Hauptpost.

Plus für den Bus
sehen und erleben

Fahrt Nr. 4

Lustige Moselfahrt mit dem Musikdampfer

Reisetermine:
19. Mai, 8. September, 29. September

Abfahrt 13.30 Uhr Saarbrücken Hauptpost, durch den Hunsrück an die Mosel nach Trittenheim – bei einem Winzer im Laufe des Nachmittags eine 6er Weinprobe – anschließend Abendessen, bestehend aus einer Gulaschsuppe sowie einem Spezial-Hausteller, danach Fahrt moselaufwärts nach Trier.
Ab 20.15 Uhr eine 2½ Stunden Moselfahrt mit einem Dampfer der Köln-Düsseldorfer mit Musik und Tanz.
Rückkunft in Saarbrücken gegen 1.00 Uhr nachts.

Fahrpreis mit Weinprobe, Abendessen, Dampferfahrt

DM 59,–

abschalten (wk) to relax (literally, to switch off)
bezaubernd enchanting
blättern (wk) to leaf through
der Sonderzug (¨e) special train, excursion train
der Winzer (-) vintner, wine-grower

Ausflugsfahrten

① MONTAG	② Montag	③ Dienstag	④ Dienstag
Fahrt nach Badenweiler Höllental – Freiburg – Markgräflerland – Badische Weinstraße	Kleine Bodensee-fahrt zur Insel Mainau mit 4 Std. Aufenthalt	Mitten durch den **Hochschwarz-wald** Feldberg – Wiesental – Bernau – St.Blasien	**Große Schweizfahrt** Zürich – Einsiedeln – Vierwaldstättersee – Axenstraße – Luzern u. Fahrt durch den Seelisbergtunnel
⑤ DIENSTAG	⑥ Mittwoch	⑦ Mittwoch	
Fahrt zum Feldberg dem höchsten Berg der deutschen Mittel-gebirge ca. 3 Std. Aufenthalt	**Große Schwarzwald-fahrt** über den Feldb. Belchen – Schau.	Bodensee	⑧

Übung 1. Hör zu!

Folgende Leute sind im Reisebüro. Sie wollen einen Tagesausflug machen, wissen aber nicht so recht, wohin die Reise gehen soll.
Wofür entscheiden sie sich?
Sieh dir das Foto oben an! Mach dir eine Kopie der Tabelle! Hör zu und trage die Informationen in die Tabelle ein! Folgende Vokabeln werden dir helfen:

ausgebucht   *fully booked*
<u>halt</u>machen   *to make a stop*
der Proviant (-e)   *provisions*
die Verpflegung (-en)   *food*
vorgesehen   *planned*
die Weinprobe (-n)   *wine tasting*

	Reiseziel (Gib Nummer des Fotos!)	Kosten pro Person: Erwachsene/Kinder	ab	an	Mahlzeiten im Preis inbegriffen?
a.					
b.					
c.					
d.					

Übung 2. Übt Dialoge!

Macht euch eine Kopie der Tabelle!
Einer/eine von euch sieht sich das Foto auf Seite 135 an und erkundigt sich nach Reisepreisen, Abfahrts- und Ankunftszeiten, Mahlzeiten, usw.
Der/die andere sieht sich die Informationen auf Seite 160 an und teilt sie dem/der anderen mit.
Wechselt euch regelmäßig ab!

Und wie waren die Ausflüge?

a.

Brigitte und Werner Amberge

Brigitte und Werner Amberge waren in die Flitterwochen gefahren. Sie hatten drei Wochen Urlaub und wollten erstmal für 14 Tage im Schwarzwald Urlaub machen. In der letzten Ferienwoche hatten sie vor, ihre Wohnung zu renovieren.

An einem Tag machten sie einen Tagesausflug. Da beide sich für Musik interessierten,

entschlossen sie sich, nach Salzburg zu fahren, um Mozarts Geburtsort kennenzulernen. Reisekosten und Verpflegung konnten sie sich schlecht leisten, also nahmen sie Reiseproviant mit.

Sie fuhren um 8.30 Uhr los, und um 10.00 Uhr waren sie schon in Salzburg. Sie gingen bei strahlendem Sonnenschein am Fluß spazieren, machten Fotos und besichtigten das Schloß. Am Vormittag war das Wetter am wärmsten, und sie genoßen es, im schönen Schloßgarten zu sitzen und ihre Brote zu essen.

Nachmittags spielte das Wetter aber nicht mehr mit. Es bezog sich und fing an zu regnen. Der Nachmittag wurde total verregnet, und es blieb ihnen nichts anderes übrig, als ins Museum zu gehen. Die Besichtigung fanden sie aber recht interessant. Anschließend kauften sie als Andenken eine Mozartschallplatte. Trotz des teilweise schlechten Wetters waren sie von Salzburg ganz begeistert.

sich beziehen   *to become overcast*
die Flitterwoche (-n)   *honeymoon*
renovieren (*wk*)   *to decorate*
strahlend   *radiant*
verregnet   *wet, rainy*

Salzburg: das Schloß

b.

ablenken *(wk)* *to distract*
allerdings *in any case (in this context)*
beruhigen *(wk)* *to calm*
falls *in case*
es graut mir vor . . . *I dread . . .*
es graute ihnen vor der langen Autofahrt *they dreaded the long car journey*
(grauen *(wk)* vor + *dat.*)
hinterher *afterwards, thereafter*
idyllisch *idyllic*
köstlich *delicious*
die Mittelstation (-en) *middle station*
nagelneu *brand new*
die Seilbahn (-en) *cable car*

Regine und Rüdiger Schweizer fuhren im letzten Sommer mit ihren zwei Kindern, Christoph und Ruth, in den Schwarzwald.

Die Familie wohnt in einem Vorort von Bremen in Norddeutschland, und da es ihnen vor der langen Autofahrt graute, fuhren sie mit der Bahn zu ihrem Urlaubsziel. Untergebracht waren sie mit Halbpension in einem kleinen kinderfreundlichen Hotel.

Nach ein paar Tagen in dem kleinen Ferienort, bekamen sie Lust, etwas Neues kennenzulernen. Sie gingen also zum Reisebüro und erkundigten sich nach Tagesausflügen. Sie entschieden sich für Bergen, weil sie die dortige Seilbahn kannten.

Der Ausflug fand an einem Samstag statt und zwar bei herrlichem Wetter. Am schönsten war die Aussicht. Von oben hatten sie einen wunderbaren Blick sowohl auf die anderen Berge, als auch ins Tal. Sie picknickten sogar am Gipfel und fuhren dann zur Mittelstation hinunter und liefen dann zu Fuß ins Tal.

Alles wäre idyllisch gewesen, wenn der Christoph seinen nagelneuen Fotoapparat, der allerdings nicht sehr viel wert war, nicht hätte liegenlassen! Plötzlich stellte er fest, daß der Apparat fehlte. Er war hinterher nicht mehr zu beruhigen. Selbst ein köstliches Eis im Mittelstationscafé konnte ihn von dem Verlust seines neuen Apparates nicht ablenken. Im Büro meldeten sie den Verlust, und ehe sie um 18.00 Uhr mit dem Bus zurückfuhren, hinterließen sie ihre Adresse, falls der Apparat abgegeben würde.

Wetter-Hugo meint:

Heute:
Nachts zwar kalt bis minus zwei, aber endlich regenfrei. Mittags ein paar Sonnenstrahlen.

Morgen:
Leider bringen Regenschauer, vor der Zeit Novembertrauer.

Temperaturen gestern, 14 Uhr

Frankfurt	7	bedeckt
München	1	Schneefall
Berlin	8	bedeckt
Kopenhagen	8	wolkig
Paris	9	bedeckt
London	10	heiter
Rom	19	wolkig
Moskau	9	bedeckt
Nizza	18	heiter
Barcelona	15	bedeckt
Wien	8	Regen
Zagreb	20	bedeckt

Wo ist das Wetter am schönsten?
Wo ist das Wetter am schlechtesten?
Wo ist es am wärmsten?
Wo ist es am kältesten?

Freizeitgestaltung am Nachmittag

Was wäre möglich?

15.-
2 Std.
1 km

10 km
(Bus Nr. 16)
5.-
3 Std.

0.-
1–3 Std.

4 km
(Bus Nr. 16)
4.-
2½ Std.

1 Std.
15.-
13 km
(Bus Nr. 14)

2–4 Std.
In der Nähe
Angelruten-
verleih 10.-
(½ Tag), 50.-
Anzahlung

10 km
(Bus Nr. 4)
4 Std.
1.50

15 km
(Bus Nr. 17)
8.-
5 Std.

15.-
1 Std.
5 km
(Bus Nr. 16)

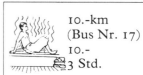
10.-km
(Bus Nr. 17)
10.-
3 Std.

0.-
4 Std.

MUSEUM
1.50
5 km
(Bus Nr. 18)
3 Std.

0.-
1–3 Std.

2 km
(zu Fuß)
8.
1 Stunde

2.-
1 Std.
1 km

5 km
(Bus Nr. 10)
6.-
1 Std.

1 km
20.-
4 Std.

*rollschuhlaufen   *to go roller-skating*
*rudern (*wk*)   *to row, to go rowing*
  die Sauna (-s)   *sauna*
*schlittschuhlaufen   *to go ice-skating*
*surfen (*wk*)   *to windsurf, to go windsurfing*

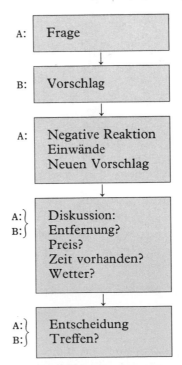

Übung 3. Hör zu!

a. Hör dir Dialog A an!
Silke und Horst sind dabei, ihren Nachmittag zu gestalten.
(Sieh dir die Freizeitgestaltung auf Seite 140 an!)

gestalten (*wk*) *to organise*

Dialog A

„Was machen wir?"

„Wollen wir reiten gehen?"

„Nein. Das kostet zuviel, und außerdem habe ich keine Lust dazu. Es sieht nach Regen aus. Können wir nicht etwas anderes machen?"

„Na gut. Wenn du meinst. Was möchtest du denn machen? Mach du mal einen Vorschlag."

„Wir könnten schwimmen gehen. Was sagst du denn dazu?"

„Haben wir Zeit dazu?"

„Ja. Der Bus fährt gleich. Um 18.00 Uhr sind wir wieder da. Übrigens kostet es nur 1.50 DM Eintritt."

„Na gut. Machen wir."

b. Hör dir nun Dialog B und Dialog C an und mach Notizen!
  (i) Was wollen diese Leute machen?
  (ii) Welche Vorschläge werden gemacht?
  (iii) Wofür entscheiden sie sich?

Übung 4. Erfindet Dialoge!
Seht euch den Dialog in Übung 3 an und macht ähnliche Dialoge!
Seht euch das Freizeitangebot auf Seite 140 an:
Wieviel Zeit habt ihr?
Wie teuer ist das?
Wie weit muß man fahren?
Wie ist das Wetter?

das Freizeitangebot (-e) *range of leisure activities*

A:	Frage
B:	Vorschlag
A:	Negative Reaktion / Einwände / Neuen Vorschlag
A: B:	Diskussion: / Entfernung? / Preis? / Zeit vorhanden? / Wetter?
A: B:	Entscheidung / Treffen?

der Einwand (-̈e) *objection*

Übung 5.

a. Erfindet Dialoge!

Dein Partner, bzw. deine Partnerin lädt dich ein. Du aber willst nicht mitmachen: du hast keine Zeit; es ist zu weit; vielleicht hast du etwas anderes vor, usw. Mit anderen Worten – du suchst eine Ausrede.

Wechselt euch regelmäßig ab!

Zum Beispiel:

A: Hast du Lust, schwimmen zu gehen?

B: Es tut mir leid, aber . . . .
Ich kann nicht, weil . . . .
Ich würde lieber nicht, weil . . . .
Heute (abend) geht es nicht, weil . . . .

die Ausrede (-n) *excuse*

Vorschläge	Ausreden

b. Schreib Sätze!

Zum Beispiel:

Mein Partner sagt, daß er nicht ins Kino gehen kann, weil er sich das Bein gebrochen hat.

Übung 6. Sieh dir das Foto auf Seite 135 an! Letzten Mittwoch nahmen Wilhelm Deffner und Cornelia Bach an dem Ausflug nach Venedig teil. Schreib einen Bericht über deren Fahrt! Benutze die Hinweise auf Seite 143!

die Aufnahme (-n) *photograph*

Hier einige Hinweise:

Abfahrt: 06.00
              Wie fühlten sie sich?
              Wie kamen sie zum Busbahnhof?
              Brachten sie einen Reiseproviant mit?
Hinweise: Wetter?
              Sie sind über zwei Grenzen gefahren. Welche?
              Landschaft: in die Berge
              lange Reise: 4 Std.
Ankunft: Venedig: um wieviel Uhr?
              Wetter
              Programm: Essen
                              Besichtigung – Markusplatz
                                          Gondelfahrt
                              Einkäufe
                              Postkarten schreiben und verschicken
Rückreise: Um wieviel Uhr?
              müde
              einschlafen

Zum Lesen   Felix Kürten

Vom 2. August bis 2. September bin ich im Urlaub, und zwar in Palavas-les-Flots.

Und weil Sie ja doch fragen, wo das ist und weshalb es mich ausgerechnet dorthin zieht:

die untenstehende Skizze mit Kurzbeschreibung erspart Ihnen die Fragen und mir die Antworten.

Dies zum Service!

- am Mittelmeer
  - rd 900 km südlich von Saarbrücken
  - 9 km östlich von Montpellier
  - 30 km nördlich von Sète
  - 25 km südlich von La Grande Motte unweit der Camargue, im Languedoc, im Département de l'Hérault (Autokennzeichen 34....)
- ein touristisch noch nicht ganz verdorbenes Fischerdorf
- dort wohne ich in einem Appartement direkt am Strand
- sauberer Strand und sauberes Wasser (wie es unter der Lupe aussieht, weiß ich nicht)
- gemütliche Kneipen und beste Restaurants rundum in Hülle und Fülle
- noch nicht soviel Krach und wenig Ausländer
- herrliches Hinterland (Les Garrigues, Weinfelder, Obstplantagen)
- noch sehr viel "Römerkultur" vorhanden
- Spezialitäten:
  - dolce far niente (auf gut deutsch)
  - immer viel Sonne und guten Rotwein
  - "Fischerstechen" auf Kanälen, Stierkämpfe in römischen Arenen (z.B. in Nîmes und Arles), Lavendel und Flamingos, Zigeuner und Gitarren, Angeln, Zeit übt keinen Druck aus,
-usw., usw. ....

(Kürten)

(Kürten)

---

ausgerechnet dorthin   *there of all places*
ersparen (*wk*)   *to save*
in Hülle und Fülle   *in abundance*
der Lavendel   *lavender*
die Lupe (-n)   *magnifying glass*

die Skizze (-n)   *sketch*
der Stierkampf (⁼e)   *bull-fight*
verdorben   *spoilt*
der Zigeuner (-)   *gipsy*

am + *the superlative adjective*

Zum Beispiel:

Am wichtigsten für ihn sind die Ruhe und der Luxus.
Am schönsten war die Aussicht.
Am Vormittag war das Wetter **am schönsten**.
In Spanien war das Wetter **am schönsten**.
Im Juni sind die Tage **am längsten**.

Note:
Das Kleid, **das** sie bei Horten im Schaufenster gesehen hatte, war **das schönste** (Kleid).
Dieses Kleid ist **am schönsten**.

Die Bluse, **die** sie bei Karstadt gesehen hatte, war die **schönste** (Bluse).
Diese Bluse ist **am schönsten**.

Q
stehlen   beschreiben
verlassen   senden
beschließen   erfahren

FRÄNZI

Was macht er?

Er hört Musik.

Und sie?

Sie hört auch Musik.

Was machst du, Fränzi?

Ich versuche, Musik zu hören.

ZWEITER TEIL
Zeitvertreib am Wochenende

Wohin am Wochenende in Heising?

Samstag

ab 10 Uhr: Frühschoppen
Fußgängerzone mit der Rockgruppe
‚Nordlicht'
ab 10 Uhr: Schützenfest
auf den Bruchwiesen
(36 km Richtung Kenten)
ab 11.30 Uhr: Innenstadtschmaus
ein reichhaltiges kulinarisches Angebot
steht zur Auswahl
14.00 Uhr: Fußballspiel
Adriastadion
FC Kernten gegen
FC Heising
15.00 Uhr: Workshop
Seifenkisten und alternativer Fahrzeugbau
Heisingerpark
15.00 Uhr: Film – ‚Pünktchen und Anton'
für Jugendliche von 10–14 Jahren
Jugendzentrum – Marschgasse
18.00 Uhr: Film – ‚Die Heartbreakers'
Die Geschichte einer Beatgruppe der 60er
Jahre
für Jugendliche ab 16
Jugendzentrum – Marschgasse
20.00: Big Band Konzert
im Musikpavillon
20.00: Theaterstück
‚Die Räuber' von Schiller
Stadttheater
20.30: Blueskonzert im Freien
Musik der 20er Jahren
Heisingerpark
Buddy Schneider mit Lone Cat Erikson
21.00: Film – ‚Geheimnisse des Meeres'
Passagenkino
23.00: Gute Nacht Kino – ‚Doktor Mabuse'
(Horror-film)

Sonntag

9.00: Wanderung mit Picknick für
Jugendliche
Treffpunkt –Endstation Buslinie 18
ab 9.30: Flohmarkt, Puppentheater,
Innenstadtschmaus
Fußgängerzone
9.30–13.00: Halbtagsausflug für Jugendliche
von 14–18 Jahren
Treffpunkt: Busbahnhof
11.00: Matinéekonzert
Kurt Widmer spielt Beethoven
Kongreßhalle

15.00–16.30: Gymnastikvorführung im
Freien
Heisingerpark
15.00–18.00: Teestube mit Musik, Tanz und
Waffelbäckerei
Heisingerpark
20.00: Film – ‚Das Dschungelbuch'
Passagenkino
20.00: Die neue deutsche Welle
‚FLASH'
bringt die NDW ins Zelt
Heisingerpark
23.00 Gute Nacht Kino
bringt ‚Abenteuer im Weltraum'

Museen:
Historisches Museum
Landesmuseum   Samstag 10–18 Uhr   Sonntag 10–15 Uhr
Kunstmuseum

Gottesdienste:
Jüdischer Gottesdienst: Freitag 19.00 Uhr
Synagoge, Hindenburgstr.
Höhe Marienkirche: Sonntag 7.00 Uhr, 10.00 Uhr, 11.30 Uhr
Evangelische Kirche: Sonntag 9.30 Uhr, 11.00 Uhr

Übung 1. Hör zu!
Folgende Leute sprechen am Telefon, da sie sich
verabreden wollen.
Wohin wollen sie gehen? Wo und wann treffen
sie sich?
Mach dir eine Kopie der Tabelle! Hör zu und
trag die wichtigsten Details in die Tabelle ein!

Nummer	Wohin?	Wann?	Wo?
1			
2			
3			
4			
5			
6			

Übung 2. Hör zu!

Die Heisinger, die du jetzt auf Band hören wirst, erzählen vom Wochenende. Teilweise haben sie vom Heisinger Freizeitangebot Gebrauch gemacht, teilweise haben sie aus eigener Initiative etwas unternommen.

Sieh dir zuerst die Vokabeln an!

Hör zu und mach Notizen!

Schreib nun einen Bericht über eine von den Personen! Benutze das Imperfekt und erzähle, was er oder sie am Wochenende machte!

a. die Arbeit (-en)   *test*
   der Flohmarkt (¨e)   *flea market*
   der Gottesdienst (-e)   *church service*

b. ausschlafen   *to have a lie-in*
   bestehen auf + *dat.*   *to insist on something*
   großartig   *wonderful*
   die Sendung (-en)   *programme*

c. der Kranz (¨e)   *wreath*
   die Rangverkündigung (-en)   *announcement of rank order*
   das Schützenfest (-e)   *rifle club fête*
   der Wettbewerb (-e)   *competition*
   die Zuckerwatte (-n)   *candy floss*

die zwanziger Jahre   *the twenties*
die dreißiger Jahre   *the thirties*
die vierziger Jahre   *the forties*
die fünfziger Jahre   *the fifties*
die sechziger Jahre   *the sixties*
die siebziger Jahre   *the seventies*
die achtziger Jahre   *the eighties*
die neunziger Jahre   *the nineties*

Whatever the case of **Jahr,** *the words* **zwanziger, dreißiger** *etc do not change.*

Zum Beispiel:

Nominativ: **Die dreißiger Jahre** waren hart.
Akkusativ: Mein Großvater kann **die dreißiger Jahre** nicht vergessen.
Genitiv: Mein Bruder interessiert sich für die Musik **der sechziger Jahre.**
Dativ: Der Film handelt von **den sechziger Jahren.**

d. blöd   *stupid*
   der Geschmack (¨e)   *taste*
   der Schiedsrichter (-)   *referee*
   schwärmen (*wk*) für + *acc.*   *to be mad about something*

Übung 3.

a. Lies dir das Heisinger Freizeitangebot auf Seite 145 durch! Was würdest du gern am Samstag und am Sonntag unternehmen?
   Mach dir eine Kopie der Tabelle!
   Such dir sechs Leute aus deiner Klasse aus!
   Du sollst mit jedem/jeder irgendetwas anderes unternehmen.
   Besprecht, was ihr gerne machen möchtet und macht eine Uhrzeit fest!
   Trag das Ergebnis in die Tabelle ein!

Zum Beispiel:

Am Samstagvormittag gehe ich mit Peter zum Schützenfest. Wir treffen uns . . . .

	Samstag	**Sonntag**
Vormittag	1. mit Peter zum Schützenfest Treffpunkt: 11.00 Bushaltestelle am Stadion	4. mit . . .
Nachmittag	2. mit . . .	5. mit . . .
Abend	3. mit . . .	6. mit . . .

b. Schreib jetzt einen vollständigen Bericht über das Wochenende! Benutze das Imperfekt!
   Vergiß nicht, folgende Zeitangaben zu verwenden:
   zuerst, erstmal, dann, danach, nachher, anschließend, schließlich.
   Beachte die Wortstellung!

DRITTER TEIL
Im Restaurant

Wer im Restaurant essen will, hat eine große Auswahl. Entweder kann man die deutsche Küche kennenlernen, ~~to get to know~~

1. **Hofbräuhaus München** in Regensburg, gegenüber dem Alten Rathaus
   - Bis 23.00 Uhr warme Küche und Bayerische Brotzeiten
   - und dazu das weltbekannte HB-Bier vom Holzfaß
   - Das ganze Jahr geöffnet von 9.00 bis 1.00 Uhr nachts.

2.

Zum Leeren Beutel
Bertoldstraße 9 · 8400 Regensburg · Tel. 5 89 97
neben der Minoritenkirche
Durchgehend warme und kalte Küche
von 11 – 24 Uhr
(Montag Ruhetag)
Auf Ihren Besuch freuen sich
Peter und Gerlinde Priller

3.

HOTEL IM FUCHS
6600 Saarbrücken
Kappenstraße 12
Tel. (0681) 3 93 85
Schenke im Fuchs
Der gemütliche Treffpunkt im Herzen der Altstadt ~~meeting place~~
Geöffnet: täglich von 10.00 bis 1.00 Uhr
(Ruhetag Sonntag)
~~cozy~~
gutbürgerliche Küche · täglich Stammessen

4.
Fischerhaus
am Regen
Inhaber Werner Schmid
Untere Regenstraße 7, 8400 Regensburg, Tel. 0941 / 4 34 30
Täglich geöffnet ab 18.00 Uhr — Montag Ruhetag
Fischspezialitäten: Hausgeräucherte Forellen, Bodenseefische
wie Egli und Felchen, Karpfen, Forellen, Zander
● Besuchen Sie unseren zünftigen Biergarten ●

. . . oder die italienische.

6.

Italienische Spezialitäten
Restaurant Pizzeria „RIMINI"
Alle Speisen zum Mitnehmen.
Geöffnet von 11.30 - 15.00 und 17.00 - 24.00 h
Mittwoch Ruhetag, Inh. Familie Banci.
6600 Saarbrücken · Berliner Promenade · Tel. 0681/3 53 60

. . . oder . . .
. . . die französische Küche, . . .

5.
„Un Coin de France"
Bistro N
Vorstadtstraße 33
Telefon (0681) 50 32 61
chez Daniel
Kleine Karte mit
Französischen Spezialitäten
Montag Ruhetag

7.

Türkische Spezialitäten
Samovar
im Ku'damm-Karree
Unglaublich!
was Sie am Samovar für
Köstlichkeiten bekommen.
Dazu laden wir Sie ein
täglich von 15⁰⁰–1⁰⁰ Uhr
1 Berlin 10, Krumme Str. 12

Griechische und türkische Restaurants sind auch sehr beliebt.

8.

PLAKA Griechische Spezialitäten Telefon (06 81) 37 87
Ausschneiden !!!
DAS Griechische Restaurant
Ein Stück **Griechenland** im Herzen von Saarbrücken
Gegenüber Saarbrücker Wochenspiegel
Mitbringen = 1 Ouzo
Ruhetag Montag Saarbrücken, Ecke Bleich-/Gerberstr.
PLAKA

Man kann sogar mexicanisch essen.

9.

... und die chinesischen auch.

13.

Sowohl die israelischen und die indonesischen
Restaurants laden ein ...

10.

11.

14.

... die indischen ...

12.

Übung 1. *Interpretation exercise*
Work with a partner. Look at pages 147 and 148,
choose a few advertisements each and explain what
sort of restaurant each is, between which hours it is
open, if it's closed on any day and any other details
you can find out.

Übung 2. Die Reklamen bieten Gerichte aus
folgenden Ländern, bzw. Kontinenten an:

Deutschland	Israel
Frankreich	Indonesien
Italien	Indien
Griechenland	Pakistan
die Türkei	China
Mexico	Asien

Such die betreffenden Adjektive bei den
Reklamen aus!

Zum Beispiel:

Bei Nummern 1 bis 4 ißt man **deutsch**.
Bei Nummer 5 ißt man ....

Übung 3. Heute ist Dienstag und ihr wollt im Restaurant essen. Aber in welchem? Seht euch Seiten 147 und 148 an und besprecht die Eßmöglichkeiten! Wechselt euch ab!

A: Wollen wir [heute abend / heute mittag] essen gehen?

B: Gute Idee. Wo gehen wir hin?

A: Ich weiß nicht. Ich kenne mich hier nicht sehr gut aus. Schauen wir in die Zeitung.

A: Ißt du gern chinesisch?

B: Ja. Wo gibt es ein China-Restaurant?

A: Also. Es gibt das Dschingis Khan oder Bei Chang.

B: Haben sie heute beide auf?

A: Ja. Sie sind täglich geöffnet.

B: Gehen wir zum Dschingis Khan.

A: OK. Um wieviel Uhr?

B: Um ein Uhr.

B: Nein. Nicht so gern.

A: Was möchtest du denn essen?

B: Ich würde gern italienisch essen.

A: Gibt es hier ein italienisches Restaurant?

B: Ja, es gibt die Pizzeria Rimini.

A: Hat sie heute abend auf?

B: Ja.

A: Dann gehen wir dahin.

B: Um wieviel Uhr?

A: Um halb acht.

Restaurant am Schloß

Tel. 58 39 39

S p e i s e k a r t e

Suppen

Tagessuppe	2,50 DM
Hühnersuppe mit Einlage	4,00 DM
Gulaschsuppe	5,00 DM
Zwiebelsuppe	5,00 DM

Kleiner Imbiß

Käsebrot – Wurstbrot	6,20 DM
Schinkenbrot mit gekochtem Schinken	7,40 DM
Schinkenbrot mit rohem Schinken	8,00 DM
Schweizer Wurstbrot	8,00 DM
Nizza-Salat oder Italienischer Salat	9,20 DM
Salatplatte mit Ei	8,00 DM
Schloßteller, Schinken, Wurst, Käse, Fleischsalat	9,40 DM
*Heringe ‚Hausfrauen Art', mit Brot (3 Filets)	7,60 DM
Heringe ‚Hausfrauen Art', mit Salzkartoffeln	9,40 DM
½ Dtzd. Schnecken	9,40 DM
Portion Froschschenkel	13,50 DM
Strammer Max	8,00 DM
Herrentoast, Schinken, Ragout fin mit Käse überbacken	9,60 DM
Toast-Hawai, Schinken, Ananas, mit Käse überbacken	8,00 DM
Schloß-Toast, 2 Schweinelendchen, Champignons, Rahmsauce, Spargel	15,00 DM
Königin Pastetchen	9,60 DM
Ragout fin mit Reis	10,00 DM
Spaghetti Bolognese	7,60 DM
Zigeuner-Hacksteak mit Beilagen	9,60 DM
*Leberklöße auf Sauerkraut	7,50 DM
2 Wiener auf Sauerkraut – oder Bockwurst	7,50 DM

Für den großen Hunger

*Rumpsteak mit Brot und Kräuterbutter	15,00 DM
*Jägerschnitzel mit Pommes frites und Salat	11,20 DM
*Zigeunerschnitzel mit Pommes frites und Salat	15,00 DM
*Rumpsteak mit Zwiebeln und Brot	17,20 DM
Rumpsteak mit Zwiebeln und Beilagen	18,50 DM
Rumpsteak ‚Mirabeau', Pommes frites, Salat	18,50 DM
Rumpsteak ‚Weidmann' mit Brot (gem. Pilze, Schinken, Zwiebeln)	18,20 DM
Rumpsteak in Madargaskarsauce mit Beilagen	18,50 DM
Pfeffersteak, Rumpsteak flambiert mit Calvados, Champignons, Paprikastreifen, in Rahmsauce, Pommes frites, Salat	22,00 DM
Wiener Schnitzel, Pommes frites, Salat	17,20 DM
Kalbsteak ‚Piccadilly', Spargel, Ragout fin überbacken	20,60 DM

Desserts

Pfirsich Melba	4,50 DM
Gemischtes Eis	3,80 DM
Vanilleeis mit heißen Himbeeren	5,80 DM

Normaler Küchenbetrieb bis 22.00 Uhr.
Speisen mit einen * versehen werden bis 23.00 Uhr verabreicht.
Alle Preise inklusive MWS und Bedienung.
Wir danken für Ihr Verständnis und Ihren Besuch.

Ihr Restaurant

sich = your - one - themselves.

Im Restaurant am Schloß

exact straight

Gisela und Christoph hatten sich gerade hingesetzt, als die Kellnerin auf ihren Tisch zukam. ??

Kellnerin: Haben Sie schon bestellt? *to order*
Christoph: Nein. Können wir die Speisekarte haben?
Kellnerin: Selbstverständlich. Möchten Sie etwas zu trinken haben?
Gisela: Ja. Ich hätte gern ein Pils.
Christoph: Und ich ein Mineralwasser.

considered Christoph und Gisela lasen die Speisekarte durch und überlegten sich, was sie gerne essen möchten. Bald kam die Kellnerin mit den Getränken, die sie bestellt hatten.

Kellnerin: Ein Pils und ein Mineralwasser? Bitte schön. Sehr zum Wohle. *good health / cheers*
Christoph und Gisela: Danke sehr. *elegant (refined)*
Kellnerin: Haben Sie schon gewählt?
Gisela: Ja. Was ist die Tagessuppe?
Kellnerin: Erbsensuppe.
Gisela: Das nehme ich. Nimmst du dasselbe, *the same* Christoph?
Christoph: Ja. Warum nicht? Ich nehme dasselbe wie du.
Gisela: Gut. Also zweimal Erbsensuppe, bitte. Und dann nehme ich Jägerschnitzel mit Pommes frites und Salat.
Christoph: Und für mich Rumpsteak ‚Mirabeau‘. Könnte ich statt Pommes frites Salzkartoffeln bekommen?
Kellnerin: Aber klar. Salzkartoffeln und Salat also.
Christoph: Jawohl.
Kellnerin: Also zwei Erbsensuppen, einmal Jägerschnitzel und einmal Rumpsteak ‚Mirabeau‘.

Nach einer Weile kam die Kellnerin wieder, brachte ihnen die Tagessuppen und wünschte ihnen einen guten Appetit.

Kellnerin: Guten Appetit!
Gisela und
Christoph: Danke schön.

Später kam das Hauptgericht.

Kellnerin: Einmal Jägerschnitzel?
Gisela: Ja. Hier.
Kellnerin: Und einmal Rumpsteak. Lassen Sie es sich gut schmecken.

Nach dem Essen:

Kellnerin: Möchten Sie einen Nachtisch?
Gisela: Was haben Sie zum Nachtisch?
Kellnerin: Pfirsich Melba, gemischtes Eis oder Vanilleeis mit heißen Himbeeren.
Gisela: Ich möchte keinen Nachtisch.
Christoph: Ich nehme ein gemischtes Eis.

mixed

Kurz vor zwei Uhr mußten sie aufbrechen, denn sie hatten beide einen anderen Termin. Gisela rief der Kellnerin zu.

Gisela: Fräulein! Zahlen, bitte.
Kellnerin: Geht das zusammen oder getrennt?
Gisela: Getrennt.
Kellnerin: Also. Das war einmal Erbsensuppe, einmal Jägerschnitzel, Pommes frites und Salat und zum Trinken ein Pils – 16,30 DM.
Gisela: 17.– DM. Stimmt so.

Die Kellnerin machte Christophs Rechnung auch fertig. Seine Rechnung betrug 23,10 DM. Er rundete sie auf 23,50 DM auf.

📼 Übung 4. Hör zu!
Was werden sie bestellen?
Die Leute, die auf dem Band sprechen, sitzen im Restaurant am Schloß und besprechen die Tageskarte.

a. Sieh dir die Speisekarte auf Seite 149 an! Hör zu und mach Notizen!

b. Kannst du die Bestellung für diese Leute machen? Dein Lehrer, bzw. deine Lehrerin spielt die Rolle des Kellners, bzw. der Kellnerin.
 (i) Herr Kuhr und seine Tochter
 (ii) Frau Seibert und Frau Schulze
 (iii) Petra und Michael

Übung 5. Hör zu!

Was ist los?

Auf dem Band hörst du fünf Gespräche, die im Restaurant stattfinden. Entweder wollen die Kunden etwas Zusätzliches bestellen, oder sie reklamieren etwas.

Hör zu und mach Notizen!

Hinterher kannst du deinem Lehrer, bzw. deiner Lehrerin erzählen, was sich hier abspielt.

sich *abspielen* (*wk*)   *to happen, to go on*

Übung 6. *Interpretation exercise*
Look at the menu on page 149. Work with a partner. Imagine that you cannot speak German and ask your partner to explain various dishes on the menu to you.

Übung 7. Bei euch am Tisch fehlt etwas. Einer/eine von euch sagt die Nummer eines Bildes, und der/die andere muß etwas verlangen. (Ihr findet auf Seite 152 einige nützliche Ausdrücke.)

verlangen (*wk*)   *to request, to demand*

Zum Beispiel:

A: Nummer 4.

B: Herr Ober/Fräulein!

Ich habe keinen Löffel.
Einen Löffel, bitte!
Sie haben mir keinen Löffel gegeben.
Ich brauche einen Löffel.
Bringen Sie mir bitte einen Löffel.

151

Nützliche Ausdrücke für das Restaurant

der Kunde, bzw. die Kundin sagt:
Herr Ober!
Fräulein!
Die Speisekarte, bitte.
Die Getränkekarte, bitte.
Ich möchte . . . .
Ich hätte gern . . . .
Was ist die Tagessuppe?
Was ist das?
Woraus besteht das?
Können Sie das beschreiben?
Noch ein Bier, bitte!
Zahlen, bitte!
Zusammen.
Getrennt.
Es stimmt so.

Was der Kellner, bzw. die Kellnerin sagt:
Haben Sie schon bestellt?
Haben Sie schon gewählt?
Was hätten Sie gern?
Was möchten Sie?
Was darf es sein?
Möchten Sie etwas zu trinken haben?
Sonst noch etwas?
Sehr zum Wohle!
Guten Appetit!
Ich möchte (gleich) kassieren.
Geht das zusammen oder getrennt?

Was der Kunde, bzw. die Kundin sagt, wenn etwas nicht in Ordnung ist:
Ich habe keinen (keine, kein) . . . .
Ich brauche einen (eine, ein) . . . .
Sie haben keinen (keine, kein) . . . gebracht (serviert).
Sie haben den (die, das) . . . vergessen.
Ich hatte . . . bestellt und Sie haben mir . . . gebracht (gegeben).
Haben Sie meine Bestellung vergessen? *FORGOTTEN*
Ich warte schon seit 20 Minuten (auf meine Bestellung).
Darf ich Sie an meine Bestellung erinnern? *RUDE*

derselbe (*the same*)

	Maskulinum	Femininum	Neutrum	Plural
Nominativ	derselbe	dieselbe	dasselbe	dieselben
Akkusativ	denselben	dieselbe	dasselbe	dieselben
Genitiv	desselben	derselben	desselben	derselben
Dativ	demselben	derselben	demselben	denselben

Zum Beispiel:

Ich nehme dasselbe wie du.
I'll have the same as you.

Seitdem sie die neue Stellung hat, ist sie nicht mehr dieselbe.
She has not been the same since she has been in her new job.

Q	versprechen	vorkommen
	werfen	anbieten
	abnehmen	haben

 FRÄNZI

Und zum Schluß ein kleiner Test, um zu sehen, ob du aufmerksam bist, und ob du so klug bist wie ich!

Der Test.
Nummer 1: Wer ist Fränzi?
Nummer 2: Wie alt ist Fränzi?
Nummer 3: Wieviele Geschwister hat Fränzi?

Und, zum allerletzt, Nummer 4: Ist Fränzi ein Männlein oder ein Weibchen?

So? Wieviele hast du? Ich habe vier. Und du?

Nun- hätte ich dir alles gesagt, dann wärst du ebenso schlau wie ich!

Tschüs!

Die Deutsche Demokratische Republik

Einige Tatsachen:

Einwohnerzahl: 17 Millionen

Hauptstadt: Berlin

Flagge: Schwarz- Rot-Gold mit einem Emblem

Währung: Mark der Deutschen

Politische Partei: SED (Sozialistische Einheitspartei Deutschlands)

Die Deutsche Demokratische Republik wurde 1949 gegründet. Sie liegt mitten in Europa. Im Westen grenzt sie an die BRD, im Osten an Polen und im Süden an die Tschechoslowakei; im Norden liegt die Ostsee. Die Flüsse, die Oder und die Neiße bilden eine natürliche Grenze zwischen Polen und der DDR.

districts — Die DDR ist in 14 <u>Bezirke</u> aufgeteilt. Dazu kommt Berlin – die Hauptstadt. Das ganze Land wird von Berlin aus zentral regiert. Dort haben das *People's Chamber   seat* — Parlament (<u>die Volkskammer</u>) und die Regierung ihren <u>Sitz</u>. Die DDR hat wie alle anderen Ostblockländer auch eine kommunistische Regierung. Sie hat nur eine politische Partei: die SED (in der SED wurden '46 die KPD und die *united   chairperson* — SPD <u>vereint</u>). Der <u>Vorsitzende</u> der Partei hat die führende Rolle im Staat.

In der Nachkriegszeit mußte alles wiederaufgebaut werden, und zur gleichen Zeit mußte die DDR sehr hohe Reparationskosten an die Sowjetunion zahlen. Jetzt ist sie nach der Sowjetunion zum größten Industrieland der Ostblockstaaten geworden. Sie ist Mitglied der östlichen Zoll- und Handelsorganisation (so wie im Westen die EG). Die DDR hat eine eigene Armee, die Nationale Volksarmee. Alle männlichen DDR-Bürger müssen einen Wehrdienst leisten. 1954 wurde die DDR Mitglied des Warschauer Paktes, das Militärbündnis des Ostblocks (zur gleichen Zeit wurde die BRD in die Nato aufgenommen).

Warsaw Pact
military alliance

Industrie

changed into

Die gesamte Industrie wurde in ‚Volkseigene Betriebe' (VEB) umgewandelt. Das bedeutet, daß die Industrie dem Staat gehört und nicht privat ist. Die Geschäfte und Warenhäuser sind auch staatlich. Die ganze Wirtschaft wird nach dem System der Planwirtschaft gelenkt.

department stores
planned economy

Die DDR hat keine Steinkohle, sondern nur Braunkohle, Kali und etwas Uran. Die Braunkohle ist die wichtigste Energiequelle für die größte Industrie der DDR nämlich die chemische Industrie. Eine andere Industrie ist die Textilindustrie. Sie hat ihr Zentrum in Karl-Marx-Stadt und produziert die Bekleidung für die Bevölkerung. Die DDR bekommt ihr Rohöl aus der Sowjetunion. Es fließt durch eine 4 000 km lange Pipeline bis nach Schwedt. Das Rohöl wird zu Benzin, Heizöl und Diesel verarbeitet.

hard coal   ignite   saltpetre
uranium   source of energy

population

fuel oil   processed

Trade Fair

Jedes Jahr gibt es in Leipzig eine große Industriemesse. Deutsche und ausländische Firmen zeigen dort ihre Waren.

Berlin – Hauptstadt der DDR: Dom, Palast der Republik (rechts), Fernsehturm.

Landwirtschaft

Die Bauern besitzen kein eigenes Land. Das Land ist <u>verstaatlicht</u>. Die Bauern sind Mitglieder einer <u>Genossenschaft</u>, d.h. sie arbeiten gemeinsam in einem Kollektiv. Gemeinsam kaufen sie Vieh, <u>Mähdrescher</u>, Traktoren, usw. Der <u>Gewinn</u> wird geteilt.

nationalised
co-operative
combine harvester
profit

Gesundheit und Fürsorge

Der Staat sorgt für seine Bürger. Die <u>Krankenversorgung</u> ist gut und billig. Jeder muß natürlich <u>Steuern</u> bezahlen, aber dafür bekommen alle Menschen regelmäßige medizinische Behandlung. Frauen zum Beispiel bekommen eine <u>Krebsuntersuchung</u>. Krankenhausaufenthalt, Medikamente und sogar einen Aufenthalt im Kurort bezahlt der Staat. Für Kinder gibt es Kindergärten, für Alte Altersheime.

care for the sick
taxes

cancer check

Kindergarten und Schule

Fast alle Kinder zwischen drei und sechs besuchen einen Kindergarten. Der Kindergarten spielt eine sehr wichtige Rolle im DDR-Alltag, weil meistenteils beide Elternteile berufstätig sind. Nach dem Unterricht (spätestens um 13.30 Uhr) können die Kinder auf Wunsch der Eltern in den sogenannten <u>Schulhort</u> gehen, wo sie unter <u>Anleitung</u> spielen, schlafen und ihre Hausaufgaben machen, bis die Eltern sie abholen. Mit sechs Jahren kommen alle Kinder in die allgemeinbildende polytechnische Oberschule. Zehn Jahre lang besuchen sie diese Schule. Im fünften Schuljahr fangen sie an Russisch zu lernen; vom siebten Schuljahr an arbeiten sie einmal pro Woche in einem Betrieb in der Landwirtschaft oder in der Industrie. Wer gute <u>Zensuren</u> hat, kommt nach dem 10. Schuljahr auf die erweiterte polytechnische Oberschule, macht das Abitur und geht eventuell zur Uni. Wenn Jugendliche mit der Schule fertig werden, bekommen sie automatisch einen Arbeitsplatz. Wegen der Planwirtschaft gibt es in der DDR keine Arbeitslosigkeit.

day-home for children
supervision, guidance

marks

Dresden – Samper-Oper

Jugend

Viele Jugendliche treten in eine Jugendorganisation ein. Zum Beispiel kann man mit sechs Jahren Mitglied der ‚Jungen Pioniere' werden. Mit 14 Jahren kann man in die FDJ (Freie Deutsche Jugend) eintreten. Die ältesten Mitglieder sind 26 Jahre alt. In diesen Organisationen verbringen junge Leute ihre Freizeit: gemeinsam treiben sie Sport, spielen Theater, bilden Chöre und machen Fahrten durch die DDR und andere kommunistische Länder. Wer sich im Sport auszeichnet, wird in ein besonderes Trainingslager geschickt. Der Staat bezahlt das Training. Das ist ein Grund, weswegen DDR-Sportler bei internationalen Wettbewerben besonders gute Leistungen bringen.

Urlaub

Wenn DDR-Bürger in Urlaub fahren, bezahlt der Staat. Viele Betriebe haben ihre eigenen Ferienheime. Beliebte Ferienorte sind die Städte und Dörfer an der Elbe, die Ostsee, und der Thüringer Wald. DDR-Bürger dürfen aber nur in eine Richtung fahren – Richtung Osten. Sie dürfen erst im Rentenalter ihre Verwandten in der BRD besuchen. Mit einer Reisegesellschaft können sie aber in andere kommunistische Länder fahren.

Lebensstandard

In der DDR werden Waschmaschinen, Autos, Stereoanlagen, und sogar Kaffee und Schokolade noch als Luxusartikel angesehen und sie kosten viel Geld. Güter, die absolut notwendig sind, zum Beispiel Kartoffeln, Milch und Brot sind extrem billig. Außerdem steigen Mietpreise seit Jahren nicht mehr – sie betragen 3%–5% des Familieneinkommens.

Tourismus

Mit einer Reisegesellschaft kann man ohne Schwierigkeiten die DDR besuchen. Dort gibt es viele schöne, historische Städte zu sehen. In den letzten Jahren hat man sie wieder aufgebaut und restauriert. Der Zwinger in Dresden ist bestimmt eine Reise wert. Weimar, Leipzig und Erfurt, wo bekannte Deutsche wie Goethe, Bach, und Martin Luther gelebt und gewirkt haben, sind besonders sehenswert.

join

excells

competitions

rents
come to *family income*

restored

Dresden – Der Zwinger

Sieh dir Seite 9, Übung 4 an!

STUDENT B

Cornelia	
6.00	
6.15	aufstehen
6.20	
6.30	sich anziehen
6.45–7.00	
7.15	das Haus verlassen
7.20	
7.30–7.55	mit dem nächsten Bus zur Stadtmitte fahren
8.00	
8.05	mit Verspätung in der Schule ankommen

Volker	
14.00	
14.30	zu Hause ankommen
15.00	
15.15–16.00	Hausaufgaben machen
16.05	
16.30	zur Freundin fahren
17.00–18.00	
18.00–19.00	spazieren gehen
19.15	
20.00–22.00	Western im Fernsehen
22.30	
23.00	zu Hause ankommen
23.15	

Sieh dir Seite 11, Übung 3 an!

B
Gerd Braun – die Wahrheit

Alter:	23
Geburtstag:	12. Oktober
Adresse:	Mondstraße 66
Telefonnummer:	06872-86 16 12
Größe	1,89m
Figur:	schlank
Gewicht:	72kg
Gesicht:	lang, schmal, schmaler Mund, dicker, schwarzer Bart
Familie:	1 Bruder, 1 Schwester
Beruf:	Maurer
Hobbys:	Fußball, Kegeln

Sieh dir Seite 30, Übung 2 an!

Schüler/Schülerin B   Personalien

– Schweiz
– geboren: Essen
– 1978 umgezogen, Vater bekam neue Stelle bei Siemens
– Familie: Mutter, Vater, ältere Schwester
– Beruf: Koch/Köchin in Ausbildung

Sieh dir Übung 2, Seite 64 an!

Die Lösung:

a. Krebs
b. Wassermann
c. Skorpion
d. Jungfrau
e. Widder
f. Waage
g. Zwillinge
h. Fische
i. Löwe
j. Schütze
k. Stier
l. Steinbock

Sieh dir Seite 93, Übung 3 an! Fluginformationen:

Linienflugverkehr
Horaires Lignes Régulières
Scheduled Traffic

Abflug – Departure – Départ

Nach	Flug-Nr.		Ab	An	Tage
Berlin	IO	460	07.40	09.30	Mo-Sa
	IO	462	17.05	18.55	Mo-Fr/So
Düsseldorf	DW	010	07.00	08.00	Mo-Fr
	DW	016	18.20	19.30	Mo-Fr
Frankfurt	DW	130	07.10	08.00	Mo-Sa
	DW	134	10.40	11.35	Mo-Fr
	DW	136	15.10	16.05	Mo-Fr
	DW	138	18.30	19.20	Mo-Fr
München	IX	402	09.30	10.40	Mo/Mi/Fr
	IX	404	19.10	20.20	Mo/Mi/Fr
Nürnberg	NS	006	16.15	17.15	Mo-Fr
	NS	211	9.10	10.10	Sa/So

Sieh dir Seite 93, Übung 4 an! Reiseinformationen:

	ab	Zug	an	Bemerkungen
Saarbrücken – Berlin	12.56	D 257	22.32	Ⓤ Frankfurt ✕
	19.23	E 2257	06.21	ⓉⓊ Frankfurt ▭▭
Saarbrücken – Düsseldorf	9.41	E 3146	14.25	Ⓤ Mannheim ⬛
	11.09	E 2153	15.25	ⓉⓊ Koblenz ⬛
	13.15	E 2155	17.25	Ⓤ Koblenz ⬛
Saarbrücken – Frankfurt	9.41	E 3146	12.17	Ⓤ Mannheim ⬛
	12.56	D 257	15.08	Ⓣ über Mannheim
Saarbrücken – München	12.56	D 257	18.10	ⓉⓊ Mannheim ⬛
	15.35	D 861	21.13	ⓉⓊ Mannheim ⬛
Saarbrücken – Nürnberg	7.52	D 951	12.56	ⓉⓊ Mannheim Ⓤ Frankfurt a.M.
	11.20	E 3109	16.56	Ⓤ Würzburg

Sieh dir Seite 94, Übung 5 an!

Alternative Flugzeiten:

Reiseziel	Flugnummern	Flugzeiten
London	LH 202 LH 161 LH 411	08.40 10.20 13.50
Edinburgh	BA 424 BA 002 BA 412	10.14 15.30 19.20
Frankfurt	DW 114 DW 402 DW 761	06.33 09.33 12.19
Nürnberg	NS 010 NS 136 NS 161	12.40 15.16 20.14
Berlin	SA 552 SA 141 SA 632	17.05 18.30 22.50
Düsseldorf	LH 042 LH 071 LH 493	10.30 12.15 16.05

Sieh dir Seite 129, Übung 4 an!

Schüler/Schülerin B

nach	ab	an	Gleis
1. München	06.40	08.23	4
2. Augsburg	09.15	11.51	8
3. Rosenheim	10.41	13.07	2
4. Mühldorf	14.19	17.29	5

Reiseinformationen. Sieh dir Seite 137, Übung 2 an!

Tag	Reiseziel	ab	Preis		Rückkehr
			inklusive Essen (1 = eine Mahlzeit) (2 = zwei Mahlzeiten)	ohne Essen	
Montag	Salzburg Alpachtal Wilden Kaiser	8.30 7.00 8.45	48.- (1) 69.- (2) 54.- (1)	22.- 36.- 25.-	19.30 19.00 19.00
Dienstag	Berchtesgaden Kaprun Reit im Winkl	9.00 7.15 8.00	53.- (1) 58.- (1) 53.- (1)	26.- 34.- 24.-	19.30 18.00 19.30
Mittwoch	Großglockner München Tegernsee	7.30 11.00 9.00	 37.- (1)	44.- 19.- 22.-	20.00 17.00 17.00
Donnerstag	Große Tirolrundfahrt Chiemsee Venedig	10.00 11.00 6.00	40.- (1) 38.- (1) 129.- (2)	24.- 18.- 86.-	17.30 17.00 23.30
Freitag	Meran Salzkammergut Griesener Alm	6.00 9.30 9.00	99.- (2) 48.- (1) 	57.- 32.- 35.-	21.30 19.00 18.00
Samstag	Aschau Bergen Maria Eck	9.00 11.30 9.00	 54.- (1)	36.- 20.- 36.-	17.00 16.30 17.30

Texte zum Lesen und zum Übersetzen

Ein verpaßtes Treffen

Klaus wartete schon seit 15 Minuten. Es war bereits 19.00 Uhr. Er saß an einem Ecktisch gegenüber der Tür und trank ein Glas Bier. Die Bar ‚Zur Möwe' war klein und leer. Es gab nur für ungefähr zwanzig Leute Platz. Zu dem Zeitpunkt war Klaus der einzige Kunde. Eigentlich waren nie viele Leute in der Bar und er fragte sich, ob sie sich überhaupt rentieren würde.

Es verging eine weitere Viertelstunde. Nachdem Klaus sein Bier getrunken hatte, bestellte er sich ein Neues. Dann nahm er eine Zeitung von der Theke und begann zu lesen.

Er hörte das Telefon klingeln, dann lehnte sich der Wirt über die Theke und fragte, ob er Herr Volkmar sei.

„Ja. Das bin ich."

„Ein Telefongespräch für Sie."

Klaus nahm den Hörer. Es war Monika. Sie sagte, sie könne jetzt leider nicht in die Bar kommen, um ihn zu treffen. Ihr Vater habe angerufen. Er sei wieder krank und sie würde den Abend bei ihm verbringen müssen. Sie wollte wissen, ob Klaus sie morgen zur selben Zeit treffen könnte. Er sagte, das gehe und er würde sofort nach der Arbeit in die Bar kommen.

Nachdem er den Hörer zurückgelegt hatte, saß er eine Weile da und überlegte, was er mit dem Abend machen könnte. Er wollte nicht in seine Wohnung zurückgehen, die jetzt kalt und leer sein würde. Schließlich stand er auf und rief Gerold an. Vielleicht hätte er Lust, etwas zu unternehmen.

Georg Himmelweit

Georg Himmelweit war 58 Jahre alt, als es geschah. Er wohnte in einem ärmeren Stadtteil, und das Haus, in dem er eine Wohnung hatte, war alt und in schlechtem Zustand. Er hatte schon immer in dieser Gegend gewohnt und war bekannt als freundlicher, anspruchsloser Junggeselle, der gern für sich blieb.

Er war Schichtarbeiter in einer Fabrik im Randgebiet der Stadt.

Nachdem er an einem späten Novemberabend auf seinem Heimweg von der Bushaltestelle eine Bar besucht hatte, wurde er vermutlich von zwei Personen angegriffen. Er wurde arg zusammengeschlagen, und seine Brieftasche wurde gestohlen. Es war eine dunkle Nacht, der Himmel war mit Wolken bedeckt und es nieselte. Da es keine Zeugen des eigentlichen Überfalls gab, war die Untersuchung für die Polizei ziemlich schwierig. Die Leute, die in der Nähe wohnten, wurden befragt und ein Aufruf der Polizei in der Zeitung enthielt einige Informationen.

Einige Leute, die direkt in der Straße wohnten, in der der Überfall stattgefunden hatte, sagten aus, sie hätten Schreie gehört, aber Rufe und sonstige Geräusche seien in diesem Bezirk so alltäglich, daß sie die Schreie für nichts Außergewöhnliches hielten. Eine Person, die zu dem Zeitpunkt in der Nähe war, sagte, sie sei beinahe von zwei Männern, die in Richtung U-Bahnstation hasteten, umgerannt worden. Wegen des Wetters und der Dunkelheit fiel es ihr jedoch schwer, eine genaue Beschreibung zu geben.

Das einzige, was sie sagen konnte, war, daß der eine Mann groß war und der andere von mittlerer Statur.

Innerhalb kurzer Zeit wurde aus der

Untersuchung jedoch eine Mörderjagd. Zwei Wochen nach dem Überfall starb Georg Himmelweit an den Gehirnverletzungen, die ihm zugefügt worden waren.

Einhändig um die Welt

Schon viele Leute segelten rund um die Welt, und das erste Mal schaffte man es vor ungefähr 500 Jahren. Der erste Mann jedoch, der einhändig um die Welt segelte, war Joshua Slocum, der Sohn eines amerikanischen Bauern. Als Kind war er von zu hause weggelaufen, weil er dafür bestraft werden sollte, daß er die Zeit, in der er auf dem Bauernhof hätte mitarbeiten sollen, mit Modellbootbauen verschwendete.

Mit der Zeit wurde er ein Seemann und bald ein erfolgreicher Kapitän. Im Jahre 1895 startete er dann in der ,Spray', einem Segelboot, das er selbst gebaut hatte, von der Ostküste der Vereinigten Staaten zu einer einhändigen Seereise um die Welt.

Er erlebte viele Abenteuer und überlebte viele Gefahren – Stürme, Schiffbruch und sogar Angriffe. Die ganze Reise dauerte ungefähr drei Jahre.

Danach lebte er eine Zeitlang an der Ostküste der Vereinigten Staaten. Jeden Winter segelte er mit der ,Spray' in wärmere Gegenden, zum Beispiel zu den Westindischen Inseln. Er gab jedoch nie den Gedanken an lange Seereisen ganz auf und im Jahre 1909, als er 65 Jahre alt war, rüstete er die ,Spray' für eine lange Seereise aus. In seinem Segelboot machte er sich zum Südatlantik auf und war nie wieder gesehen. Was geschah, weiß niemand.

Notlandung

Die K647 hatte einen kranken Mann an Bord. Er hatte anderthalb Stunden von München entfernt einen Herzinfarkt erlitten. Um 14.00 Uhr sollte die Maschine in München landen. Die Besatzung hatte medizinische Anweisungen über Funk erhalten und tat nun alles, was sie für den in Lebensgefahr schwebenden Mann tun konnte.

Die Wetterbedingungen in München waren jedoch so schlecht, daß es nicht möglich war zu landen. Das Wetter war nun schon seit mehreren Tagen schlecht, so daß schließlich um 13.30 Uhr,

als das Flugzeug schon über Österreich flog, die Entscheidung getroffen wurde, den Flughafen sofort zu schließen. Denn das Wetter hat sich ernsthaft verschlechtert und dichter Nebel und Eis machten eine Landung gänzlich unmöglich. Die K647 wurde nach Frankfurt umgeleitet.

Frankfurt war auch von dem schlechten Wetter betroffen. Die Wettersituation war die schlimmste, die man je erlebt hatte, und auch hier verschlechterte sich die Lage noch ständig. Als die K647 sich dem Flughafen näherte, waren auch dort die zuständigen Stellen dabei, wegen des Nebels eine Schließung zu erwägen. Da aber die K647 eine kranke Person an Bord hatte, entschloß man sich, sie landen zu lassen. Der Pilot würde allerdings in Blindflug landen müssen. Sämtliche Notfalldienste waren in Bereitschaft.

Eine Nacht in den Bergen

Ueli war ein erfahrener Skifahrer. Er fuhr sehr gern Ski und kannte sich mit den Wetterzeichen in den Bergen gut aus. So glaubte er jedenfalls. Schließlich kam er ja jedes Jahr in seinen Ferien über Neujahr für vierzehn Tage hierher zu seinen Großeltern.

Dieses Jahr war er 18 geworden und hatte zu Weihnachten tolle, neue Skier bekommen, die er nun unbedingt ausprobieren wollte. Er plante also eine große Tour von dem Haus seiner Großeltern zu einem Dorf einige Kilometer entfernt. Seine Großeltern würden eine Busfahrt dorthin machen und ihn dort zum Mittagessen im ,Alpenrosen Stübli' treffen. Ueli hatte dort auch noch Freunde.

Alles lief wie geplant. Mit Hilfe seiner Landkarte fand er den Weg ganz leicht und kam kurz nach seinen Großeltern an. Er war natürlich sehr hungrig und sein spätes Mittagessen schmeckte ihm prima. Niemand hatte es nach dem Essen besonders eilig.

Ueli wußte jedoch, er dürfte es nicht zu spät werden lassen, da seine Spur zurück nach Hause durch einige ziemlich steile Passagen führte und um drei Uhr war er auf seinem Weg. Als er ungefähr die Hälfte des Weges zurückgelegt hatte, zogen sich dunkle Wolken über den Bergen zusammen, und ein heftiger Schneesturm begann. Zum ersten Mal war er vom Wetter überrascht worden. Es gab nur eins: er mußte so schnell wie möglich einen Unterschlupf finden, wo er die Nacht verbringen konnte. Er schaute auf seine Landkarte. Es gab eine Hütte nur 500 Meter entfernt und er machte sich direkt auf den Weg dorthin.

Eine Tour durch England

Reinhard und Heidrun machten eine Tour durch England. Sie trampten oder fuhren mit öffentlichen Verkehrsmitteln und manchmal liehen sie Fahrräder, um eine Radtour in eine Gegend zu machen, die sie besonders interessierte. Es war Freitag, und sie beschlossen für ein paar Tage Fahrräder zu leihen und sich die Gegend um Harrogate anzuschauen. Alles begann bestens und das Wetter war anfangs auch gut, aber um die Mittagszeit fing es an zu regnen. Sie beschlossen zurück in die Stadt zu fahren und dort etwas zu unternehmen. Es machte keinen Spaß im Regen radzufahren.

Es hatte eine ganze Zeitlang nicht geregnet und aus diesem Grund waren die Straßen jetzt ziemlich rutschig. Das war es dann auch, was den Unfall verursachte. Sie fuhren gerade über einen Fußgängerüberweg mit einer Ampel, als ein älterer Mann versuchte, über die Straße zu rennen. Heidrun versuchte anzuhalten, aber ihre Bremsen waren naß und griffen nicht. In dieser gefährlichen Situation reagierte sie, als wäre sie in Deutschland und wich auf die Seite des entgegenkommenden Verkehrs aus. Ein Auto streifte sie und verletzte sie ziemlich stark am Arm. Ihr Rad war kaputt. Leute halfen ihr in ein Café, wo sie auf einen Krankenwagen wartete. Die Polizei wollte natürlich auch eine Aussage. Als sie im Krankenhaus war, sagte man ihr, daß ihr Arm nur verrenkt sei. Es sei nicht schlimm, aber sie würde einige Wochen lang einen Gips tragen müssen. Das komplizierte nun wirklich die ganze Angelegenheit. Wie sollte sie jetzt mit ihrem Rucksack weiterreisen?

Es sah so aus, als ob Heidrun und Reinhard ihre Pläne ändern müßten.

Schriftliche Übungen

Kapitel I

1. Sieh dir Seite 5 an! Beantworte folgende Fragen!
Vorsicht! Bei einigen Antworten verwende das Imperfekt!

a. Wie oft in der Woche geht Günther Maurer zur Berufsschule?
b. Was will er beruflich werden?
c. Wie verbringt er eine typische Woche?
d. Was machte er am Freitag kurz nach 6.00 Uhr?
e. Was machte er, bevor er Kaffee trank?
f. Warum nahm er kein richtiges Frühstück ein?
g. Wo befindet sich die Berufsschule?
h. Was machte er gestern um 13.30 Uhr?
i. Was machte er nach dem Abendessen?
j. Was machte er gegen ein Uhr?

2. Wortfolge
Verbinde folgende Sätze!

a. Bevor

Zum Beispiel:
Er las in einem Buch. Er ging ins Bett.
Bevor er ins Bett ging, las er in einem Buch.

(i) Sie sah sich die Nachrichten an. Sie rief ihren Freund an.
(ii) Sie nahm einen Kaffee ein. Sie verließ das Haus.
(iii) Er holte seine Freundin ab. Er fuhr ins Konzert.
(iv) Sie mähte den Rasen. Sie duschte sich.
(v) Er trank noch einen Kaffee. Er stieg aus dem Zug aus.

b. Während

Zum Beispiel:
Er sprach mit dem Wirt. Er schrieb seine Adresse ab.
Während er mit dem Wirt sprach, schrieb er seine Adresse ab.

(i) Er fuhr zur Arbeit. Er dachte an seinen kommenden Urlaub.
(ii) Sie wisch ab. Sie sang polnische Lieder.
(iii) Sie machte ihre Hausaufgaben. Sie sah fern.
(iv) Er wartete auf den Arzt. Er las eine Zeitschrift.
(v) Sie reparierte den Wagen. Ihr Mann bereitete das Mittagessen vor.

c. *Translate into English three of your sentences from each of the sections* a. *and* b. *above.*

3. Schreib einen zusammenhängenden Text und verwende dabei folgende Wörter!

während   dann   endlich   zuerst
nachher   dort

Ich packte meinen Koffer ein.
Ich rief die Taxifirma an.
Ich wartete.
Ich las die Zeitung.
Der Taxi kam an, und ich fuhr zum Bahnhof.
Ich mußte lange Schlange stehen.
Ich besorgte mir eine Fahrkarte.
Ich trank ein Bier, da ich etwas Zeit hatte.
Um 13.00 Uhr verließ mein Zug den Bahnhof.

4. Der Superlativ

Zum Beispiel:
Die Reise nach Moskau dauert 10 Stunden.
Die Reise nach Madrid dauert fünf Stunden.
Die Reise nach Bombay dauert 19 Stunden.

Die Reise nach Bombay dauert am längsten.

a. In Rom ist es 28 Grad.
In London ist es 21 Grad.
In Mallorca ist es 25 Grad.

b. Der Zug aus Dortmund kam um 13.00 Uhr an.
Der Zug aus Koblenz kam um 13.45 Uhr an.
Der Zug aus Duisburg kam um 12.00 Uhr an.

c. Bei Karstadt kann man sich ein T-Shirt zu 18.-DM kaufen.
Bei Braun kann man sich ein T-Shirt zu 15.-DM kaufen.
Bei PT kann man sich ein T-Shirt zu 17.-DM kaufen.

d. Die Temperatur ist in Warschau bei 2 Grad.
Die Temperatur ist in Berlin bei 1 Grad.
Die Temperatur ist in Paris bei 6 Grad.

Zur Auswahl:
lang	kurz
warm	kalt
niedrig	hoch
billig	teuer
spät	früh

5. ‚Nachdem‘ mit dem Plusquamperfekt
Verbinde folgende Sätze! Verwende die richtige Zeitform des Verbs!
Vorsicht! **sein** oder **haben**?

Zum Beispiel:
Nach Hause fahren. Den ganzen Abend durch arbeiten.
Nachdem sie nach Hause gefahren war, arbeitete sie den ganzen Abend durch.

a. Mit dem Hund spazieren gehen. Ins Bett gehen.
b. Im Jugendklub ankommen. Tischtennis spielen.
c. Seine Freundin anrufen. Sie abholen.
d. Seine Hausaufgaben machen. Zum Training gehen.
e. Wagen reparieren. Ihn verkaufen.

Jetzt übersetze drei deiner Sätze!

6. Trennbare Verben
Wähle dir das passende Verb aus und verwende die richtige Form bei folgenden Sätzen!

a. Er mußte um 18.00 Uhr in Bremen . . . .
b. Der Zug ist mit 10 Minuten Verspätung . . . .
c. Sie hatte den ganzen Abend durch im Wohnzimmer gesessen und . . . .
d. Können Sie mir bitte sagen, wo ich . . . sollte? Am Rathaus oder am Bahnhof?
e. Er möchte zu Fuß gehen. Wir aber werden . . . .
f. Es ist ganz erstaunlich, wie früh sie . . . . Jeden Tag um 5.00 Uhr!
g. Hast du den Brief schon . . . , Dagmar?
h. Könnt ihr bitte die Hefte . . . ?

Zur Auswahl:
ankommen
fernsehen
einwerfen
aussteigen
radfahren
aufstehen
umsteigen
zumachen

7. Das Imperfekt
The following text is part of a statement given to the police. When you have read it, write a report of what the person told the police.

Zum Beispiel:
Er fuhr in die Stadt und . . . .

„Ich bin in die Stadt gefahren und, wie immer, am Schloß ausgestiegen.“
  „Ja. Und dann?“
„Dann bin ich direkt zur Disco gegangen.“
  „Sie haben unterwegs nichts Ungewöhnliches gesehen?“
„Doch. Die zwei Leute haben einen Taxi gerufen. Als sie einsteigen wollten, ist ein dritter Mensch auf sie zugekommen. Er hat etwas gesagt, und dann sind sie sehr schnell davongelaufen.“

8. Schreib eine Antwort an Inge!
Du hast diese Postkarte bekommen.

Your plans for the summer holidays are:
- *month's travel in Europe – France, Germany and Switzerland – with a friend;*
- *could call in at Marburg to see Inge about 10th. August. Will she be there? Can your friend stay too?*
- *last Easter you were in France at penfriend's practice for 16 + exam went out a lot learnt quite a lot of French exams in four weeks now;*
- *family well send best wishes.*

9. Gib die Imperfekt- und Perfektformen der folgenden Verben!

a. beginnen
b. fahren
c. halten
d. rufen
e. sprechen

Kapitel 2
ERSTER TEIL (Seite 12)

1. Bilde Sätze!

Man	kauft	Geld	Buchhandlung
	bekommt	Fahrkarten	Café
	wechselt	Getränke	Verkehrsbüro
	reserviert	eine Auskunft	Wurstbude
		Briefmarken	Post
		einen Schaschlik	Bank
		eine Landkarte	Metzgerei
		einen Platz	Bahnhof
		Torten	Konditorei
		Fleisch	

2. Vervollständige folgende Sätze, indem du ‚während' verwendest!

Zum Beispiel:
Schuhe putzen. Mutter Butterbrote vorbereiten.
Während ich meine Schuhe putzte, bereitete meine Mutter meine Butterbrote vor.

a. Hausaufgaben schreiben. Telefon klingeln.
b. Radio zuhören. Freundin anrufen.
c. Mit dem Hund spazieren gehen. Zu regnen anfangen.
d. Im Zug nach Worms sein. Portemonnaie verlieren.
e. Fahrradtour machen. Unfall haben.

3. Präpositionen
Akkusativ oder Dativ?

a. **in** + Akkusativ oder Dativ
   (i) Heute abend gibt es eine Disco …
       Jugendklub.
   (ii) „Wohin fährst du?"
        „… Stadt."
   (iii) Manfred ist … Wohnzimmer und
        Sonia ist … Küche.
   (iv) Lebensmittel befinden sich …
        Untergeschoß.

b. **auf** + Akkusativ oder Dativ
   (i) „Stell die Flasche dorthin … Tisch,
       bitte."
   (ii) „Wohin kommen die Tassen?"
        „… Regal."
   (iii) „Wo wohnst du?"
         „Dort drüben, … Berg."
   (iv) Martin stand … Bahnsteig und
        wartete … Zug.

c. **an** + Akkusativ oder Dativ
   (i) „Wo ist mein Mantel?"
       „Er hängt dort … Wand."
   (ii) Sie schrieb … Herbergsvater.
   (iii) „Sie können entweder … Bahnhof
         oder … Brücke aussteigen," sagte der
         Busfahrer.
   (iv) Um die Schule zu erreichen, geht man
        … Post vorbei.

4. Adjektivendungen

a. Wo haben sich folgende Leute verletzt?

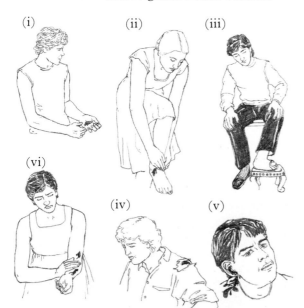
(i) (ii) (iii)
(vi) (iv) (v)

b. *Using the nouns which are given beneath each
picture describe the people shown below,
adding adjectives of colour, shape, size, etc.*

(i)

Inge: Tochter, Hund, Kleid, Hut, Tasche.

(ii)

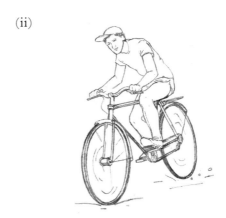

Franz: Rad, T-Shirt, Mütze, Short.

(iii)　　　　　　　　　(iv)

Klaus:　　　　　　　Helga:
Schwester, Pullover　Bruder, Bluse
Schuhe　　　　　　　Rock, Stiefel

5. Vervollständige folgende Sätze mit der richtigen Form von ‚dieser'!

a. Nominativ und Akkusativ
 (i) ... Haus ist zu klein.
 (ii) ... Hose kostet 84.-DM.
 (iii) Hast du ... Film gesehen?
 (iv) Sie wollten ... Wagen kaufen, aber sie hatten zu wenig Geld.
 (v) ... Buch gehört mir.
 (vi) ... Sommer fahren wir in die Schweiz.
 (vii) ... Mädchen hier bekommen je 40.-DM und die anderen bekommen ein bißchen mehr.
 (viii) ... Hund ist schon acht Jahre alt. Der kleinere aber ist etwas jünger.

b. Akkusativ und Dativ
 (i) Mit ... alten Wagen wird er nicht sehr weit kommen.
 (ii) Hast du ... Bild hier in der Zeitung gesehen?
 (iii) Bei ... Wetter kann man nur schwimmen gehen.
 (iv) Bitte lassen Sie die Schuhe draußen, wenn Sie in ... Zimmer kommen.
 (v) In ... Stadt haben wir bis 9,5% Arbeitslosigkeit.
 (vi) In ... Raum darf man nicht rauchen.
 (vii) Guck mal her! Sieh mal ... Topf an! Er ist sehr preiswert.
 (viii) Mit ... Zug kommen Sie um 12.25 Uhr in Düsseldorf an.

6. Personalpronomen
Ersetze durch den passenden Pronomen das unterschriebene Wort!

a. Akkusativ
 (i) Gestern sah ich Karl.
 (ii) Wer kann Tobias abholen?
 (iii) Hast du die Bücher geholt?
 (iv) Sie haben Horst und mich eingeladen.
 (v) Er hat Gustav schon angerufen.
 (vi) Er leerte die Tasse Tee mit einem Schluck.
 (vii) Lotte sagte, daß sie Barbara gestern gesehen hatte.
 (viii) Kannst du mir diesen Lappen reichen, bitte?

b. Dativ
 (i) Sie fuhren mit Florian und seiner Schwester in Urlaub.
 (ii) Sie wollte mit Reinhart sprechen.
 (iii) Ich habe dir und Jürgen schon gesagt, daß ich nicht mitkommen kann.
 (iv) Der Polizist stand vor dem Mann und fragte ihn, was er machte.
 (v) Zum Geburtstag schenkt er seiner Schwester Tonis letzte Kassette.
 (vi) Der Mechaniker half der Frau bei der Reparatur.
 (vii) Schon am Anfang der Woche war es Ursula klar, daß sie zu wenig Zeit hatte.
 (viii) Sie gab ihrem Bruder den Kuli.

ersetzen (wk) *to replace*

7. Zwei Pronomen in einem Satz

a. Beantworte folgende Fragen!

Zum Beispiel:

Was hat Inge mit dem Buch gemacht?

Sie hat es mir gegeben.

(i)

Was hat Horst mit dem Füller gemacht?

(geben)

(ii)

Was hat der Erich mit dem Ball gemacht?

(werfen)

(iii)

Was hat Barbara mit den Filzstiften gemacht?

(verkaufen)

(iv)

(v)

b. *Now write out the rule for the word order of two pronouns occurring in the same sentence.*

8. Gib die Imperfekt- und Perfektformen der folgenden Verben!

a. beißen
b. fallen
c. heißen
d. scheinen
e. springen

ZWEITER TEIL (Seite 15)

1. Beantworte folgende Fragen!

a. Sieh dir Seiten 15–17 an!
  (i) Wohin gingen Dieter und Manuela am Freitag?
  (ii) Warum?
  (iii) Warum nahmen sie den Bus nicht?
  (iv) Welche Kleidungsstücke wollten sie sich kaufen?
  (v) Warum kauften sie nichts in der Boutique?

b. In der Damenabteilung
  (i) Warum kaufte Manuela den ersten Pullover nicht?
  (ii) Warum freute sich Manuela, daß sie nur 70.-DM für den Pullover ausgegeben hatte?

c. Im Sportgeschäft
  (i) Warum gingen sie zu diesem Sportgeschäft?
  (ii) Warum kaufte sie nicht die Schuhe, die sie anprobierte?

2. Pronomen im Dativ
Vervollständige folgende Sätze!

a. Ich muß hier aufräumen. Kannst du ... bitte helfen?
b. Ich finde deinen Rock ganz schön. Er paßt ... gut.
c. Karl! Eva! Wie war der Film? Hat er ... gefallen?
d. Inge, welches Fach gefällt ... am besten?
e. Frau Mayer! Wir wünschen ... einen sehr schönen Tag.
f. „Sabine. Kannst du Vati in der Küche helfen?"
   „Ach. Ich habe ... schon bei der Vorbereitung geholfen."
g. Ich weiß nicht, ob ich es kaufen soll. Gefällt es ... , Sonia?
h. Marlene lächelte die ganze Zeit. Es war ganz klar, daß die Sendung ... gefiel.
i. Der Kranke kam aus der Klinik. Die Krankenschwestern halfen ... in den Krankenwagen einzusteigen.
j. „Kann ich ... helfen, Herr Norbert?"
   „Danke. Es geht. Meine Frau hat aber einen sehr schweren Koffer. Vielleicht könnten Sie ... helfen."

3. Schreib Sätze, die zeigen, was folgende Leute wissen wollen, indem du ‚ob' verwendest!

Zum Beispiel:

Er will wissen, ob Claudia schon angerufen hat.

a.

b.

c.

Fährt der Bus um 9.00 Uhr oder um 10.00 Uhr?

d.

Sind die blauen Turnschuhe billiger als die grünen?

e.

Kannst du mir beim Einkaufen helfen, Horst?

f.

Treffen wir uns um 10.00 Uhr oder um 11.00 Uhr?

g.

Hast du die Zeitung von heute gelesen, Karin?

h.

Kinder! Habt ihr eure Zimmer aufgeräumt?

i.

Heidrun, gehst du morgen in die Schule oder bleibst du zu Hause?

j.

Hast du das T-Shirt gebügelt, Karla? Es liegt dort auf dem Stuhl.

4. Vervollständige folgende Texte, indem du das jeweils passende Pronomen verwendest!

a. Karin rief ihren Freund Erich an und dann fuhr mit … in die Stadt. Sie hatte Geburtstag und Erich wollte ein Geschenk für … kaufen. Er fragte … , was sie am liebsten haben würde.

„Also, wenn du … wirklich ein Geschenk geben willst, kannst du … einen neuen Schal kaufen."

„OK. Ich gehe mal alleine suchen. Wir treffen … dann um drei in dem Café Schubert."

„Und was mache ich denn in der Zwischenzeit?"

„Oh. Du kannst … etwas kaufen. Ich habe auch in drei Monaten Geburtstag!"

b. Michael hat Sonia eben angerufen und sich mit … verabredet. Jetzt spricht er mit seinem Bruder.

„Hast du … angerufen?" fragte sein Bruder.

„Ja. Wir treffen … um 8.00 Uhr."

„Was macht ihr?"

„Weiß nicht. Möchtest du mit … kommen?"

„Vielleicht. Kommt darauf an, was zu machen ist. Was will Sonia machen? Hat sie … einen Vorschlag am Telefon gemacht?"

„Nein. Vielleicht gehe ich mit … tanzen."

„Dann komme ich sicher nicht."

c. Heinz und Karl sprechen von Wolf, der vor einigen Wochen einen Unfall hatte.

„Ich habe … gestern gesehen."

„Wo?"

„Im Betrieb. Der Geschäftsführer sprach eben mit … "

„Hat er … gesehen?"

„Ja. Er sah … an. Er hat … aber nichts gesagt."

„Zur Zeit muß es ganz schwer für … sein. Fünf Wochen schon. Wann fängt er wieder an?"

„Weiß nicht. Soweit ich weiß, hat der Arzt … nichts gesagt."

5. Setze ins Imperfekt!

Manfred (bringen) das Rad ins Haus. Er (wollen) es reparieren. Er (sein) ziemlich unzufrieden. Er (müssen) vor 19.00 Uhr damit fertig sein, da er zum Training gehen (wollen). Er (machen) sich Platz in der Küche und (anfangen). Dann (sehen) er, daß er keinen Schraubenzieher (haben). Wo (sein) er? Manfred (laufen) aus der Küche hinaus, um

ihn zu suchen. Als die Tür hinter ihn
(schließen), (hören) er das Fahrrad umfallen.
Alles (scheinen) schiefzugehen.

6. Schreib Aufsätze!

der Aufsatz (̈-e)   *composition, essay*

a. Gabi
   letzten Montag

6.00	aufstehen
	sich duschen
6.20	Frühstück mit Vater
	sich die Zähne bürsten
6.50	Haus verlassen
	Bus → Schule
7.45	Ankunft
	Hausaufgaben durchchecken
8.00–13.00	Schule
	Deutschstunde sehr gut
	Religion sehr langweilig
13.15	nach Hause
	Mittagessen mit Mutter
14.30–15.30	schlafen
15.30	Hausaufgaben
17.00	sich mit Freunden im Café treffen
abends	zu Hause bleiben
	fernsehen
	lesen auf eigenem Zimmer
22.30	ins Bett

b. Jochem
   vorigen Samstag

8.30	aufstehen
	frühstücken mit Schwester
	Zeitung lesen
	zum Training gehen, bzw. fahren (wie ?)
12.00	mit Familie Ausflug machen (wie ?)
	Butterbrote mitnehmen
	Wanderung in den Bergen
	Abendessen in einem Café (wo?)
20.00	nach Hause – alle müde
	fernsehen, Karten spielen
22.30	ins Bett
	lesen, einschlafen

7. Präpositionen

a. Vervollständige folgenden Text!
   Verwende die Kurzform wenn nötig!

   Zum Beispiel:
   in das → ins

Klara wohnt . . . einem kleinen Haus . . .
dem Lande nicht sehr weit . . . einem Dorf
entfernt. Ihr Haus liegt . . . einer Höhe und
. . . ihrem Schlafzimmer hinaus hat man
einen sehr schönen Blick . . . dem Süden.
. . . ihre Eltern ist die Lage des Hauses
sehr praktisch. Sie sind beide berufstätig
und das Haus liegt nur fünf Kilometer . . .
der Autobahn entfernt. Der Nachteil . . .
Klara ist, daß man eine gute halbe Stunde
braucht, um . . . das Dorf zu kommen,
wenn man . . . Fuß geht, und . . . Zeit ist
ihr Fahrrad kaputt. Trotzdem wohnt sie
lieber hier . . . des Dorfes als . . . einer
Stadt.

b. *Write down as many prepositions as you can
remember which take the accusative only or
the dative only.*

8. Der bestimmte Artikel
Vervollständige folgende Sätze, indem du die Genitiv- oder Dativform des bestimmten Artikels benutzt!
Verwendet die Kurzform wenn nötig!

a. Er stand mitten in . . . Zimmer und
   überlegte, was er mit . . . Hund machen
   sollte.
b. Sie wohnte außerhalb . . . Stadt an . . .
   nördlichen Seite nicht weit von . . . Fluß
   entfernt.
c. Sie stand an . . . Haltestelle, die . . .
   Rathaus gegenüber steht, und wartete auf
   ihren Freund.
d. Man darf nicht in . . . Aufenthaltsräumen
   essen – nur in . . . Speiseraum.
e. Vor . . . Abreise versteckte sie den Brief in
   . . . Schrank.
f. Sie fuhren zu . . . Campingplatz, der vor
   . . . Dorf lag.
g. Sie fragten nach . . . Namen . . . Besitzers.
h. Die Reifen . . . zwei Fahrräder waren
   kaputt.

9. Gib die Imperfekt- und Perfektformen der folgenden Verben!

a. bieten
b. fangen
c. helfen
d. schlagen
e. stehen

DRITTER TEIL (Seite 24)

1. Das Relativpronomen

a. Beschreib das Bild und die Leute auf folgende Weise!

Zum Beispiel:
Das Mädchen, das . . . , heißt Sonia.

b. Vervollständige folgende Sätze!
   (i) Der Mann, . . . sie begleitete, trug einen roten Anzug.
   (ii) Hast du die Karten gesehen, . . . ich auf den Tisch legte?
   (iii) Die Rechnung, . . . sie bezahlen mußte, war sehr groß.
   (iv) Hast du den Mantel gesehen, . . . sie gestern gekauft hat?
   (v) „Wo hast du getankt?"
       „An der Tankstelle, . . . vor dem Rathaus steht."

2. Wortfolge
Verbinde folgende Satzteile, indem du ‚weil' benutzt!

a. Er kommt nicht. Er hat keine Lust.
b. Sie bleibt zu Hause. Ihr ist schlecht.
c. Er kommt nicht. Er möchte seiner Mutter helfen.
d. Sie konnte ihre Hausaufgaben nicht machen. Sie hatte ihre Bücher in der Schule gelassen.
e. Er ging sich duschen. Er war eben 10 Kilometer gelaufen.

f. Morgen fährt er nach Köln. Er möchte dort die Firma M.K. besuchen.
g. Sie fahren dieses Jahr nicht in Urlaub. Ihre neue Wohnung hat ihnen sehr viel gekostet.
h. Nächstes Jahr will er nach Nigeria fahren. Seine Frau hat dort Verwandte.

3. Gestern machten Frau Pohl und Frau Simmer eine Geschäftsreise. Schreib einen Bericht über ihren Tag!

sich treffen – bei Frau Pohl   (Uhrzeit?)
Wagen → Bahnhof
Zug → Frankfurt
Taxi → Fabrik
lange Gespräche mit Geschäftsführer
   (Marketing und Werbung)
Mittagessen zusammen – Restaurant   (wo?)
noch mehr Gespräche
gegen 16.30 Uhr vom Geschäftsführer zum
   Bahnhof gefahren
im Zug weiter arbeiten – Pläne, usw.
   besprechen
19.30 Uhr zu Hause – müde, zufrieden

die Werbung   *advertising*

4. Wollen, können, müssen
Bilde Sätze!

Zum Beispiel:

Karl wollte Tennis spielen. Er konnte aber nicht, weil er seine Schwester vom Bahnhof abholen mußte.

Name	wollen	können	müssen
Inge	in Urlaub fahren	nicht	arbeiten
Heidrun	weiterfahren		Waschmaschine reparieren
Gabriele	am Samstag segeln gehen		Vater helfen
Karl	schwimmen gehen		Reifen umtauschen
Heinz	Schach spielen		Fußball spielen
Michael	den ganzen Tag lesen		einkaufen gehen
Sven	Ausflug machen		Zimmer anstreichen
Eva	zum Training gehen		Hausaufgaben machen
Kirsten			Tiere füttern
			Schwester krank sein

5. Pronomen im Dativ
Vervollständige folgende Sätze!

a. „Er hat einen Termin um 8.00 Uhr. Er sollte rechtzeitig kommen."
   „Soll ich . . . das sagen?"

b. Sieh mal her! Das ist mein neuer Anorak. Gefällt er . . . ?

c. Karl ging zum Arzt, weil es . . . sehr schlecht war.

d. Magda war bei ihren Großeltern. Sie half . . . beim Umzug.

e. Ja, das ist seine Freundin. Sie heißt Gabi. Er ist seit sechs Monaten mit . . . befreundet.

f. „Ist Christoph alleine gekommen oder mit Monika?"

„Ich weiß nicht. Ich bin nach . . . angekommen."

g. Wenn du die Claudia siehst, sag . . . bitte einen schönen Gruß von mir.

h. Für meine Eltern habe ich diese Pflanze gekauft. Ich werde sie . . . morgen schenken.

i. Guten Tag! Kann ich . . . helfen, bitte?

j. „Wie geht's . . . , Gudrun?"
   „Danke, gut."

6. Bilde acht Sätze!

Zum Beispiel:
Eva hat sich einen blauen Rock gekauft, wofür sie 80.-DM ausgegeben hat.

Heinz	braun	Anorak	10.-
Bettina	gelb	Mütze	20.-
Bernd	blau	Jacke	30.-
Eva	schwarz	Rock	35.-
Herr und Frau Reus	grau	Kleid	45.-
Herr und Frau Zwinger	rot	Mantel	60.-
Lutz und Gudrun	grün	Tisch	75.-
Tobias	alt	Wagen	90.-
	neu	Wohnwagen	120.-
	modern	Hund	2 000.-
	groß	Haus	10 000.-
	usw.		80 000.-
			100 000.-
			usw.

7. Lies den folgenden Brief, den du von deinem deutschen Freund bekommen hast!

wir freuen uns sehr auf Deinen Besuch. Endlich hat es geklappt! Kannst Du uns sagen, wann Du ankommst? Fährst Du mit der Bahn oder fliegst Du? Früher hast Du gesagt, daß Dein Bruder auch mitkommen und ein paar Tage bei uns verbringen würde. Hoffentlich geht das noch. Wir würden uns freuen, ihn noch einmal zu sehen.

Es geht uns allen gut. Nächstes Wochenende fahren wir in die Vogesen, um skizufahren - vielleicht das letzte Mal dieses Jahres, da der Winter hier zu Ende geht. Wie geht's Euch allen? Sag einen schönen Gruß an Deine Familie.

Dein Ingo

Schreib eine Antwort an Ingo!

Reisepläne: Bahn und Schiff über Calais
    12.4 bis 23.4
    Ankunft 13.30 Stuttgart
    Hauptbahnhof
Besuch deines Bruders: 19.4 bis 23.4
Deine Familie: Vater und Mutter:
    Verkehrsunfall gehabt
    Vater am Arm verletzt, Mutter
    erschüttert, sonst nichts
    Bruder: neue Gitarre, spielt
    mit einer Gruppe
    Du: Prüfungen in zwei
    Wochen, viel Arbeit

8. Sieh dir Seite 28 („Ein Leben lang in Kattenesch') an! Beantworte folgende Fragen!

a. Wie lange hat Wilhelmina Brandenburg in Kattenesch gelebt?

b. Zog sie je um?
c. Wieviele Geschwister hatte sie?
d. Was war ihr Vater von Beruf?
e. War sie berufstätig? Als was?
f. Was liest sie gern?

9. Gib die Imperfekt- und Perfektformen der folgenden Verben!

a. bitten
b. finden
c. kennen
d. schneiden
e. steigen

Kapitel 3

ERSTER TEIL (Seite 34)

1. Beantworte folgende Fragen!

a. Sieh dir Seite 34 an!
   - (i) *What number do you phone in Neunkirchen to get the fire brigade?*
   - (ii) *You want to know a certain number in France. What is the number of the directory enquiries?*
   - (iii) *You want a number in a distant part of Germany. What is the number of the directory enquiries?*
   - (iv) *What is the general emergency number?*

b. Sieh dir Seiten 36–37 an!
   Sarah Fries:
   - (i) Warum rief sie Dr. Schlag an?
   - (ii) Mit wem sprach sie am Telefon?
   - (iii) Welchen Termin wurde ihr gegeben?

c. Karl-Heinz Richter:
   - (i) Was war mit ihm los?
   - (ii) Seit wann?
   - (iii) Welche Beschwerden hatte er?
   - (iv) Was verschrieb ihm die Ärztin?
   - (v) Empfahl ihm die Ärztin wieder zur Schule zu gehen?

d. Wolfgang Vehling:
   - (i) Warum kam er in die Praxis?
   - (ii) War er alleine?
   - (iii) Wo passierte der Unfall?
   - (iv) Wo tat es ihm weh?
   - (v) Wie behandelte die Ärztin den Arm?
   - (vi) Wohin gingen sie nachher?

2. Sollen

a. Kannst du passende und behilfliche Antworte geben? Jedesmal mit ‚sollen‘.

   Zum Beispiel:
   „Wann fängt der Film an? Weißt du, Martina?"
   „Nein. Soll ich im Kino anrufen?"

   - (i) Ach, Gerd. Die Angela kommt um 16.00 Uhr am Bahnhof an, und ich habe keine Zeit sie abzuholen.
   - (ii) Doris! Ich habe meine Tasche in der Konditorei liegenlassen!
   - (iii) Erich, der Kurt muß unbedingt nach Paris. Er ist aber zu jung alleine zu fahren, und ich kann nicht mit.
   - (iv) Inge, weißt du, wann das Theaterstück beginnt?
   - (v) Reinhart, ich habe so viel zu machen, und die Gäste kommen in einer halben Stunde.
   - (vi) Ein sehr gutes Mittagessen. Es hat sehr gut geschmeckt! Jetzt aber muß ich abspülen!

b. Was sollte man unter folgenden Umständen tun?

   Zum Beispiel:
   Man ist müde.
   Wenn man müde ist, sollte man sich ausruhen.

   - (i) Man hat Hunger.
   - (ii) Man hat Durst.
   - (iii) Man hat starke Kopfschmerzen.
   - (iv) Man hat starke Zahnschmerzen.
   - (v) Man hat eine fieberhafte Erkältung.
   - (vi) Man hat sich in die Hand geschnitten.
   - (vii) Man hat sich den Fuß schwer verrenkt.
   - (viii) Man hat einige Mückenstiche bekommen.
   - (ix) Man hat Verspätung.
   - (x) Man hat ein Geschenk bekommen.

3. Das Passiv
Schreib ganze Sätze aus und übersetze sie ins Englische!

a. Präsens

   Zum Beispiel:

   Temperaturen   messen
   Temperaturen werden gemessen.
   (People's) temperatures are taken.

   - (i) Termine   aufschreiben
   - (ii) Formulare   ausfüllen
   - (iii) Medikamente   verschreiben
   - (iv) Patienten   untersuchen
   - (v) Babys   wiegen

b. Imperfekt

   Zum Beispiel:

   Die Straße   die Polizei   sperren
   Die Straße wurde von der Polizei gesperrt.
   The street was closed off by the police.

   - (i) Ein Junge   ein Auto   anfahren
   - (ii) Das Kind   die Mutter in die Praxis bringen
   - (iii) Das Kind   der Arzt   untersuchen
   - (iv) Das Kind   der Arzt ins Krankenhaus schicken

(v) Das Kind   die Helferin   röntgen
(vi) Das Kind   der Vater   abholen

4. Wortfolge
Schreib Sätze, indem du ,als' benutzt!

Zum Beispiel:

 (i)  (ii)

Sie schnitt sich ins Bein,
als sie vom Rad fiel.

(iii)  (iv)  (v)

5. Das Possessivpronomen

a. Vervollständige folgende Sätze, indem du das Pronomen benutzt, das zum unterschriebenen Wort paßt!

Zum Beispiel:
Hast <u>du</u> ... Schuhe da?
Hast du deine Schuhe da?

  (i) <u>Ich</u> habe irgendwo ... Pullover liegenlassen.
  (ii) Soweit ich weiß, bekommt <u>er</u> ... Geld am Dienstag.
 (iii) Wo habt <u>ihr</u> ... Mäntel hingelegt?
 (iv) Klar. <u>Wir</u> sollten in den nächsten Tagen ... Fahrkarten kaufen.
  (v) Kannst <u>du</u> ... Bruder sagen, daß wir ihn um 14.00 Uhr abholen?
 (vi) Das hat <u>er</u> gesagt. ... Meinung nach lohnt es sich nicht mit dem Auto zu fahren.
(vii) <u>Inge</u> kam ins Haus, ließ ... Mantel auf einen Stuhl fallen und ging sofort auf ... Zimmer.
(viii) <u>Unsere Nachbarn</u> sind immer da. Sie verbringen die ganze Zeit in ... Garten.

b. Jetzt vervollständige diese Liste!

ich   mein
du
usw.

6. a. Was machen folgende Leute?

(i) 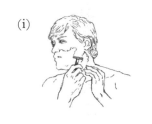 (ii)

(iii)  (iv)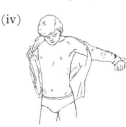

b. Setz ins Imperfekt!

Dieter (stehen) jeden Tag um 6.30 Uhr auf. Heute (sein) aber eine Ausnahme. Er (können) lange schlafen, denn heute (anfangen) sein Urlaub. Erst um 9.00 Uhr (beschließen) er aufzustehen. Langsam (duschen) und (rasieren) er sich, und bevor er sich (anziehen), (gehen) er in seinem Bademantel bekleidet nach unten in die Küche, um sich einen Kaffee vorzubereiten. Erst danach (anziehen) er sich. Die anderen

im Haus (sein) schon alle weg. Bevor er
(essen), (kaufen) er sich eine Zeitung. Es
(sein) schon 11.00 Uhr, als er seine
Freundin im Büro (anrufen) und (fragen),
ob sie mit ihm zu Mittag essen (wollen).

7. Pronomen im Dativ
Vervollständige folgende Sätze, indem du das jeweils passende Pronomen verwendest!

a. Kannst du bitte Inge und Thomas anrufen?
Sag ... bitte, sie sollen morgen um elf
vorbeikommen.

b. He, du! Ich habe heute die Magda gesehen.
Sie dankt ... für das Geschenk.

c. Dietrich steht vor der Tür, Monika. Ich
habe ... gesagt, daß du kommst.

d. Ich habe an die Claudia geschrieben. Ich
habe ... versprochen, daß ich sie in
vierzehn Tagen anrufen werde.

e. Sind die Rechnungen für alle Kunden
fertig? Ich möchte sie ... vor dem
Wochenende schicken.

f. Jörg setzte sich zu Bettina zu Tisch und
schenkte ... ein Glas Wein ein.

g. Stefan rief Silvia an und sagte ... , daß er
morgen vorbeikommen würde.

h. „Also," sagte der Detektiv, „Ihre zwei
Freunde waren bis 11.00 Uhr bei ... zu
Hause, und erst dann haben sie Ihr Haus
verlassen."

8. Gib die Imperfekt- und Perfektformen der folgenden Verben!

a. bleiben
b. fliegen
c. kommen
d. schreiben
e. tragen

ZWEITER TEIL (Seite 45)

1. Sieh dir Seiten 45–46 an! Beantworte folgende Fragen!

Dagmar Rettberg.
a. Mit 15 Jahren wie hätte sie sich
beschrieben?

Ich bin ... usw.
Ich schwimme gern ... usw.

b. Mit 27 Jahren, wie hätte sie sich, ihr Leben
und ihre Probleme beschrieben?

c. Und mit 49 Jahren?

2. Was sollte dieser Mann tun, um gesund zu werden?

Die kleinen Bilder zeigen, wie er zur Zeit ißt,
trinkt und seine Freizeit verbringt. Mach
Vorschläge, die ihm behilflich sein könnten!

a. Frühstück

b. Mittagessen

c. am Abend

d. in der Nacht

3. Gib dieser Frau einen guten Rat!
Stell dir vor, daß du Arzt, bzw. Ärztin bist!
Was sollte sie machen, um gesund zu werden?

4. Schreib einen Porträt von Ralf Schneider!

Er hat Probleme. Gib Rat!
(Sieh dir Seiten 45–47 an! Dort findest du einige nützliche Ausdrücke zu diesem Thema!)

Ralf Schneider
Alter: 49
Familie: verheiratet
    Tochter (17)
    Sohn (15)
Hobbys: keine
Gesundheit: schlecht
Probleme: gestreßt
    Arbeitstag zu lange (10–12
      Stunden) inkl. Wochenende
    trinkt und raucht
    keine Bewegung
    zu dick
    macht seit drei Jahren keinen Urlaub
    kommt nicht gut mit Frau und
      Kindern aus
    oft schlaflos
Lösung: Sport
    Urlaub
    Hobbys
    weniger trinken
    regelmäßig essen
    nicht rauchen
    weniger Stunden arbeiten

5. ‚Dürfen‘ im Imperfekt

Verbinde folgende Sätze, indem du die passende Form von ‚dürfen‘ verwendest! Dann übersetze drei deiner Sätze!

Zum Beispiel:
(Er) sich das Bein brechen   in Urlaub fahren
Er hatte sich das Bein gebrochen, also durfte er nicht in Urlaub fahren.

a. (Sie) einen Sonnenbrand bekommen   in der Sonne liegen
b. (Er) Fieber haben   in die Disco gehen
c. (Sie) sich den Fuß verrenken   an der Wanderung teilnehmen
d. (Er) sich den Arm verbrennen   schwimmen gehen
e. (Sie) Ohrenschmerzen haben   im Schnee spielen
f. (Er) sich erbrechen   zur Schule gehen

6. *Translate the following sentences into German.*

a. *"She ran faster and faster," said her mother.*

b. *"The mountain became steeper and steeper," he said.*
c. *"He's getting bigger and bigger," he said.*
d. *"He's writing more and more letters to me," she said.*
e. *"We have to wait longer and longer now," she said.*
f. *"He goes out more and more now," she said, "and he gets more enjoyment out of life."*

steep   steil

7. Sieh dir Seiten 52–53 (‚Betriebsunfall‘) an! Beantworte folgende Fragen!

a. Warum wartete Volker an der Straßenecke?
b. Wie lange mußte er warten? Warum?
c. Kamen die beiden rechtzeitig im Betrieb an?
d. Warum paßte Volker nicht beim Aufladen auf?
e. Wodurch wurde er verletzt?
f. Von wem wurde der Betriebssanitäter herbeigerufen?
g. Wohin mußte Volker gefahren werden?
h. Warum konnte sich Volker kaum bewegen?
i. Was hat man für ihn im Krankenhaus gemacht?
j. Wann fing er mit der Arbeit wieder an?

8. Das Passiv
Schreib folgende Sätze im Passiv aus!

Zum Beispiel:
Volker ...... Kollege ...... Straßenecke ...... abholen
Volker wurder von einem Kollegen an einer Straßenecke abgeholt.

a. Volker ...... durch eine Kiste ...... verletzen
b. Der Betriebssanitäter ...... Kolleg ...... herbeirufen
c. Volker ...... Betriebssanitäter ...... Klinik ...... bringen
d. Volkers Fuß ...... Klinik ...... röntgen
e. Volkers linker Fuß ...... in Gips ...... legen
f. Volker ...... acht Wochen ...... krankschreiben
g. Der Fuß ...... oft ...... Krankenhaus ...... untersuchen

9. Vervollständige folgende Sätze, indem du die passende Form von ‚dieser‘ benutzt!

a. ... Koffer ist sehr schwer.

b. „Wohnst du seit langem in . . . Dorf?"
   fragte sie.
c. „Hast du . . . Buch gelesen?" fragte er.
d. „Bei . . . Wetter ist nichts zu machen, als
   zu Hause zu bleiben," sagte Ingrid.
e. In . . . Stadt sind die
   Verkehrsverbindungen sehr gut.
f. Der Motor . . . Wagens ist neu.

**10. Was sollte man unter diesen Umständen
tun oder nicht tun?**

Zum Beispiel:
Bernhard nimmt schrecklich zu.
Er sollte nicht so viel essen. (Er sollte
weniger essen.)

a. Die Straßen sind gefährlich. Es gibt viel
   Verkehr. Man sollte . . . .
b. Hier fließt der Fluß sehr schnell.
c. In den Bergen ist es heute sehr nebelig.
d. Die rote Fahne weht am Strand.
e. Es ist sehr heiß in der Sonne.
f. Gerhard trinkt fünf Whisky pro Tag.

**11. Gib die Imperfekt- und Perfektformen
der folgenden Verben!**

a. brechen
b. fließen
c. lassen
d. schwimmen
e. treffen

Kapitel 4
ERSTER TEIL (Seite 60)

**1. Schreib folgenden Bericht aus, indem du
die Notizen benutzt! Die Notizen wurden
von einem Polizisten gemacht.**

Beschreibung:
    Junge
    ca. 15
    Haare: kurz, schwarz
    Größe: ca. 1,75m
    Figur: stark gebaut
    Kleidung: Pullover, blau
              Jeans

Ereignis:
    im Einkaufszentrum
    2 Platten gestohlen
    3 Kassetten gestohlen
    Lärm und Unfug in der Passage
    verschwunden Richtung Bahnhof

Unfug treiben   *to make a noise, to make a
nuisance (of oneself)*

2. Mach passende Komplimente!

Zum Beispiel:

Das ist ein schönes Haus! Es gefällt mir gut!

a.   b.   c.

d.   e.

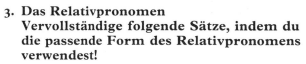

f.   g.   h.

**3. Das Relativpronomen
Vervollständige folgende Sätze, indem du
die passende Form des Relativpronomens
verwendest!**

a. „Was kosten sie, bitte?"
   „Also, die Kleider, . . . auf dem Tisch
   liegen, kosten je 80.-DM. Und das Kleid,
   . . . dort hängt, kostet 90.-DM."
b. „Wem gehören die Fahrräder?"
   „Das Rad, . . . dort liegt, ist meins, und
   das andere gehört Claudia."
c. „Guck mal her," sagte die Lehrerin. „Das
   Insekt, . . . dort kriecht, ist ein Maikäfer,
   aber der Käfer, . . . du dort unter dem
   Blatt siehst, ist ein schwarzer Käfer."
d. Die Kuchen, . . . von Anja gebacken
   wurden, schmeckten sehr gut.
e. Der Wind, . . . gestern so stark blies,
   entwurzelte einige Bäume.

f. Die Straße, ... nach Norden führt, ist
gesperrt.

g. „Was hast du mit den Päckchen getan, ...
ich stehen ließ?" fragte Dirk.

h. „Wohin fährt der Bus, ... dort steht?"
fragte sie.

der Käfer (-) *beetle*
der Maikäfer (-) *maybug*

4. Setz ins Imperfekt!

Helga (stehen) um 6.30 Uhr auf. Draußen
(aussehen) es nach Regen. Sie (müssen) sich
beeilen. Sie (wollen) vor 10.00 Uhr in
Augsburg sein, und sie (wissen), daß der
schnellste Zug um 7.15 Uhr (abfahren).
Schnell (trinken) sie einen Kaffee und (essen)
eine Scheibe Brot. Tasse und Teller (lassen)
sie im Spülbecken liegen. Dann (anziehen) sie
ihren dicken Mantel, (verbringen) zwei
kostbare Minuten ihre Handschuhe zu suchen,
(schließen) die Tür hinter sich und (laufen)
die paar Meter zur Haltestelle. Der Bus
(ankommen) gerade.

5. Interrogativpronomen (wer, wen, wessen, wem)

Vervollständige folgende Sätze, indem du die
passende Form benutzt!

a. An ... hast du geschrieben?

b. ... Jacke ist das?

c. ... hat das gemacht? War es Gabi?

d. ... hat er das gegeben?

e. Bei ... wohnt sie?

6. Wortfolge

a. Verbinde folgende Sätze, indem du ‚als'
verwendest!

(i) Er ging in die Stadt. Es fing an zu
regnen.

(ii) Sie kamen am Campingplatz an. Sie
fanden, daß sie kein Geld hatten.

(iii) Er fiel vom Dach hinunter. Er brach
sich das Bein.

(iv) Sie zogen nach Dortmund um. Ilke
war nur drei Jahre alt.

b. Verbinde mit ‚weil'!

(i) Er hat kein Geld. Er bleibt zu Hause.

(ii) Die Arbeitslosigkeit war hoch. Er
mußte überall nach einer Stelle
suchen.

(iii) Sie wollte die Sommerferien in
Nordafrika verbringen. Sie sparte
jeden letzten Pfennig.

(iv) Er hatte keinen eigenen Schlafsack. Er
mußte sich einen leihen.

7. Der unbestimmte Artikel und Adjektivendungen

a. Schreib vollständige Sätze!

(i) haben   breit   Mund

(ii) haben   lang   Nase

(iii) haben   breit   Gesicht

(iv) haben   schwarz
Schnurrbart

b. Wenn du folgende Gegenstände verloren
hättest, wie würdest du sie beschreiben?

Zum Beispiel:
Brieftasche   blau   Kunststoff
Ich habe eine blaue Brieftasche aus
Kunststoff verloren.
oder
Ich habe eine Brieftasche aus blauem
Kunststoff verloren.

(i) Jacke   braun   Leder

(ii) Apparat   neu, schwarz

(iii) Kette   schwer   Gold

(iv) Regenschirm   Pünktchen
rot,   weiß

(v) Portemonnaie   grün   Kunststoff

8. Personalpronomen
Verwende bei folgenden Sätzen das Pronomen, das zum unterschriebenen Wort paßt!

a. Er hat das für den <u>Gerd</u> gekauft, und wird
es ... schicken.

b Sie wartete bis ihre <u>Eltern</u> fertig waren,
dann fuhr sie mit ... zum Hauptbahnhof.

c. Wenn Sie wollen, können Sie mit ...
kommen. <u>Wir</u> nehmen den Zug um 9.15
Uhr.

d. Wenn Sie … die Karte schicken könnten, wäre <u>ich</u> Ihnen sehr dankbar.

e. <u>Sylvia</u> hat am Montag Geburtstag. Sag, was du für … gekauft hast.

f. Sie haben … gestern gesehen, als <u>er</u> aus dem Kino kam.

g. Als <u>Inge</u> in ihre neue Wohnung einzog, halfen … ihre Freunde bei dem Umzug.

h. Ich sag <u>dir</u>, sie haben …. gesehen!

9. Präpositionen
Setz die passende Präposition ein!

a. Er schrieb … den Herbergsleiter.

b. Die beiden Jungen sprachen … ihre Urlaubspläne.

c. Die Frau fragte … dem Weg.

d. Sie rief das Hotel an und bat … eine Reservierung.

e. Die ganze Familie freute sich sehr … seinen Besuch.

f. Sie mußten lange … den Zug warten.

g. Der Koffer besteht … Kunststoff.

h. Er interessiert sich … Schach.

i. … der Ferien schickte sie viele Ansichtskarten … ihre Freunde.

j. Den ganzen Tag über dachte er … seine Hausaufgaben.

10. Der bestimmte Artikel
Vervollständige mit der jeweils passenden Form des Artikels!

a. „Wohin kommt … Tisch?"
„In … Küche, bitte."

b. Kannst du mir … Besen holen?

c. Die Gläser kommen auf … Regal.

d. … Pflanzen können Sie vor … Fenster stellen.

e. Haben Sie einen Zuschlag für … Reise schon bezahlt?

f. Sie müssen die Reservierung hier in … Büro machen.

g. Der Verkehr ist heute ziemlich stark. Ich bin mit … Straßenbahn statt mit … Wagen gefahren.

h. Gehen Sie hier geradeaus über … Kreuzung. Dann an … Ampel nach rechts. Das Gebäude steht auf … linken Seite.

11. Gib die Imperfekt- und Perfektformen der folgenden Verben!

a. brechen   c. laufen   e. trinken
b. geben   d. sehen

ZWEITER TEIL (Seite 66)

1. Beantworte folgende Fragen! Sieh dir Seiten 66–67 an!

a. Christine Kaufmann
  (i) Warum wohnt Christine nur mit ihrer Mutter und ihrem Bruder zusammen?
  (ii) Was macht sie manchmal am Wochenende?
  (iii) Beschreib ihr Verhältnis zu ihrer Mutter.
  (iv) Ist ihre Mutter Hausfrau?
  (v) Warum darf sie mehr als ihr Bruder, meinst du?

b. Wolfgang Kaufmann
  (i) Wie oft besucht Wolfgang seinen Vater?
  (ii) Was ist eine der Lieblingssportarten seines Vaters?
  (iii) Warum ist seine Mutter müde, wenn sie nach Hause kommt?
  (iv) Was macht sie dann?
  (v) Wie findet sie die Unordnung seines Zimmers?

c. Norbert Hauser
  (i) Mit wem versteht Norbert sich am besten – mit seiner Schwester oder mit seinem Bruder?
  (ii) Was für ein Hobby hat er?
  (iii) Was fällt ihm auf die Nerven?
  (iv) Was macht seine kleine Schwester, wenn sie zu ihrer Mutter laüft?

2. Schreib einen kurzen Bericht über Evas Familie!

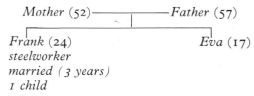

Mother (52) —————— *Father* (57)

Frank (24)   *Eva* (17)
steelworker
married (3 years)
1 child

Eva gets on well with brother and sister-in-law
  (Schwägerin);
likes to visit and babysit;
parents relatively old;
gets on quite well with them;
brother very important to her;
when brother has a party she helps him and
  sister-in-law prepare things;
sometimes has argument with mother when late.

3. Gib das Gegenteil von den folgenden Wörtern!

ungeduldig	schwach
niedrig	eng
schlecht	häßlich
langsam	intelligent
langweilig	alt
trocken	früh
schlank	preiswert

4. Setz ins Imperfekt!

Axel (arbeiten) am Hafen. Seine Arbeit (machen) ihm Spaß und er (verdienen) gut dabei. Seine Kollegen (finden) er auch sehr angenehm. Alles in allem (können) er sich nicht klagen. Zwar (müssen) er dann und wann ziemlich lange arbeiten, dann (bekommen) er aber noch mehr Geld für die Überstunden und (sein) damit zufrieden. Seine Schicht (anfangen) um 6.30 Uhr und (dauern) bis 14.00 Uhr. Was (machen) er? Er (kontrollieren) die Lastwagen, die aus dem Hafen (fahren). Den ganzen Tag über (stehen) er in dem kleinen Häuschen und (untersuchen) die Papiere der Lastwagenfahrer, bevor sie (weiterfahren).

5. Personalpronomen
Vervollständige folgende Sätze! Verwende dabei das Personalpronomen, das zum unterschriebenen Wort paßt!

a. Eva ist Friseuse. Ihre Arbeit macht ... viel Spaß.
b. Jochems Eltern wohnen am Meer. Dieses Jahr verbringt er die Sommerferien bei ....
c. „Kennst du meinen Freund Erich?" fragte Julia.
   „Nein. Ich kenne ... nicht," antwortete Inge.
d. Herr und Frau Zimmermann haben eine neue Wohnung, die ... sehr gefällt.
e. „Reich mir bitte das Salz," sagte Birgit. Stefan reichte es ....
f. „Es tut ... leid," sagte ich. „Sie dürfen aber nicht hinein."
g. Frank hatte sich in die Hand geschnitten und die Wunde tat ... weh.
h. Herr Schneider ist gesund geworden. Das Leben scheint ... noch einmal wirklich Spaß zu machen.

6. Präpositionen
Setz die passende Präposition ein!

a. Er lief ... den Wald.
b. Ihr Haus liegt 2 km ... des Dorfes.
c. Die Haltestelle steht dem Rathaus ....
d. Morgen fahren wir ... München.
e. Ich habe ... drei Tagen Kopfweh.
f. ... Zeit ... Zeit habe ich zu viele Übungen zu machen.
g. ... des Unwetters machten sie keine Radtour.
h. Er ging die Straße ....
i. Ich habe dieses Geschenk ... ihn gekauft.
j. Ich habe es ... Karstadt gekauft.
k. Wie fährst du hin? ... dem Rad?
l. Ihm war es sehr kalt, da er ... Anorak gekommen war.

7. Das Pronomen
Setz zwei Pronomen ein! Übersetz vier Sätze ins Englische!

a. Er gab ... .
b. Klaus hat ... ... geschenkt.
c. Er schrieb den Brief zweimal, bevor er ... ... schickte.
d. Kannst du ... ... geben, bitte?
e. Da sie es nicht verstanden hatte, wiederholte er ... .
f. Sie hatte die Geschichte sehr gern, und er las ... ... oft vor.

8. Vervollständige!

a. Sechs ist die ... von zwölf.
b. Sechs ist zwei ... von neun.
c. Zwei ist ein ... von zehn.
d. Drei ist ein ... von zwölf.
e. Acht ist ... vier.
f. Neun ist ... drei.
g. Von 2.00 Uhr bis 3.30 Uhr sind ... Stunden.
h. 18.45 Uhr ist ... vor sieben Uhr abends.

9. Das Reflexivpronomen
Setz das Pronomen ein, das zum unterschriebenen Wort paßt!

a. Gudrun hat ... einen Wagen gekauft.
b. Ich möchte ... frisch machen.
c. Er sah ... im Spiegel an.
d. Wir freuen ... sehr auf deinen Besuch.
e. Georg suchte einen neuen Schläger für ....
f. Gretel wusch ... im Badezimmer, dann ging nach unten.

10. **Gib die Imperfekt- und Perfektformen der folgenden Verben!**

    a. bringen   d. senden
    b. gefallen   e. tun
    c. lesen

Kapitel 5

1. **Beantworte folgende Fragen! Sieh dir Seite 82 an!**
   Rita Ehrler

   a. Für wen war die Zeitung besonders geeignet?
   b. Wieviele Zeitschriften verteilte sie?
   c. Wie oft kassierte sie?
   d. Warum fand sie das Einkassieren mühsam?

2. **Das Personalpronomen**
   Vervollständige folgende Sätze!
   Verwende **mich** oder **mir**, **ihn** oder **ihm**, **sie** oder **ihr**! Dann übersetze fünf Sätze ins Englische!

   a. Ich habe ihn nicht gern. Er fällt . . . wirklich auf den Wecker.

   b. Er irritiert . . . sehr.

   c. Ich komme sehr gut mit 🧍 aus.

   d. Ich verstehe mich gut mit 🧍 .

   e. Sie hat ein sehr gutes Verhältnis zu 🧍 .

   f. Ja. Ich kann 🧍 gut leiden.

   g. Ich weiß nicht warum, aber der geht . . . auf die Nerven.

   h. Ich mag 🧍 gern.

   i. Die Magda? Ja. Ich habe 🧍 sehr gern.

   j. Ich komme gut mit 🧍 aus.

3. **Sieh dir Seiten 80–81, Übung 7 an!**
   Schreib einen Brief an einen deutschen Freund oder an eine deutsche Freundin, als ob du Jane oder Peter wärst! Beschreib deinen Job!

4. **Setz ins Imperfekt!**

   „Das (sein) aber schnell!" (sagen) Max, als der erste Rennradfahrer an ihnen (vorbeifahren). Max (stehen) an der Straßenecke mit Ulrike, und die beiden Freunde (beobachten) die Renner, die von links nach rechts (vorbeieilen). Das Wetter (sein) für ein Rennen gar nicht günstig. Es (regnen) etwas, und die Straßen (sehen) sehr glitschig aus. Und dann (geschehen) es. Ein Radfahrer (fahren) zu schnell um die Ecke, (versuchen) einen anderen zu vermeiden, (können) aber nicht, und die beiden (fallen) von ihren Rädern. Einige Zuschauer (laufen) schnell, um ihnen zu helfen. Einer (haben) sich sicher etwas verletzt. Dem anderen aber (scheinen) nichts passiert zu sein.

5. **Adjectivendungen**
   Vervollständige folgende Sätze, indem du einige der unten gegebenen Wörter benutzt!

   a. Die . . . Museen sind wirklich sehr gut.
   b. Du hast schon den . . . Zug verpasst.
   c. Er kam am . . . Januar an.
   d. Wo ist das . . . Messer? Ich habe es hier liegenlassen.
   e. Der . . . Mechaniker wußte nicht, was zu machen war.
   f. Das Schild zeigt den . . . Weg zum Bahnhof.
   g. Die . . . Lichter brannten stark in der Nacht.
   h. Sie müssen ihre . . . Schlafsäcke benutzen.
   i. Die Pfalz ist ein sehr . . . Land.
   j. Ich habe mir einen . . . Tisch und ein . . . Sofa gekauft.

   Zur Auswahl:

letzt	rot	jung
weiß	eigen	nächst
städtisch	Köln	längst
neu	erst	romantisch
viert	kürzest	alt

6. **Wortfolge**

   a. Informationen aus der Zeitung

Wetterbericht	Wanderung
morgen: Regen	10.00–18.00 Uhr
	Treffpunkt: Waldhalle
Film: ‚Spion III'	**Big Band Konzert**
Anfang: 21.00 Uhr	20.00 Uhr
	Kongreßhalle
Museum	**Gymnastikvorführung**
ab 10.00 Uhr	Stadtpark
geöffnet	15.00 Uhr
Schwimmbad	**Schützenfest**
9.00–18.00 Uhr	auf der Beilwiese
	ab 14.00 Uhr

Für jede Auskunft, die in dieser Zeitung steht, schreib einen Satz, der folgenderweise anfängt:

In der Zeitung steht, daß . . . .

Verwende folgende Verben!

gehen	öffnen
stattfinden	sein
anfangen	werden

b. *Report each of these sentences as follows:*

Ich habe gehört, daß . . . .

(i) Manfred fährt im nächsten Monat nach Madrid.
(ii) Eva ist seit drei Tagen ziemlich krank.
(iii) Morgen verkehren die Züge nicht.
(iv) Der neue Lehrer gibt sehr viele Hausaufgaben auf.
(v) Das große Haus am Ende der Straße wird verkauft.

7. Der bestimmte Artikel
Vervollständige folgende Sätze, indem du die richtige Form des bestimmten Artikels einsetzt!

a. Seit . . . 4. Januar wohnt sie in der nächsten Straße.
b. Karla freut sich sehr auf . . . Fahrt nach Spanien.
c. Er hatte keine Zeit . . . Wagen in die Garage zu fahren, und ließ ihn auf der Straße stehen.
d. . . . Krankenhaus steht auf einem Hügel außerhalb . . . Stadt.
e. Österreich liegt in . . . Mitte Europas.
f. Die Patienten werden von . . . Ärztin behandelt.
g. Sie hat sich in . . . Finger geschnitten.
h. In . . . zweiten Halbzeit fingen . . . Spieler an zu stürmen.

8. Sieh dir Seite 83 (‚Englisch für Riehms Kühe‘) an!

a. Woher kommt Nicholas Cox?
b. Was macht er in Deutschland?
c. Was sind seine Eltern von Beruf?
d. Was wird Nicholas im Herbst machen?

9. Gib die Imperfekt- und Perfektformen der folgenden Verben!

a. denken	d. sitzen
b. gehen	e. stellen
c. liegen	

Kapitel 6
ERSTER TEIL (Seite 89)

1. Sieh dir Seite 89 an! Beantworte folgende Fragen!

a. Was bereitete der Journalist vor?
b. Was macht Sonja Mathis?
c. Warum trafen sie sich?
d. Wie lange dauert Sonjas Mittagspause?
e. Warum kommt sie früh im Reisebüro an?
f. Was mußten die Mitarbeiter mit Karten und Rechnungen machen?
g. Was passiert um 9.00 Uhr?
h. Was machen die Leute, die den Angestellten keine Fragen stellen?
i. Welchen Vorteil hat der Computer für den Kunden?
j. Wie suchen sich viele Leute einen Urlaub aus?

2. Sieh dir Seiten 90–91 an! Beantworte folgende Fragen!

Herr Blankenagel
a. Wie wollte er reisen und wohin?
b. Wann wollte er reisen?
c. Warum mußte er vor 15.00 Uhr am Reiseziel sein?
d. Welche zwei Reisemöglichkeiten sind ihm angeboten worden?
e. Warum entschied er sich für einen Flug?
f. Wann wollte er zurückkommen? Am gleichen oder am nächsten Tag?
g. Warum ging Sonja zum Computer?

3. Sieh dir Seite 92 an! Vervollständige folgenden Text!

Frau Staub kam . . . Reisebüro, . . . ihre Reservierung rückgängig . . . machen. Sie wollte dies machen, . . . sie jetzt früher in London sein wollte. . . . Pläne hatten sich geändert. Ihre Reservierung war für . . . Nacht . . . 20. bis zum 21. Januar. . . . Fähre und . . . Zug hatte sie schon gebucht. Glücklicherweise war es . . . möglich direkt von München . . . London zu fliegen, und in weniger . . . zehn Minuten war die Sache erledigt. Man würde . . . die Rechnung . . . .

**4. Du hast folgende Postkarte bekommen.
Schreib einen Brief als Antwort!**

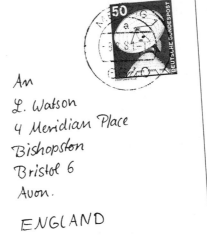

Hallo!
Sag mal, kannst Du uns
sagen, wann, wo und wie
Du ankommst?
Wichtige Fragen, wenn wir
Dich überhaupt finden
sollten!!
Wie geht's übrigens?
Wie war es in Frankreich?

Dein Rainer!

An
L. Watson
4 Meridian Place
Bishopston
Bristol 6
Avon.

ENGLAND

*Information: flight 652 to Frankfurt
arrival 08.40, Wed. 15 April
train to Bamberg, arriving 11.30
Ask: Who will meet you?
Will your friend be at school that day?
How is his/her family?
Are they planning to go skiing at Easter?
Tell him/her: French trip great
French schools: dull, hours too
long, too much homework*

**5. Das Possessivpronomen
Vervollständige folgende Sätze, indem du
das Pronomen verwendest, das zum
unterschriebenen Wort paßt!**

a. ... Tag beginnt um 6.00 Uhr. <u>Ich</u> werde
von ... Vater aufgeweckt.
b. Nach der Arbeit trinkt <u>er</u> immer ein
Bierchen mit ... Kollegen.
c. Am Abend ißt <u>er</u> bei ... Familie.
d. <u>Markus</u>, darf ich ... Anorak anprobieren,
bitte?
e. <u>Er</u> kletterte auf das Dach ... Hauses und
versuchte den Schnee fortzuschaufeln.
f. Nach der Geburt ... Tochter fing <u>sie</u> an zu
arbeiten.
g. Kannst du <u>mir</u> ... Brille reichen?
h. <u>Ich</u> komme sehr gut mit ... Mitarbeitern
aus.

**6. Das Personalpronomen
Setz ein passendes Pronomen ein!**
(Du darfst jedes Pronomen nicht mehr als
einmal benutzen.)

a. „Sag ... bitte, daß er um 8.00 Uhr
vorbeikommen sollte," sagte sie.
b. „Sie sagt, daß es ... egal ist, ob wir um
13.00 Uhr oder 16.00 Uhr abreisen," sagte
Ulrich.
c. „Leider ist das ... zu teuer. Wir haben
nicht so viel Geld auszugeben," sagte sie.
d. „Wie gefällt's ... , Sonja?" fragte ihr
Vater.
e. „Ich gebe ... etwas Geld. Dann könnt ihr
nach dem Einkaufen essen gehen," sagte
die Mutter ihren zwei Söhnen.
f. „Bei ... ist das Wetter viel besser als
hier," sagte sie. „Ich freue mich, daß ich
morgen zurückfahre."

**7. Präpositionen
Vervollständige mit einer passenden
Präposition!**

a. Er schrieb einen Brief ... seine Tochter.
b. „... deine Jacke wirst du nicht frieren?"
fragte er sie.
c. Der Zug kam ... 13 Minuten Verspätung
an.
d. Er hat sich ... einem Arm verletzt.
e. Er ging ... Hause.
f. ... ihres Aufenthalts im Krankenhaus
lernte sie Skat zu spielen.

g. ... dem nächsten Morgen rief er bei der Arbeit an.

h. ... der Operation mußte er drei Wochen lang im Bett liegen.

i. „Wenn Sie ... oben gehen, sehen Sie die Tür ... der linken Seite," sagte die Betriebsleiterin.

j. Als sie ihren Onkel besuchte, half sie ihm ... der Ernte.

Skat   *a German card game*

8. Vervollständige mit einem passenden Adjektiv!

a. Am ... Mai hat sie Geburtstag.

b. Das ... Mal, daß ich ihn sah, war vorgestern.

c. Nehmen Sie die ... Straße rechts.

d. Er hatte fünfmal versucht, dann beim ... Versuch gelang es ihm.

e. Die ersten sechs Tage des Urlaubs waren verregnet, aber der ... war schön und sonnig.

9. Lies dir den Text auf Seiten 97–98 durch! Beantworte folgende Fragen!

a. Warum war Herr Morger in Paris?

b. Wo kamen Herr Morger und seine Tochter her?

c. Warum wollten sie am Sonntag wieder zu Hause sein?

d. Warum würde es anstrengend sein zu fahren?

e. Wie beschlossen sie zu reisen?

f. Wohin mußte er vor dem Wochenende?

g. Wo waren sie, als er entdeckte, daß er kein Geld hatte?

h. Wo hatte er seine Tasche gelassen und wo genau hatte er sie hingestellt?

i. Was hat Susi im Restaurant getan?

j. Bei wem suchte er Hilfe?

k. Was wollte der Polizist nicht machen?

l. Hat der Polizist den Bankdirektor am gleichen Tag angerufen?

m. Wo war die Tasche nach Herrn Pittet?

n. Wie öffnete man normalerweise den Geldschrank?

o. Warum war der Kollege nicht zu erreichen?

p. Was mußte Herr Morger dann machen, um zurückreisen zu können?

q. Warum wollte der Bahnbeamte Herr Morgers Scheck nicht annehmen?

r. Wie half ihnen Herr Pittet?

s. Wie kam es, daß der Wagen nach Zürich gebracht wurde?

t. Wie lange mußte Herr Morger auf seinen Wagen warten?

10. Das Partizip Präsens
Sieh dir das Beispiel an und fahre dann so weiter!

Zum Beispiel:
Die Fragen, die folgen, sind schwer.
Die folgenden Fragen sind schwer.

a. Der Winter, der kommt, wird hart sein.

b. Wir werden die Termine, die uns passen, buchen.

c. Sie können die Broschüren, die herumliegen, mitnehmen.

d. Der Zug, der ankommt, fährt nach Berlin.

e. Der Wagen, der gerade vorbeifährt, gehört meinem Bruder.

f. Die Gläser, die bereitstehen, können Sie für das Bier verwenden.

11. Gib die Imperfekt- und Perfektformen der folgenden Verben!

a. dürfen

b. gelingen

c. messen

d. sein

e. treiben

ZWEITER TEIL (Seite 102)

1. Das Personalpronomen
Setz das Pronomen ein, das zum unterschriebenen Wort paßt!

a. „Ich schicke ... morgen einen Brief, <u>Herrn Schmidt</u>," sagte Frau Uder am Telefon.

b. „Ich sagte ... , daß er zu spät gekommen sei," sagte sie.

c. Monika fragte ... , ob <u>er</u> mit ihr schwimmen gehen wollte.

d. „Ich habe das Päckchen für <u>Frau Henning</u> fertig," sagte Frau Simmer. „Ich werde es ... per Eilpost schicken."

e. „Erinnerst du dich nicht an ... ?" fragte Ute. „Er war <u>der Junge</u> mit der Brille."

f. „Das hat sie ... gestern gesagt, als <u>wir</u> unsere Reservierung machten," sagte Frau Knies.

2. Setze folgende Sätze ins Passiv! Fang jeden Satz mit den unterschriebenen Worten an!

a. Die Firma Baumann sanierte die <u>Innenstadt</u>.
b. Man renovierte <u>das Alte Rathaus</u>.
c. Man legte eine <u>Fußgängerzone</u> an.
d. Man riß <u>das alte Kino</u> ab.
e. Man pflanzte <u>mehrere Bäume</u>.
f. Der Bürgermeister hat <u>die Fußgängerzone</u> offiziell eröffnet.

3. Possessivpronomen
Vervollständige folgende Sätze, indem du das Pronomen verwendest, das zum unterschriebenen Wort paßt!

a. <u>Er</u> kam mit . . . Vater in den Betrieb.
b. <u>Manuela</u> legte . . . Mantel ab, ging ins Wohnzimmer und rief . . . Freundin an.
c. <u>Die Ärztin</u> sprach mit . . . ersten Patienten.
d. Als <u>sie</u> in . . . neue Wohnung einzogen, fanden sie, daß die Möbelstücke zu groß waren.
e. „Habt <u>ihr</u> . . . Hefte und Schreiber mitgebracht?" fragte der Lehrer.
f. „Der Lieblingssport . . . Vaters ist das Schwimmen und der Lieblingssport . . . Mutter ist das Skilaufen," sagte <u>Markus</u>.
g. „Kannst <u>du</u> mir . . . Taschenrechner leihen, bitte?" fragte sie.
h. „Herr Wedekind, wo und wann haben <u>Sie</u> . . . Ring verloren?" fragte die Beamtin.

4. Vervollständige die folgenden Sätze, indem du passende Adjektive benutzt!

a. Der . . . Mann kam ins Geschäft und kaufte sich einen . . . Hut.
b. Der . . . Wohnblock stand auf der . . . Straßenseite.
c. In der Stadt gibt es ein . . . Hallenbad und eine . . . Konzerthalle.
d. Der . . . Winter wird hart sein.
e. Am . . . Freitag flog er nach Mallorca.
f. Die . . . Reise wird sicher viel kosten.
g. Das Flugzeug landete mit . . . Schwierigkeit auf der Startbahn.
h. Sie hatte ein . . . Büro in einem . . . Hochhaus in der Stadtmitte.

Zur Auswahl:

folgend	groß	alt
kommend	klein	jung
link	passend	geplant
recht	beheizt	neu

5. Wortfolge

a. Verbinde folgende Sätze, indem du ‚als' verwendest!
  (i) Sie flog nach Amerika. Sie landete in Dallas.
  (ii) Sie war 15 Jahre alt. Sie zog in die Schweiz um.
  (iii) Er stieg in München um. Er hatte etwas auf dem Bahnhof zu essen.
  (iv) Sie rief bei ihrem Freund an. Sie hörte, daß er krank war.
  (v) Er verbrachte vier Wochen mit einer Jugendgruppe in Italien. Er lernte viele Leute kennen.

b. Verbinde folgende Sätze, indem du ‚bevor' am Anfang des neuen Satzes einsetzt!
  (i) Sie kaufte ihre Fahrkarte. Sie machte einen Einkaufsbummel.
  (ii) Er teilte die Aufgaben auf. Er schrieb eine Liste.
  (iii) Der Zug kam in Berlin an. Alle Pässe wurden kontrolliert.
  (iv) Die Familie zog nach Bremen um. Sie mußten alles sorgfältig einpacken.
  (v) Er ging ins Krankenhaus, um operiert zu werden. Er durfte kein alkoholisches Getränk einnehmen.

6. Das Passiv
Was wird täglich in einem typischen Reisebüro gemacht? Frau Niedermayer macht es uns klar.

„Also, an einem typischen Tag, begrüße ich die Kunden, die ins Büro kommen, und ich bediene sie. Ich beantworte ihre Fragen und ich zeige ihnen Broschüren. Ich suche allerlei Reiseverbindungen aus. Ich mache Reservierungen, ich buche Flüge und ich stelle Fahrkarten aus. Ich rufe bei Reisegesellschaften an. Ich schreibe Briefe und ich verschicke Reisebestätigungen und Rechnungen."

Jetzt schreib einen Bericht über die Arbeit im Büro, indem du das Passiv verwendest!

Zum Beispiel:
An einem typischen Tag:
Kunden werden begrüßt, Kunden werden bedient, ihre Fragen . . .

7. Setz den folgenden Text ins Imperfekt!

„Hast du meinen Regenschirm hier, Manfred?" (fragen) Herr Jos. Er (stehen) an der Tür des Gasthauses und (sehen) den Wirt an, der hinter der Theke (abspülen). „Nein. Hier hast du ihn nicht gelassen, Jakob," antwortete der Wirt. Herr Jos (schließen) die Tür und (denken) eine Weile nach. Was hatte er denn gestern getan? Dann (erinnern) er sich daran – er hatte sich auf dem Nachhauseweg ein Würstchen gekauft. Er (verlassen) das Gasthaus und (machen) sich auf den Weg zur Wurstbude. Die Wurstbude (befinden) sich am Marktplatz. Er (gehen) schnell dahin. Leider hatte die Frau ihn nicht gesehen. Wo (können) er dann stecken? Er (beschließen) zurück zum Gasthaus zu gehen. Dort (trinken) er ein Bier und (versuchen) an den gestrigen Abend zu denken.

8. Das Partizip Perfekt
Sieh dir das Beispiel an und fahre dann weiter!

Zum Beispiel:
Sie <u>buchte</u> die Reise und dann bezahlte sie sie.
Sie bezahlte die gebuchte Reise.

a. Sie <u>planten</u> einen Urlaub, den sie rückgängig machen mußten.
Sie mußten . . . .

b. Sie <u>suchten</u> ein Hotel <u>aus</u> und dann fuhren dort hin.
Sie fuhren zum . . . .

c. Sie <u>bezahlten</u> die Waren. Später holten sie sie mit dem Wagen ab.
Sie holten die . . . .

d. Helmut <u>reservierte</u> zwei Karten und später holte er sie ab.
Helmut holte die . . . .

e. Er <u>verlor</u> seine Brieftasche und fand sie erst nach drei Tagen wieder.
Er fand seine . . . .

f. Ihre Armbanduhr wurde <u>gestohlen</u>. Sie war 1000.-DM wert.
Ihre . . . .

9. Gib die Imperfekt- und Perfektformen der folgenden Verben!

a. entscheiden
b. gelten
c. nehmen
d. singen
e. treten

DRITTER TEIL (Seite 107)

1. Lies dir den Text auf Seite 107 durch! Übersetze das, was Herr Gans sagt, ins Englische!

2. Beschreib folgende Städte!

Stadt A	Stadt B
klein (9 000)	groß (46 000)
am Fluß	Mitteldeutschland
Süddeutschland	Industrien:
Industrien:	Kohle
Landwirtschaft	Stahl
Uhrenherstellung	Nachteile:
Tourismus	nur zwei Industrien
Nachteile:	schmutzig
kleine Geschäfte	nicht schön
kein Einkaufszen-	Arbeitslosigkeit
trum	Vorteile:
Gäste im Sommer	gute Einkaufsmög-
überall	lichkeiten
Vorteile:	gute Kinos
schöne Umgebung	gutes Jugendzen-
schöne, alte Häuser	trum
gutes Wintersport-	
zentrum	
ziemlich guter	
Arbeitsmarkt	

3. Wortfolge
Verbinde folgende Sätze, indem du ‚weil‘ verwendest!

a. Er fuhr mit dem Bus. Das Wetter war schlecht.
b. Es schneite stark. Der Bus kam spät an.
c. Der Bus mußte langsam fahren. Er kam spät im Büro an.
d. Er mußte sehr viel schaffen. Er hatte fast zwei Stunden verloren.
e. Die Wetterverhältnisse waren so schlecht. Er beschloß, das Büro früher als gewöhnlich zu verlassen.

4. Präpositionen

a. Vervollständige, indem du eine passende Präposition benutzt!
  (i) Kirstin interessiert sich sehr . . . Fußball und Tennis.
  (ii) Sie stand . . . ihrer Freundin und wartete . . . den Bus.
  (iii) Wir freuen uns sehr . . . deinen Besuch.
  (iv) Als das Flugzeug . . . der Startbahn landete, platzte ein Reifen.

b. Vervollständige, indem du den bestimmten Artikel verwendest!
  (i) ohne ... Mantel
  (ii) mit ... Messer
  (iii) durch ... Wald
  (iv) für ... Jungen
  (v) nach ... Deutschstunde
  (vi) trotz ... Preises

5. Drücke folgende Sätze anders aus, indem du eine Form von ‚kein' verwendest!

Zum Beispiel:
Im Park hat man alle Bäume abgesägt.
Bäume geben
Das heißt, daß es keine Bäume mehr im Park gibt.

a. Er hat nichts von ihr gehört.
   Nachrichten bekommen
b. Sie weiß gar nicht, warum er hinfahren will.
   Ahnung haben
c. Er hat viel zuviel zu tun, um mitzukommen.
   Zeit haben

d. In dieser Stadt gibt es weder Park noch Stadion.
   Park, Stadion haben
e. Ohne Anorak wird sie frieren.
   Anorak tragen

6. Vervollständige, indem du eine Form von ‚wer' verwendest!

a. Bei ... hast du Sport?
b. ... ist das?
c. Mit ... fährst du in Urlaub?
d. ... Taschenrechner ist das?
e. An ... hast du geschrieben?
f. Mit ... spricht er?
g. Für ... hast du das gekauft?
h. ... rief an? War es Ursula?

7. Schreib Sätze im Imperfekt!

Diese Leute fuhren alle durch die Stadt.
Kannst du die Fahrten beschreiben?

a. Er fuhr die Berlinerstraße hinunter, fuhr dann geradeaus bis zur Ampel ....

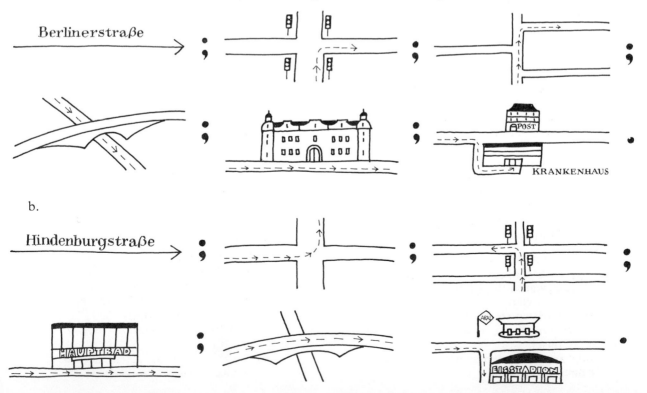

8. Setz folgenden Text ins Imperfekt!

Markus (stehen) auf und (gehen) ins
Badezimmer. Schon nach einer Minute
(klopfen) seine Schwester an die Tür. Sie
(haben) große Eile. Heute (müssen) sie früher
im Betrieb sein. Markus (waschen) sich und
(trocknen) sich sehr schnell. Als er das
Badezimmer (verlassen), (fragen) sie ihn, ob er
ihr einen Kaffee machen würde. Da er Zeit
(haben), (anziehen) er seinen Bademantel,
(gehen) nach unten und (bereiten) einen
Kaffee vor. Seine Schwester (kommen) in die
Küche geeilt, (trinken) den noch heißen
Kaffee, (danken) ihm und (beeilen) sich aus
dem Haus zu kommen.

**9. Gib die Imperfekt- und Perfektformen
der folgenden Verben!**

a. essen   c. nennen   e. sterben
b. geraten   d. sinken

Kapitel 7
ERSTER TEIL (Seite 116)

**1. Lies dir den Text auf Seiten 116–117
durch! Beantworte folgende Fragen!**

a. Was passierte vor zwei Jahren?
b. Was schlugen die Deutschen vor?
c. Wollten die Engländer nur Neunkirchen
   besuchen?
d. Wer hat ihnen geholfen, den Brief zu
   schreiben?
e. Was macht ein Fremdsprachenassistent,
   bzw. eine Fremdsprachenassistenin in einer
   englischen Schule?
f. An wen schrieben sie?
g. Warum war es relativ leicht in einem Tag
   1 000km zurückzulegen?
h. Wie war die Reise?

**2. Lies dir den Text auf Seiten 116–117
durch! Beantworte folgende Fragen!**

a. Was hatten die deutschen Gastgeber
   vorgeplant?
b. Warum waren die Engländer erschöpft, als
   sie im Schwarzwald ankamen?
c. Was machten sie im Schwarzwald?
d. Warum machten sie einen Tagesausflug
   nach Basel?
e. Wie unterschieden sich die Hin- und die
   Rückfahrten?

**3. Schreib einen Brief an einen Freund,
bzw. an eine Freundin!**

Deine Familie hat vor, im Sommer eine
Deutschlandreise zu machen. Ihr seid sechs
Personen – zwei Erwachsene und vier
Jugendliche. Ihr habt ein Auto und drei Zelte.
Termin: vom 1.–15. August inklusive.
Frag deinen deutschen Freund, bzw. deine
deutsche Freundin, ob er/sie einen
Campingplatz für euch irgendwo in der
Schwäbischen Alb finden und einen Platz für
euch buchen könnte.
Du willst auch einige Neuigkeiten erzählen:

a. Deine Oma ist gestorben und dein Opa
   wird jetzt zu euch ziehen. Er bekommt dein
   Zimmer und du wirst mit deiner Schwester
   ein Zimmer teilen.

b. Du hast viel Arbeit, weil du in vier
   Wochen einige Prüfungen ablegen mußt.

c. Du freust dich auf die Sommerferien.

eine Prüfung ablegen   *to take an exam*

**4. Der Komparativ
Mach Vergleiche!**

Zum Beispiel:

(i) ————————————————
(ii) ——————————————

Die erste Linie ist länger als die zweite.

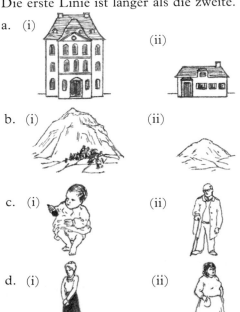

a. (i)   (ii)

b. (i)   (ii)

c. (i)   (ii)

d. (i)   (ii)

5. Das Possessivpronomen und der unbestimmte Artikel
Setz die richtige Form von ‚ein‘, ‚mein‘, ‚dein‘, ‚sein‘, ‚ihr‘ oder ‚kein‘ ein!

a. Max ist in der Schule. ... Kugelschreiber ist zu Hause. Es ist die große Pause und er macht ... Hausaufgaben.
„He! Inge hast du ... Kugelschreiber?“
„Was?“
„Ich habe ... Kugelschreiber. Hast du einen?“
„Du kannst ... Bleistift haben.“
„Nein. Ich muß ... Kuli haben. Ich mache ... Hausaufgaben.“

b. „Ist das ... Bleistift?“
„Wo?“
„Dort.“
„Nein. Paula war da. Das ist sicher ... Bleistift.“

c. „Hast du Geschwister?“
„Ja. Zwei Brüder und eine Schwester.“
„Wie alt?“
„... Brüder sind fünfzehn und zwanzig und ... Schwester ist zweiundzwanzig.“
„Du bist das Baby, ne?“
„Ja. ... Schwester ist verheiratet. ... Kinder sind ein und zwei Jahre alt.“

6. Zwei Pronomen
Gib Antwort!

Zum Beispiel:

Was machte Inge mit dem Buch?

Inge   Sie gab es ihm.

a. Was machte Horst mit dem Füller?

Horst

b. Was machte Erich mit dem Ball?

Erich

c. Was machte Barbara mit den Filzstiften?

Barbara

d. Was machte Frank mit der Armbanduhr?

Frank

e. Was machte Gudrun mit ihrem Auto?

Gudrun

7. Beschreib diese Leute! Verwende dabei passende Adjektive!

Bernd   Birgit

Heidrun   Reinhart

8. Gib die Imperfekt- und Perfektformen der folgenden Verben!

a. fahren   d. sprechen
b. gießen   e. streichen
c. rufen

ZWEITER TEIL (Seite 119)

1. Wortfolge
Was wollen folgende Leute wissen?

a.
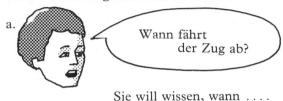
Wann fährt der Zug ab?

Sie will wissen, wann ....

b.

Wann kommt der Zug an?

Sie ....

c.

Wann beginnt die letzte Vorstellung des Films?

d.
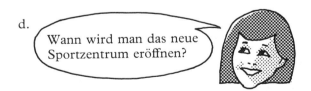
Wann wird man das neue Sportzentrum eröffnen?

Jetzt mit ‚ob‘.

e.

Fährt der Bus um 8.00 oder um 9.00 Uhr?

Er will wissen, ob ....

f.

Welches ist länger – das Theaterstück oder der Film?

Sie will ....

g.

Ist es preiswerter über München oder über Augsburg zu fahren?

h.

Denken Sie, daß es heute regnen wird oder nicht?

2. Präpositionen
Setz die richtige Präposition ein!

a. Er kam ... seinen Mantel.
b. ... der Stadt gibt es einen schönen Park.
c. Sie hat die Überfahrt ... der Fähre gemacht.
d. ... viele Leute ist es schwer, sich einen Urlaub im Ausland zu leisten.
e. ... uns in Deutschland fährt man auf der rechten Straßenseite.
f. ... des Preises kaufte er das Auto.
g. Das ist mein Mantel. Dort ... der Wand.
h. Das Geschäft war nicht weit. Es stand ... die Ecke.

3. Gib das Gegenteil der folgenden Adjektive!

groß	schnell
schwarz	hübsch
geduldig	erst
angenehm	dumm
hoch	munter
flach	heiß
breit	leitend
dunkel	laut
alt	dick
gut	fern

4. Vervollständige folgende Sätze, indem du ein Possessivpronomen oder ‚ein‘ oder ‚kein‘ einsetzt!

a. Er ist umgezogen, um ... Arbeitsplatz zu suchen. ... Familie wird ihm folgen.

b. Herr Weber ist Mechaniker. ... Arbeit macht ihm viel Spaß. Er arbeitet in ... Werkstatt in Brebach.

c. Frau Scheuer ist Inhaberin ... Restaurants. Sie sucht gerade ... Kellner oder ... Kellnerin.

d. Nach ... Schulzeit werde ich ... Berufsbildungszentrum besuchen.

e. Klaus arbeitet in der Firma ... Eltern.

f. Claudia hat ... Ahnung, was sie machen wird. Sie hat aber an ... Firma geschrieben, um ... Stelle zu suchen.

g. Klara wohnt in der Altstadt, nicht weit von ... Arbeit entfernt.

h. ... Schwester hat eine gute Stelle. ... Arbeit macht ihr viel Spaß.

5. Vervollständige!

a. Vier ist ein ... von 16.

b. Sechs ist ein ... von 18.

c. Die ... von acht ist vier.

d. Sechs ist ... von acht.

e. Sechs ist ... von 12.

6. Schreib folgenden Bericht aus! Benutzt die Notizen, die von einem Polizisten gemacht wurden!

Vermißt:
    Mädchen
    ca. 16
    Haare: blond, schulterlang
    Brille: Metall
    Gesicht: rund
    Augen: blau
    Figur: rundlich
    Kleidung: brauner Rock
             weiße Bluse
             gelber Anorak
    Tasche: Leder, grün
    gestern: ca. 14.00 Uhr in der Stadt
             Einkaufsbummel mit Freundin
    15.30 Uhr Café Hagen,
             Mainzerstraße
    16.30 Uhr alleine zur U-Bahn
dann verschwunden

7. Gib die Imperfekt- und Perfektformen der folgenden Verben!

a. fallen

b. haben

c. schließen

d. springen

e. tun

Kapitel 8

ERSTER TEIL (Seite 135)

1. Lies dir den Text auf Seite 138 durch! Beantworte folgende Fragen!

a. Was hatten Brigitte und Werner kurz vorher gemacht?

b. Wie wollten sie ihren dreiwöchigen Urlaub verbringen?

c. Warum wählten sie Salzburg als Ausflugsziel?

d. Warum nahmen sie ihr Essen mit?

e. Wie war das Wetter den ganzen Tag über?

f. Was machten sie am Nachmittag? Warum?

2. Lies dir den Text auf Seite 139 durch! Beantworte folgende Fragen!

a. Warum fuhren sie mit der Bahn?

b. Was bedeutet ‚Halbpension‘? Erklärung auf Deutsch, bitte!

c. Was gab es in den Bergen, das sie besonders interessierte?

d. Welches Ereignis verdarb den Tag für Christoph?

e. Wann wurde der Apparat gekauft?

f. Was versuchten die Eltern, um das Kind zu beruhigen?

g. Was machten sie vor der Abreise?

3. Verwende die Komparativ- oder Superlativform der unten angegebenen Adjektive, indem du die Sätze vervollständigst!

a. „Ist der Mont Blanc ... als die Zugspitze?“
    „Sicher. Der Mont Blanc ist der ... Berg Europas.“

b. „Ist Eva ... oder ... als Kurt?“
    „Sie ist .... Der Kurt ist 16 und, obwohl sie so groß ist, ist sie nur 14.“

c. „Welches wäre ... , meinst du? Sollte ich mit der Bahn oder mit der Flugzeug fahren?“
    „Beide sind gut. Die Bahn ist aber etwas ... .“

d. Meiner Meinung nach ist Beethoven der ... Komponist von allen. Die Gudrun behauptet aber, daß Mozart ... ist als er.

e. „Ich fahre nach Ingolstadt. Wo ist die ... Haltestelle, bitte?“
    „Am Rathaus. Das ist aber ziemlich weit. Fahr mit der U-Bahn. Die U-Bahnstation ist viel .... “

f. „Die Reise von Aachen nach München scheint viel … zu sein, wenn man unterwegs nicht schlafen kann," sagte Dieter.

g. „Ach! Das geht hier so langsam. Ich kann's kaum mit diesem Messer schneiden."
   „Versuch's mit meinem. Es ist viel …."

> gut groß billig nah scharf alt lang jung hoch

4. Schreib Bernds Porträt!

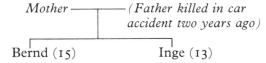

Mother ———————— (Father killed in car accident two years ago)

Bernd (15)   Inge (13)

Bernd: lives in small flat with mother and sister;
mother thinking of remarrying to
Thomas Leibl;
Bernd likes Thomas, thinks remarriage a
good idea;
goes sailing with Thomas and Inge goes
too;
gets on well with mother except when she
catches him smoking;
holidays last year all together – camping
in Austria.

5. Der unbestimmte Artikel
Vervollständige die folgenden Sätze!

a. Sein Büro befindet sich in … Hochhaus in der Maistraße.

b. Ich sah ihn gestern in … Geschäft im Dorf.

c. Sie arbeitet in … Bank in der Stadtmitte.

d. Er verschwand in … Zimmer auf der linken Seite.

e. Gestern ging sie auf … Party mit … Freund.

f. Sie reservierte sich ein Doppelzimmer in … kleinen Hotel.

g. Er beschloß mit … Zug zu fahren, der vor Mitternacht ankommen würde.

h. Er hatte die Briefe in … Schublade versteckt; er vergaß aber welche.

6. Was fehlt in jedem Bild?

Zum Beispiel:

Das ist nicht gut gezeichnet.
Er hat keine Haare.

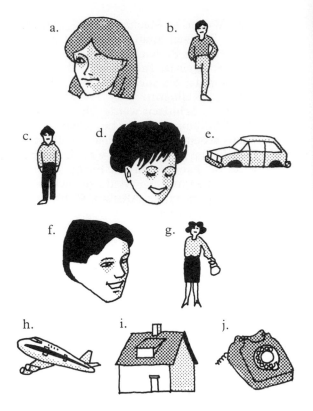

a.
b.
c.
d.
e.
f.
g.
h.
i.
j.

7. Das Relativpronomen
Vervollständige folgende Sätze!

a. Nominativ und Akkusativ

   (i) Das Taschenmesser, … ich verloren habe, ist 30.-DM Wert.

   (ii) Die Bäume, … du vor uns siehst, sind alle Pappeln.

   (iii) Hast du den Tennisschläger gesehen, … ich gestern gekauft habe?

   (iv) Als er den Unfall erlitt, war der Arm, … er vor zwei Monaten gebrochen hatte, kaum heil.

   (v) „Kannst du mir den Teller reichen, … dort auf dem Schrank steht?" fragte sie.

b. Dativ und Genitiv

   (i) „Dieser Junge, mit … er stets 'rumläuft, übt keinen guten Einfluß meiner Meinung nach," sagte seine Mutter.

   (ii) Der Mann, … Tochter vermißt war, verbrachte den ganzen Tag bei der Polizei.

   (iii) Die Vögel, … Nester dort oben zu sehen sind, sieht man sehr selten.

   (iv) Die Leute, mit … er am meisten zu tun hat, sind Geschäftsleute.

(v) Er hat auch eine ältere Schwester, mit ... er gut auskommt.

(vi) „Das ist die alte Dame, ... Sohn unser Haus kaufen will," sagte Magda.

(vii) Die Familie, bei ... sie jetzt wohnt, ist sehr nett.

(viii) Der Metzger, ... Laden dem Kino gegenüber steht, ist sehr zu empfehlen.

(ix) Er hat eine Tante, ... Geschäft im Moment sehr gut läuft.

(x) Der Junge, ... er es gab, trägt einen blauen Anorak.

das Nest (-er) *nest*

8. Gib die Imperfekt- und Perfektformen der folgenden Verben!

a. fangen
b. heißen
c. schießen
d. stehen
e. treffen

ZWEITER TEIL (Seite 145)

1. Sieh dir Seite 145 an! Beantworte folgende Fragen!

Zum Beispiel:
Was könnte man um 10.00 Uhr am Samstag machen?
Man könnte zur Fußgängerzone gehen und dort ein Bier trinken. Man könnte auch die Gruppe ‚Nordlicht' hören.

a. Samstag
(i) Was könnte man ab 10.00 Uhr machen?
(ii) Was könnte man um 14.00 Uhr machen?
(iii) Was ist am Abend im Park zu machen?

b. Sonntag
(i) Was könnte man um 9.00 Uhr machen?
(ii) Was ist ab 9.30 Uhr in der Fußgängerzone zu machen?
(iii) Was ist zwischen 15.00 Uhr und 18.00 Uhr zu machen?
(iv) Was geht um 20.00 Uhr im Park los?

2. Der bestimmte Artikel Vervollständige folgende Sätze! In jedem Satz kommen zwei verschiedene Fälle vor.

a. ... Patient saß in ... Nebenzimmer und wartete.

b. ... Kundin rief ... Kellner herbei und bezahlte.

c. In ... Wäldern hier um ... Haus kann man lange Spaziergänge machen.

d. ... Kapitän steuerte das Schiff langsam in ... Hafen.

e. Nach ... Wetterbericht soll ... nächste Woche ganz schön sein.

f. Am Ende ... Straße sah der Polizist ... vermißte Mädchen.

g. ... Mädchen lief aus dem Bahnhof und verschwand mit ... jungen Mann in der Menge.

h. Im Sommer wollte er ... Dach ... Hauses reparieren.

3. Für wen suchen diese Leute etwas? Kannst du Vorschläge machen?

Zum Beispiel:

Karl

Karl wird etwas für seine Freundin kaufen.

a.

Rosy

b.

Inge

c.

Michael

d.

Heidrun

e.

Gerd

f.

Eva

g.

Ralf

h.

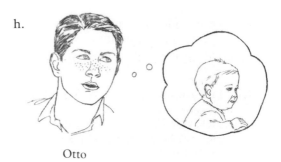

Otto

Zur Auswahl:

Mutter	Tochter	Freundin
Tante	Bruder	Großeltern
Onkel	Schwester	Großvater
Großmutter	Neffe	Kinder
Eltern	Nichte	
Sohn	Freund	

4. Präpositionen
Vervollständige folgenden Text!
Verwende die Kurzform wenn nötig!

Joachim wohnte . . . der Stadtmitte. Früher hatte er . . . dem Stadtrand gewohnt und hatte jeden Tag die lange Fahrt . . . der Straßenbahn . . . der Arbeit . . . der Stadtmitte machen müssen. Jetzt waren es nur fünf Gehminuten . . . dem Bahnhof und ein Einkaufszentrum stand seiner Wohnung . . . . ihn war es ideal. Er verließ den Wohnblock . . . halb acht und . . . zehn Minuten saß er . . . seinem Schreibtisch . . . dem Büro. Besser könnte es nicht sein.

5. Das Passiv

Zum Beispiel:
Ich muß die Mähmaschine reparieren lassen.
Brauchst du nicht. Sie ist schon repariert worden.

a. Ich muß die Fenster putzen.
   Brauchst du nicht. Sie sind . . . .
b. Ich muß die Hunde füttern.
c. Ich muß das Abendessen vorbereiten.
d. Ich muß die Wäsche waschen.
e. Ich muß ein Geschenk für Tante Lena kaufen.

6. Gib die Imperfekt- und Perfektformen der folgenden Verben!

a. finden
b. halten
c. scheinen
d. stehlen
e. tragen

DRITTER TEIL (Seite 147)

1. Sieh dir Seite 149 an!
Wie sagt man folgendes auf Englisch?

a. Tagessuppe
b. Schinkenbrot mit gekochtem Schinken
c. Nizza-Salat
d. Salatplatte mit Ei
e. Schnitzel mit Pommes frites und Salat
f. Rumpsteak mit Brot (gem. Pilze, Schinken, Zwiebeln)
g. Vanilleeis mit heißen Himbeeren

2. Präpositionen

a. Vervollständige folgenden Text! Verwende die Kurzform wenn nötig!

Klara wohnt . . . einem Haus . . . dem Lande nicht weit . . . einem Dorf entfernt. Ihr Haus liegt . . . einer Höhe und . . . ihrem Schlafzimmer hinaus hat man einen sehr schönen Ausblick . . . dem Süden. . . . ihre Eltern ist die Lage sehr praktisch. Sie sind beide berufstätig und das Haus liegt nur 5 km . . . der Autobahn entfernt. Der Nachteil Klaras Meinung . . . ist, daß man eine gute halbe Stunde braucht, um in das Dorf zu kommen, wenn man . . . Fuß geht, und . . . der Zeit ist ihr Fahrrad kaputt. Trotzdem wohnt sie lieber hier . . . des Dorfes.

b. *Write down as many prepositions as you can remember which take the accusative only or the dative only.*

3. Du möchtest etwas sehen, was ein anderer, bzw. eine andere gekauft hat. Er/sie weiß nicht, was du meinst und du mußt es näher beschreiben.

Zum Beispiel:
A: Darf ich deinen Stadtplan sehen?
B: Welchen?
A: Den Stadtplan, den du gestern gekauft hast.

a. Darf ich deine Landkarte sehen?
b. Darf ich Ihr neues Hemd sehen?
c. Darf ich deine Schuhe sehen?
d. Darf ich Ihren Anorak sehen?
e. Darf ich dein Lineal sehen?
    Und jetzt mit: Buch, Tasche und Sticker!

4. Der Imperativ
Wie würden folgende Leute sich ausdrücken?

Zum Beispiel:
Die Lehrerin möchte, daß die Schüler und Schülerinnen ihre Hefte aufmachen.
Was sagt sie?
„Macht eure Hefte auf!"

a. Der Vorarbeiter sagt dem Mechaniker, er soll folgendes machen:
    Luftdruck kontrollieren
    Öl wechseln
    Motor überprüfen
    Auto waschen
Was sagt er ihm?

b. Ein Polizist beschreibt einem Autofahrer den Weg:
    geradeaus
    an der Kreuzung links abbiegen
    an dem Hotel vorbeifahren
    der Campingplatz befindet sich auf der rechten Seite

c. Frau Winter läßt einen Zettel für ihren Sohn, während sie zur Arbeit geht. Was sollte er heute machen?
    einkaufen gehen
    Obst und Fleisch kaufen
    Oma anrufen   sie zum Abendessen einladen
    Hemden bügeln
    Schlafzimmer aufräumen
Schreib den Zettel aus!

5. Gib die Imperfekt- und Perfektformen der folgenden Verben!

a. fliegen
b. helfen
c. schlagen
d. steigen
e. treten

Grammar Summary

Articles and adjectives
The definite article

	Masc.	Fem.	Neut.	Plural
Nom.	der	die	das	die
Acc.	den	die	das	die
Gen.	des	der	des	der
Dat.	dem	der	dem	den

Note:
In the masculine and the neuter genitive singular an
-s *or* **-es** *is added to the noun:*
(der Bericht)   Er hat den Anfang des Bericht**s**
gelesen.
(das Büro)   Die Öffnungszeiten des Büro**s** stehen
in der Zeitung.
In the dative plural an **-n** *is added to the noun, if*
it does not already have one in the plural:
(der Passagier (-e))   Der Kapitän hat mit den
Passagiere**n** gesprochen.

Demonstrative adjectives

dieser, diese, dieses   *this*
jeder, jede, jedes   *that*
jener, jene, jenes   *each*
mancher, manche, manches   *many, many a*
solcher, solche, solches   *such*

The interrogative adjective

welcher, welche, welches

Demonstrative adjectives and the interrogative
adjective all decline in the same way. Note that the
endings of this group of words are the same as the
endings for the definite article given above.

	Masc.	Fem.	Neut.	Plural
Nom.	dieser	diese	dieses	diese
Acc.	diesen	diese	dieses	diese
Gen.	dieses	dieser	dieses	dieser
Dat.	diesem	dieser	diesem	diesen

Note:
In the masculine and neuter genitive singular an
-s *or* **-es** *is added to the noun.*
In the dative plural an **-n** *is added to the noun, if*
it does not already have one in the plural.

The indefinite article

	Masc.	Fem.	Neut.
Nom.	ein	eine	ein
Acc.	einen	eine	ein
Gen.	eines	einer	eines
Dat.	einem	einer	einem

Note that in the masculine and neuter genitive an
-s *or* **-es** *is added to the noun.*

The negative article

	Masc.	Fem.	Neut.	Plural
Nom.	kein	keine	kein	keine
Acc.	keinen	keine	kein	keine
Gen.	keines	keiner	keines	keiner
Dat.	keinem	keiner	keinem	keinen

Note:
In the masculine and neuter genitive an **-s** *or* **-es** *is*
added to the noun.
In the dative plural an **-n** *is added to the noun, if*
it does not already have one in the plural.

derselbe (the same)

	Masc.	Fem.	Neut.	Plural
Nom.	derselbe	dieselbe	dasselbe	dieselben
Acc.	denselben	dieselbe	dasselbe	dieselben
Gen.	desselben	derselben	desselben	derselben
Dat.	demselben	derselben	demselben	denselben

Note:
If **derselbe** *is being used as an adjective, then:*
in the masculine and neuter genitive singular an **-s**
or **-es** *is added to the noun;*

in the dative plural an **-n** is added to the noun, if it
does not already have one in the plural, e.g:
Klaus spielte mit denselben Kinder**n** wie gestern.

Derselbe can also be used as a pronoun:
Ich nehme **dasselbe** wie du.

derjenige (the one that)

	Masc.	Fem.	Neut.
Nom.	derjenige	diejenige	dasjenige
Acc.	denjenigen	diejenige	dasjenige
Gen.	desjenigen	derjenigen	desjenigen
Dat.	demjenigen	derjenigen	demjenigen

	Plural
Nom.	diejenigen
Acc.	diejenigen
Gen.	derjenigen
Dat.	denjenigen

Note:
derjenige *is usually used as a pronoun, e.g:*
In unserer Familie bin ich **diejenige**, die am
spätesten ins Bett geht.
Freitags bin ich **derjenige**, der am frühesten
aufsteht.

Possessive adjectives

mein   *my*
dein   *your (familiar)*
sein   *his, its*
ihr   *her, its*
unser   *our*
euer   *your (plural familiar)*
Ihr   *your (polite)*
ihr   *their*

	Masc.	Fem.	Neut.	Plural
Nom.	mein	meine	mein	meine
Acc.	meinen	meine	mein	meine
Gen.	meines	meiner	meines	meiner
Dat.	meinem	meiner	meinem	meinen

Note:
euer *drop its second* **-e** *when it has an ending, e.g:*
Könnt ihr mir **eure** Adresse geben?
In the masculine and neuter genitive singular an **-s**
or **-es** *is added to the noun.*
In the dative plural an **-n** *is added to the noun, if
it does not already have one in the plural.*

Adjectival endings
Adjectives with the definite article

	Masc.
Nom.	der junge Mann
Acc.	den jungen Mann
Gen.	des jungen Mannes
Dat.	dem jungen Mann

	Fem.
Nom.	die junge Frau
Acc.	die junge Frau
Gen.	der jungen Frau
Dat.	der jungen Frau

	Neut.
Nom.	das junge Kind
Acc.	das junge Kind
Gen.	des jungen Kindes
Dat.	dem jungen Kind

	Plural
Nom.	die jungen Leute
Acc.	die jungen Leute
Gen.	der jungen Leute
Dat.	den jungen Leuten

Note:
Adjectives are declined in the same way with
dieser, jener, jeder, mancher, solcher *and*
welcher.

Adjectives with the indefinite articles ein and kein, and with the possessive adjectives mein, etc.

	Masc.
Nom.	ein junger Mann
Acc.	einen jungen Mann
Gen.	eines jungen Mannes
Dat.	einem jungen Mann

	Fem.
Nom.	eine junge Frau
Acc.	eine junge Frau
Gen.	einer jungen Frau
Dat.	einer jungen Frau

	Neut.
Nom.	ein junges Kind
Acc.	ein junges Kind
Gen.	eines jungen Kindes
Dat.	einem jungen Kind

	Plural
Nom.	keine jungen Leute
Acc.	keine jungen Leute
Gen.	keiner jungen Leute
Dat.	keinen jungen Leuten

Adjectives without an article

Masc.

Nom.	neuer Wein
Acc.	neuen Wein
Gen.	neuen Weins
Dat.	neuem Wein

Fem.

Nom.	frische Milch
Acc.	frische Milch
Gen.	frischer Milch
Dat.	frischer Milch

Neut.

Nom.	warmes Wasser
Acc.	warmes Wasser
Gen.	warmen Wassers
Dat.	warmem Wasser

Plural

Nom.	heiße Getränke
Acc.	heiße Getränke
Gen.	heißer Getränke
Dat.	heißen Getränken

Note:
The above plural endings are also used after **einige**
(some), **wenige** *(few),* **ein paar** *(a few),*
manche *(pl.) (some),* **viele** *(many) and*
mehrere *(several), e.g:*

Nom.	einige gute Freunde
Acc.	einige gute Freunde
Gen.	einiger guter Freunde
Dat.	einigen guten Freunden

The comparative and superlative forms of adjectives

a. *Basic form   Comparative   Superlative*

schnell	schneller	der/die/das schnellste
spät	später	der/die/das späteste

b. *A number of adjectives of one syllable add an*
umlaut.

alt	älter	der/die/das älteste
jung	jünger	der/die/das jüngste
klug	klüger	der/die/das klügste
kurz	kürzer	der/die/das kürzeste
lang	länger	der/die/das längste
scharf	schärfer	der/die/das schärfste
stark	stärker	der/die/das stärkste
warm	wärmer	der/die/das wärmste

c. *Irregular forms:*

groß	größer	der/die/das größte
gut	besser	der/die/das beste

hoch	höher	der/die/das höchste
nah	näher	der/die/das nächste
gern	lieber	der/die/das liebste
viel	mehr	die meisten *(pl. only)*

Note:
viel *does not decline in the singular.*
mehr *does not decline.*

The use of the comparative:
Mein Bruder ist geduldiger als meine Schwester.
Sie ist nicht so geduldig wie er.

Comparative adjectives take the same endings as
normal adjectives:
Mein jüngerer Bruder fährt bald nach Japan.
Wir hatten uns entschlossen im nächsten Dorf zu
halten.

The comparative with **immer**
Note the meaning of the following sentence:
Sie wurde immer dicker. *She became fatter and*
fatter.

The comparative with **je** ... **desto**
Note this construction which is used with the
comparative:
Je dicker sie war, desto unglücklicher wurde sie.
The fatter she was, the unhappier she became.

The superlative adjective with **am**
This construction is used when no previously
expressed noun can be supplied:
Im Juni sind die Tage am längsten.
In Spanien war das Wetter am schönsten.

Place names as adjectives

Place names used as adjectives begin with a capital
letter, end in **-er** *and do not decline:*
Die **Münchener** U-Bahn ist sehr gut.
Die **Frankfurter** Buchmesse findet einmal im
Jahr statt.

Adverbs

Almost all adjectives can also be used as adverbs.
When used as adverbs, however, they do not decline.

Adjective	*Adverb*
Vom Gipfel hatten sie	Maria singt sehr **schön**.
eine **schöne** Aussicht.	

Comparison of Adverbs

a. *Basic form   Comparative   Superlative*

früh	früher	am frühesten
spät	später	am spätesten

b. *A number of adverbs of one syllable take an* **Umlaut** *in their comparative and superlative forms.*

c. *The superlative adverb is formed by putting* **am** *in front of the stem of the superlative form of the adjective.*

d. *Irregular forms:*

gern	lieber	am liebsten
gut	besser	am besten
viel	mehr	am meisten

Interrogative adverbs

Wo? *Where?*
Wohin? *Where to?*
Woher? *Where from?*

Zum Beispiel:

„Wo liegt Shepshed?"
  „In Mittelengland."
„Wohin fährst du? (Wo fährst du hin)?"
  „Nach Portugal."
„Woher kommen Sie? (Wo kommen Sie her)?"
  „Aus Venedig."

Some other common adverbs

(un)glücklicherweise *(un)luckily*
normalerweise *normally*
teilweise *partly*
lange *for a long time*
vormittags (usw.) *in the morning(s)*

Nouns and pronouns
Weak nouns

Some masculine nouns are declined: they are called 'weak nouns'.

	Singular		Plural
Nom.	der Junge	ein Junge	die Jungen
Acc.	den Jungen	einen Jungen	die Jungen
Gen.	des Jungen	eines Jungen	der Jungen
Dat.	dem Jungen	einem Jungen	den Jungen

Other nouns in this group are:

der Bär (-en, -en)	der Komplize (-n, -n)
der Direktor (-en, -en)	der Kunde (-n, -n)
der Drache (-n, -n)	der Mensch (-en, -en)
der Fürst (-en, -en)	der Narr (-en, -en)
der Held (-en, -en)	der Student (-en, -en)
der Herr (-n, -en)	der Tourist (-en, -en)
der Kollege (-n, -n)	

Note that when addressing an envelope you put **Herr** *in the accusative:*
an Herrn Braun

Adjectival nouns

Some nouns behave like adjectives and change their ending depending on whether they follow a definite or an indefinite article, etc.

	Masculine	
Nom.	der Reisende	ein Reisender
Acc.	den Reisenden	einen Reisenden
Gen.	des Reisenden	eines Reisenden
Dat.	dem Reisenden	einem Reisenden

	Feminine	
Nom.	die Reisende	eine Reisende
Acc.	die Reisende	eine Reisende
Gen.	der Reisenden	einer Reisenden
Dat.	der Reisenden	einer Reisenden

	Plural
Nom.	die Reisenden
Acc.	die Reisenden
Gen.	der Reisenden
Dat.	den Reisenden

Other nouns in this group are:

der Bekannte	die Bekannte
der Deutsche	die Deutsche
der Erwachsene	die Erwachsene
der Fremde	die Fremde
der Verwandte	die Verwandte

Note this exception: der Beamte *but* die Beamtin.

Nouns formed from verbs

Nouns can also be formed from verbs: these are always neuter.
rauchen *to smoke*
das Rauchen *smoking*

The relative pronoun

	Masc.	*Fem.*	*Neut.*	*Plural*
Nom.	der	die	das	die
Acc.	den	die	das	die
Gen.	dessen	deren	dessen	deren
Dat.	dem	der	dem	denen

Zum Beispiel:

Nom. Masc.	Der Mann, der dort steht, ist der Vater meiner Freundin.
Acc. Neut.	Das Leben, das ich zur Zeit führe, ist sehr anstrengend.

| *Gen. Fem.* | Die Frau, deren Arm verletzt wurde, wurde arbeitsunfähig. |
| *Dat. Fem.* | Meine Schwester, mit der ich mich sehr gut verstehe, wohnt jetzt in Salzburg. |

See page 70 for explanations and further examples of the relative pronoun.

The interrogative pronoun

	People	*Things*
Nom.	wer	was
Acc.	wen	was
Gen.	wessen	
Dat.	wem	

Zum Beispiel:

People

Nom.	„Wer ist schon mal in Deutschland gewesen?"
	„Peter."
Acc.	„Wen hast du gemeint?"
	„Sabine."
Gen.	„Wessen Freund ist das?"
	„Monikas."
Dat.	„Mit wem bist du gekommen?"
	„Mit der Hanne."
	„Wem hast du das Geld gegeben?"
	„Der Claudia."

Things

Nom.	„Was ist braun, bellt recht viel und wedelt mit dem Schwanz?"
	„Ein Hund."
	„Was läuft im Kino?"
	„,Zwei Gangster in der Hölle'."
Acc.	„Was willst du der Oma schenken?"
	„Ein Buch über Zimmerpflanzen."
	„Was hast du für das Mittagessen gekauft?"
	„Nichts."

Was *can be linked with prepositions in the following way:*
„Wovon spricht er?"
 „Er spricht von der Vergangenheit."
Womit schreibt sie?
Woraus besteht diese Flüssigkeit?
Wofür brauchst du dein Geld?

Personal pronouns

Nom.	*Acc.*	*Dat.*
ich	mich	mir
du	dich	dir
er	ihn	ihm
sie	sie	ihr
es	es	ihm
wir	uns	uns
ihr	euch	euch
Sie	Sie	Ihnen
sie	sie	ihnen

Zum Beispiel:

Nom.	Ich komme morgens gegen 8.30 Uhr an. Wir müssen um 3.00 Uhr zu Hause sein.
Acc.	„Hast du den Stadtplan gesehen?" „Ja. Ich habe ihn hier." Wo wart ihr? Ich habe euch lange gesucht.
Dat.	Da ist Kathryn. Kannst du ihr diesen Fünfzigmarkschein geben?

Note:
See also the section below on word order (pages 204–205).

Reflexive pronouns

Nom.	*Acc.*	*Dat.*
ich	mich	mir
du	dich	dir
er	sich	sich
sie	sich	sich
es	sich	sich
wir	uns	uns
ihr	euch	euch
Sie	sich	sich
sie	sich	sich

These pronouns are used with reflexive verbs and when someone says that they are doing something for themselves. Almost always accusative pronouns are used with reflexive verbs.

With reflexive verbs:
Ich freue **mich**, daß du kommst.
Erinnert ihr **euch** an den Ausflug?

Doing something for oneself:
Manuela hat **sich** einen neuen Pullover gekauft.
Sieh **dir** das Bild auf Seite 98 an!

Referring to oneself:
Er pfiff vor **sich** hin.
Vor **sich** sah er den Gipfel der Zugspitze.

Hurting oneself:
Ich habe **mir** den Arm verletzt.
However, when a preposition precedes a noun, the accusative reflexive pronoun is used:
Ich habe **mich** am Kopf verletzt.
Ich habe **mich** in die Hand geschnitten.

With some verbs a dative reflexive pronoun is required:

sich denken	Das habe ich **mir** gedacht.
sich überlegen	Hast du **dir** mein Angebot schon überlegt?
sich vorstellen	Ich kann **mir** vorstellen, daß er sich darüber freut.

Prepositions
Cases after prepositions

Some prepositions are always followed by a certain case:

Accusative	Genitive	Dative
bis	(an)statt	aus
durch	außerhalb	außer
entlang	innerhalb	bei
für	trotz	dank
gegen	während	gegenüber
ohne	wegen	mit
um		nach
wider		seit
		von
		zu

Zum Beispiel:

Accusative	Wir spielen **gegen die Mannschaft** aus Heising.
	Können Sie **bis nächsten Montag** warten?
Genitive	**Trotz des schlechten Wetters** konnte der Ausflug stattfinden.
	Während der Mittagspause machen sie das Büro zu.
Dative	**Seit drei Wochen** geht es mir nicht sehr gut.
	Außer mir kann keiner kommen.

Some prepositions are followed by either the accusative or the dative. They are followed by the accusative when there is some idea of motion or movement and by the dative when there is some idea of rest or stability.

Accusative or Dative

an	in	unter
auf	neben	vor
hinter	über	zwischen

Zum Beispiel:

Accusative	Ich bin direkt in den Unterricht gegangen.
	Wir sind gemeinsam ins Jugendzentrum gefahren.
Dative	Gestern mußte ich den ganzen Tag in der Schule verbringen.
	Sie trafen sich am Haupteingang.

Verbs that take a preposition

an + *accusative*

denken an *to think of*	Er dachte an dich.
sich erinnern an *to remember*	Sie erinnerte sich an den schönen Abend.
schreiben an *to write to*	Ich schreibe an das Hotel.
schicken an *to send to*	Schickst du das Paket an die Oma?

an + *dative*

vorbeigehen an *to go past*	Er ging an unserem Haus vorbei.

auf + *accusative*

achten auf *to watch*	Sie achtete auf ihr Gewicht.
aufpassen auf *to pay attention*	Paß auf dich auf!
auf jemanden zukommen *to go up to someone*	Die Verkäuferin kam auf mich zu.
stolz auf etwas sein *to be proud of*	Er war stolz auf seine Tochter.
warten auf *to wait for*	Wir warteten lange auf den Bus.
sich auf den Weg machen *to set out*	Sie machten sich um 5.00 Uhr auf den Weg.

auf + *dative*

bestehen auf *to insist on*	Er bestand auf seinem Recht.

aus

aussteigen aus *to alight*	Er steigt aus dem Bus aus.

bei

sich entschuldigen bei
to apologise to

Sie entschuldigte sich bei der Lehrerin.

helfen bei
to help with

Ich helfe dir gern bei der Arbeit.

für

sich interessieren für
to be interested in

Ich interessiere mich für die moderne Kunst.

schwärmen für
to be mad about

Mein Bruder schwärmt für dich.

in + *accusative*

einen Blick in . . . werfen
to glance at

Er warf einen Blick in die Zeitung.

über + *accusative*

sich freuen über
to be pleased about

Wir freuen uns über deinen Erfolg.

sprechen über
to discuss, to talk about

Sie sprachen lange über die politische Lage.

um

bitten um
to ask for

Er bat sie um ihre Adresse.

sich handeln um
to be about

Es handelt sich um eine billige Reise nach Berlin.

sich kümmern um
to take care of

Sie kümmerten sich um das Kind.

von

abhängen von
to depend on

Das hängt von dir ab!

vor + *dative*

Angst haben vor
sich fürchten vor
} *to be afraid of* {
Ich habe Angst vor ihm.
Ich fürchte mich vor ihm.

Verbs that take the dative

antworten	Er antwortete **ihr** sofort.
befehlen	Der Polizist befahl **ihr** anzuhalten.
begegnen	Wir sind **ihm** im Einkaufszentrum begegnet.
danken	Ich danke **dir** recht herzlich.
dienen	Womit kann ich **Ihnen** dienen?
erlauben	Das hat **mir** meine Mutter erlaubt.
folgen	Wir folgten **dem Dieb**.
gefallen	Es gefällt **mir**.
gehören	Die Tasche gehört **ihr**.
gelingen	Es gelang **ihr** den Direktor telefonisch zu erreichen.

glauben	Ich glaube es **dir**.
helfen	Hilf **mir** meinen Koffer zu packen.
leid tun	Es tut **mir** leid, daß du krank bist.
sich nähern	Das Schiff näherte sich **dem Ufer**.
schmecken	Das Schnitzel schmeckt **mir** gut.
raten	„Wein auf Bier, das rat ich **dir**."
trauen	Ich traue **meinen Augen** nicht.

Word order

a. The verb is put in the second place in a sentence after a word or a word group:
- *in questions not starting with a verb;*
  Wann kannst du uns besuchen?
  Um wieviel Uhr kommt der Zug an?
  Was möchtest du trinken?
- *in simple sentences;*
  Die Ärztin behandelte den Patienten.
- *when a sentence does not begin with the subject of the verb.*
  Zuerst habe ich den Peter angerufen.
  Anschließend sind wir ins Eiscafé gegangen.

b. The verb is put at the end of the clause when the clause begins with one of the following words:

als	sowohl
bevor	seitdem
da	während
daß	weil
nachdem	wenn
ob	

Zum Beispiel:
Als sie in Urlaub fuhren, änderte sich das Wetter.
Bevor er ins Bett ging, schrieb er den Brief zu Ende.
Nachdem sie den Pullover ausgesucht hatten, mußten sie zur Kasse gehen.
Ich weiß nicht so genau, **ob** ich die Zeit dazu finde.
Seitdem wir hier wohnen, fahren wir jeden Winter ski.
Er konnte nicht mitfahren, **weil** er kein Geld hatte.

*The verb is also put at the end of the clause when the clause begins with one of the interrogative pronouns (**was, wie, wo, wohin, wer**) not used as a question, e.g:*
Er weiß nicht, **was** er machen soll.
Wir wissen noch nicht, **wohin** wir nächsten Sommer fahren.

or when the clause begins with the relative pronoun (**der, die, das,** etc. See pages 201–202 above.), e.g:
Der Mann, **der** neben mir saß, hat mein Portemonnaie gefunden.

c. The following words do not affect the position of the verb in a clause or a sentence – the verb still goes in the second place after them:

aber	sondern
denn	und
oder	

Zum Beispiel:
Wir könnten ins Restaurant gehen, **oder** wir könnten etwas kochen.
Ich weiß nicht, was er macht, **denn** er hat sich nicht gemeldet.
Manuela hat sich einen Pullover gekauft, **und** Detlev hat eine neue Jeanshose gefunden.

d. When two sentences are linked without ,**daß**‘ after verbs such as **denken, glauben, meinen,** etc., then the word order is not affected.

Zum Beispiel:
Ich meine, daß er kommen wird.
but
Ich meine, er wird kommen.

e. Past participles normally go at the end of a clause, as do infinitives after the following: modal verbs, **werden** and **um** . . . **zu.**

Zum Beispiel:
Er hat drei Jahre lang als Mechaniker gearbeitet.
Während der Schwangerschaft durfte sie nichts trinken.
Sie werden im nächsten Jahr nach Deutschland fahren.
Um Arzt zu werden, muß man sehr lange studieren.

f. Inversion after direct speech
After direct speech the verb and its subject are inverted, e.g:
„Der Motor springt nicht an," sagte er.

g. Time, Manner, Place
In a German sentence an expression of Time (T) goes before an expression of Manner (M), which goes before an expression of Place (P).

Zum Beispiel:
Klaus fährt jeden Tag mit der U-Bahn zum Arbeitsplatz. (TMP)
Wir fahren nächste Woche nach Frankreich. (T P)

Wir kommen um 19.30 Uhr mit dem Zug an. (TM)
Sie ist bei starkem Regen von Köln nach Bonn gefahren. (MP)

h. The position of pronouns and nouns in a sentence:
  (i) Two pronouns
  When an accusative and a dative pronoun occur together, the accusative pronoun is put first.

  Zum Beispiel:
  Gib es mir!
  „Hat die Monika ihr Geschenk bekommen?"
    „Noch nicht. Kannst du es ihr überreichen?"

  (ii) A pronoun and a noun
  When a pronoun and a noun occur together, the pronoun is put first.

  Zum Beispiel:
  Wir haben ihr eine Flasche Schnaps gegeben.
  Kurt hat sie der Monika gegeben.

  (iii) Two nouns
  When two nouns occur together, the dative noun is put before the accusative noun.
  Gundolf gab seiner Frau die Speisekarte.

Ordinal numbers

a. **1–19**: add **-te** to the cardinal number, e.g:

fünf	der fünfte
sechs	der sechste
etc.	

Note these three exceptions:

eins	der erste
drei	der dritte
acht	der achte

b. **20** and over: add **-ste** to the cardinal number, e.g:

dreiunddreißig	der dreiunddreißigste

c. **101** and over: hunderterste, hundertzweite, etc.

Fractions

a. *Numbers up to ten:*

eine Hälfte	*a half*
ein Drittel	*a third*
ein Viertel	*a quarter*
ein Fünftel	*a fifth*
ein Sechstel	*a sixth*
ein Siebtel	*a seventh*
ein Achtel	*an eighth*
ein Neuntel	*a ninth*
ein Zehntel	*a tenth*

b. *add* **-tel** *to the numbers between ten and twenty.*

c. *add* **-stel** *to numbers after twenty:*

ein Zwanzigstel	*a twentieth*
ein Dreißigstel	*a thirtieth*
ein Hundertstel	*a hundredth*
ein Tausendstel	*a thousandth*

d. *To add 'and a half', in German:*

anderthalb ⎫ eineinhalb ⎭	*one and a half*
zweieinhalb	*two and a half*
dreieinhalb	*three and a half*

and so on, adding **-einhalb** *to any number.*

Measurement

der Meter
Es ist drei Meter lang.
Es ist 3m lang.

der Kilometer
Es liegt zehn Kilometer entfernt.
Es liegt 10 km entfernt.

die Meile
Es liegt sechs Meilen entfernt.

das Kilo/das Kilogramm
Es wiegt zehn Kilogramm/Kilo.
Es wiegt 10 kg.

der Liter
Das sind zwanzig Liter.
Das sind 20 l.

Kilometer pro Stunde
80 Kilometer pro Stunde
80 km/h   h = hora (*hour, in Latin*)

Glas, Tasse, Flasche

ein Glas	Ich möchte ein Glas Wein, bitte. Ich möchte zwei Glas Wein, bitte.
eine Tasse	Ich möchte eine Tasse Kaffee, bitte. Ich möchte zwei Tassen Kaffee, bitte.
eine Flasche	Eine Flasche Wein, bitte. Zwei Flaschen Wein, bitte.

Dates

Heute ist der 30. Juli. Heute ist der dreißigste Juli. Heute haben wir den dreißigsten Juli.	*Today is 30th July.*
Am dritten August fahren wir in Urlaub. Am 3. August	*On 3rd August we go on holiday.*
Im Mai kommen mehrere Feiertage.	*In May there are several public holidays.*
Im Jahre 1961 wurde die Berliner Mauer gebaut. 1961 wurde die Berliner Mauer gebaut.	*The Berlin wall was built in 1961.*
den 16. Mai	*16th May (giving the date on a letter)*

Other expressions of time

The following words are useful if you are describing a sequence of events:

zuerst ⎫ erstmal ⎭	*first*
dann	*then*
danach nachher anschließend ⎭	*after that*
schließlich	*finally*

If these words stand at the beginning of a clause, they invert the verb and its subject.

Zum Beispiel:
Dann haben wir Kaffee getrunken.
Nachher bin ich nach Hause gefahren.

Every day, every two days

jeden Tag	jede Woche	jedes Jahr
alle zwei Tage	alle zwei Wochen	alle zwei Jahre

The Thirties, etc:
die dreißiger Jahre
die achtziger Jahre, usw.

Note that the words **dreißiger,** *etc do not decline, e.g:*
in den sechziger Jahren

Doch

If you wish to contradict a negative statement or question which someone has made, you should begin by saying **doch.**

Zum Beispiel:
„Er hat sich nicht weh getan."
  „Doch. Er hat sich den Fuß verrenkt."
"He didn't hurt himself."
  "Oh yes he did, he twisted his ankle."

„Hast du es nicht gehört?"
  „Doch."
"Didn't you hear it?"
  "Yes, I did."

Verbs

The formation of the tenses
Present tense

Weak verbs *add the following endings to their stem, which is created by removing the* **-en** *from the infinitive of the verb.*

Zum Beispiel:
machen *(infinitive)* **mach-** *(stem)*

ich	mach**e**	wir	mach**en**
du	mach**st**	ihr	mach**t**
er/sie/es	mach**t**	Sie	mach**en**
		sie	mach**en**

Strong verbs *add the same endings to their stem, but they also have a vowel change in the second and third person singular.*

Zum Beispiel:
sehen

ich	seh**e**	wir	seh**en**
du	sieh**st**	ihr	seh**t**
er/sie/es	sieh**t**	Sie	seh**en**
		sie	seh**en**

Verbs whose stem ends in a -d *or a* **-t** *have an* **-e** *before the endings in the second and third person singular and the second person (familiar)*

plural. **Arbeiten** *and* **reden** *are in this group.*

ich	arbeit**e**	wir	arbeit**en**
du	arbeit**est**	ihr	arbeit**et**
er/sie/es	arbeit**et**	Sie	arbeit**en**
		sie	arbeit**en**

Most verbs that end in -eln *form their stem by removing the* **-n** *and then adding the normal endings except in the case of the first person singular.*
Sammeln *and* **segeln** *are in this group.*

ich segle	ich sammle
du segelst	du sammelst

Reflexive verbs

Zum Beispiel:
sich waschen

ich wasche mich	wir waschen uns
du wäschst dich	ihr wascht euch
er/sie/es wäscht sich	Sie waschen sich
	sie waschen sich

Separable verbs
These are so called because they have a separable prefix.

Zum Beispiel:
ankommen   *(to arrive)*
Der Zug kommt um 9.00 Uhr an.

However, if the infinitive or the past participle of the separable verb is used, the verb remains one word.

Zum Beispiel:
Wir sind um 3.00 Uhr angekommen.
Wir dürfen nicht später als 4.00 Uhr ankommen.

Five common irregular verbs

haben	**werden**	**wissen**
ich habe	ich werde	ich weiß
du hast	du wirst	du weißt
er/sie/es hat	er/sie/es wird	er/sie/es weiß
wir haben	wir werden	wir wissen
ihr habt	ihr werdet	ihr wißt
Sie haben	Sie werden	Sie wissen
sie haben	sie werden	sie wissen

sein	**tun**
ich bin	ich tue
du bist	du tust
er/sie/es ist	er/sie/es tut
wir sind	wir tun
ihr seid	ihr tut
Sie sind	Sie tun
sie sind	sie tun

The perfect tense

This tense is made up of two parts: the auxiliary verb and the past participle. The auxiliary verb is either **haben** or **sein**.

Zum Beispiel:
Er **hat** drei Jahre lang studiert.
Sie **ist** zum Fundbüro gegangen.

The past participle of weak verbs
Add **ge-** to the front of the stem and **-(e)t** to the end.

Zum Beispiel:
spielen   spiel-   **ge**spiel**t**
arbeiten   arbeit-   **ge**arbeit**et**

The past participle of strong verbs
These past participles begin with **ge-** and end in **-en**. There is a vowel change in the stem, which does not follow a set pattern and which has to be learnt. A list is provided at the end of this grammar section.

Zum Beispiel:
gehen   gegangen
kommen   gekommen
singen   gesungen

The past participles of mixed verbs
These add **ge-** and **-(e)t** to the stem but also change their vowel.

Zum Beispiel:
denken   gedacht
wissen   gewußt

The past participle of verbs ending in -ieren
These verbs do not add **ge-**.

Zum Beispiel:
telefonieren   telefoniert
studieren   studiert

The past participle of separable verbs
The separable prefix (**an**, **auf**, **unter**, usw) is added to the past participle.

Zum Beispiel:
ausschlafen   **ausgeschlafen**
aushändigen   **ausgehändigt**

The past participle of inseparable verbs
These verbs do not add **ge-**, but otherwise behave as normal strong or weak verbs.

Zum Beispiel:
beruhigen   beruhigt
entsprechen   entsprochen
verstehen   verstanden
Inseparable prefixes are:
be-, emp-, ent-, er-, ge-, miß-, ver-, wider-, zer-.

Which verbs take sein and which verbs take haben?

The following verbs take **sein**:

a. verbs which show some movement or change of state, e.g:
Er ist nach München gefahren.
Sie ist gefallen.
Es ist verschwunden.
Ich bin eingeschlafen.

b. some impersonal verbs, e.g:
gelingen
geschehen

Zum Beispiel:
Es ist ihm gelungen, den Führerschein zu machen.

c. **sein** and **bleiben**

Zum Beispiel:
Maria ist vor kurzem hier gewesen und ist zehn Minuten geblieben.

The following verbs take **haben**:

a. all transitive verbs, e.g:
Sie hat ein Bier getrunken.
Er hat ein Kilo Bananen gekauft.

b. verbs of motion which are used transitively, e.g:
Er hat den Wagen gefahren.
Er hat die Vierhundertmeter gelaufen.

The simple past tense

Weak verbs have the following endings added to their stem:

machen   mach-

ich	machte	wir	machten
du	machtest	ihr	machtet
er/sie/es	machte	Sie	machten
		sie	machten

Strong verbs change the vowel in the stem and add the following endings:

kommen   kam-

ich	kam	wir	kamen
du	kamst	ihr	kamt
er/sie/es	kam	Sie	kamen
		sie	kamen

Mixed verbs have a vowel change but take the endings of weak verbs.

Zum Beispiel:
denken dach-

ich	dach**te**	wir	dach**ten**
du	dach**test**	ihr	dach**tet**
er/sie/es	dach**te**	Sie	dach**ten**
		sie	dach**ten**

The pluperfect tense

This tense is formed in the same way as the perfect tense except that the auxiliary verb is put in the simple past tense rather than the present.

Zum Beispiel:

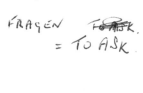

a. ich hatte gefragt
   du hattest gefragt
   er/sie/es hatte gefragt
   wir hatten gefragt
   ihr hattet gefragt
   Sie hatten gefragt
   sie hatten gefragt

b. ich war gekommen
   du warst gekommen
   er/sie/es war gekommen
   wir waren gekommen
   ihr wart gekommen
   Sie waren gekommen
   sie waren gekommen

This tense is frequently used in conjunction with **nachdem**. *When used in this way, the verb in the main clause is put either in the perfect or the simple past tense.*

Zum Beispiel:
Nachdem ich zum Arzt gegangen war, ging ich zur Apotheke um Medikamente zu holen.

The future tense

This is formed by using the infinitive of the relevant verb with the present tense of **werden** *as the auxiliary verb. Normally the infinitive goes at the end of the clause or sentence.*

Zum Beispiel:
Ich werde einen Fensterplatz reservieren.

The conditional tense

This tense is formed by using the infinitive of the relevant verb with the simple past subjunctive of **werden** (**würde**). *It carries the same meaning as the English 'would' and is frequently used in conjunction with* **wenn**.

Zum Beispiel:
Wenn ich Zeit hätte, würde ich dir einen Brief schreiben.

ich würde schreiben	wir würden schreiben
du würdest schreiben	ihr würdet schreiben
er/sie/es würde schreiben	Sie würden schreiben
	sie würden schreiben

Note that the infinitive goes at the end of the clause or sentence.

The passive voice

Here are some examples of the active and passive voice.
The active voice:
Die Sprechstundenhilfe macht Termine aus.
Man schickte den Verletzten ins Krankenhaus.
The passive voice:
Termine werden von der Sprechstundenhilfe ausgemacht.
Der Verletzte wurde ins Krankenhaus geschickt.

The agent (i.e., the person or thing which performs the action) is introduced by **von** *and is therefore put in the dative case.*

Zum Beispiel:
Die Briefe werden **von der Sekretärin** getippt.
Er wurde **von einem Auto** überfahren.
The passive is formed by using the appropriate tense of **werden** *as the auxiliary verb with the past participle of the relevant verb. The past participle goes to the end of the clause.*
The perfect tense is formed with the present tense of **sein**; **ge-** *is dropped from the past participle of* **werden**.

Zum Beispiel:
Es ist **gemacht worden.**   *It has been done.*

The pluperfect tense is formed with the simple past tense of **sein**: **ge-** *is dropped from the past participle of* **werden**.

Zum Beispiel:
Sie war von einer Wespe **gestochen worden.**   *She had been stung by a wasp.*
(See page 44 for further information on the passive voice.)

The imperative form

In German there are three ways of giving orders or instructions:

a. *Singular familiar*
   (**du**-*form*)
   This is formed by adding **-e** *to the stem of the verb, although this is often dropped nowadays.*

   Zum Beispiel:
   gehen   Geh(e) (weg)!
   tragen   Trag(e) (deinen Namen ein)!
   kommen   Komm (mit)!
   beantworten   Beantworte (meine Frage)!

b. *Plural familiar*
   (**ihr**-*form*)
   This is formed by using the **ihr**-*form of the present tense without* **ihr**.

   Zum Beispiel:
   Geht!
   Tragt!
   Kommt!
   Beantwortet!

c. *Polite form*
   (**Sie**-*form*)
   This is formed by inverting the **Sie**-*form of the present tense.*

   Zum Beispiel:
   Gehen Sie!
   Tragen Sie!
   Kommen Sie!
   Beantworten Sie!

If the vowel in the stem changes from **e** *to* **ie** *or* **i**, *simply drop the ending from the* **du** *form. The other two forms are as above.*

geben   Gib (es mir)!   Gebt!   Geben Sie!
sehen   Sieh (Seite 8)!   Seht!   Sehen Sie!
nehmen   Nimm (etwas Brot)! Nehmt!   Nehmen Sie!

The imperative can also be used with the **wir**-*form to convey the idea of the English 'Let's do (something)'. To do this, you can either:*
a. *Invert the* **wir**-*form of the present tense:*
   Gehen wir zum Schwimmbad!   *Let's go to the swimming baths!*
   or
b. *Use* **lassen***:*
   Laß (laßt, lassen Sie) uns zum Schwimmbad gehen!   *Let's go to the swimming baths!*

Indirect speech

*Indirect speech is the reporting of what someone else has said (e.g, 'She said that she had seen the film already.'). In German, use of indirect speech may also indicate degrees of belief in what is being reported (see pages 95–96 for more information on this point). Both the indicative and the subjunctive (**Konjunktiv**) are used in indirect speech after verbs of saying, thinking, hoping, fearing, etc., although it is mostly the subjunctive that is used. See pages 95–96 for further explanation of this point.*

The present subjunctive (Konjunktiv I)

haben

ich	habe	wir	haben
du	habest	ihr	habt
er/sie/es	habe	Sie	haben
		sie	haben

sein

ich	sei	wir	seien
du	seiest	ihr	seiet
er/sie/es	sei	Sie	seien
		sie	seien

The above endings on **haben** *can be applied to any other verb in the present subjunctive.* **Sein** *is the only verb to have irregularities in this tense. The present subjunctive is the tense which is most commonly found in newspaper articles reporting what people have said.*

Zum Beispiel:
Er sagte, die Arbeit **mache** ihm Spaß und er **komme** sehr gut mit der Gastfamilie aus.

The simple past subjunctive (Konjunktiv II)

To form the simple past subjunctive, add the same endings as for the present subjunctive (e.g, **-e, -est, -e, -en, -t, -en, -en**) *to the stem of the simple past indicative, e.g:*
kochen   kocht   kochte
Strong verbs, **haben**, **wissen** *and* **werden** *also add an* **Umlaut**, *e.g:*
fahren   wissen   kommen
ich führe   ich wüßte   ich käme

Haben, **sein** *and the modal verbs are frequently used in* **Konjunktiv II**.

haben

ich	hätte	wir	hätten
du	hättest	ihr	hättet
er/sie/es	hätte	Sie	hätten
		sie	hätten

sein

ich	wäre	wir	wären
du	wärest	ihr	wäret
er/sie/es	wäre	Sie	wären
		sie	wären

Zum Beispiel:
Sie sagte, daß sie keine Zeit **hätte**.

Where there is no difference between the forms of the present indicative and the present subjunctive, the simple past subjunctive is used instead, as in the above example.
The perfect and pluperfect subjunctives are formed as normal compound tenses, the auxiliary verbs, however, being in the present or simple past subjunctive.

Zum Beispiel:
The perfect subjunctive:
Er sagte, er **habe** die Reservierung schon **gemacht**.
The pluperfect subjunctive:
Anna sagte, sie **hätte** keine Lust **gehabt** ins Kino zu gehen.

The simple past subjunctive of modal verbs (Konjunktiv II)

können	*The* **Konjunktiv II**
ich könnte	*stems of the other modal*
du könntest	*verbs are as follows:*
er/sie/es könnte	mögen möcht-
wir könnten	müssen müßt-
ihr könntet	sollen sollt-
Sie könnten	werden würd-
sie könnten	wollen wollt-

Zum Beispiel:
Er fragte, ob sie kommen könnte.

Note that when 'if' or 'whether' is used in indirect questions, the German word used is **ob**, *as in the above example.*

Use of würde *in indirect speech*

In practice, people tend to avoid using other verbs in their subjunctive forms and instead use the simple past subjunctive of **werden** *with the infinitive.*

Zum Beispiel:
Sie sagte, daß sie bald in Urlaub **fahren würde**.
See page 96 for further explanation of this point.

Participles
a. The present participle

The present participle of a verb is formed by adding **-d** *to its infinitive.*

Zum Beispiel:
kommen   kommend
betreffen   betreffend

The present participle is mostly used as an adjective and declines as such.

Zum Beispiel:
Am **kommenden** Sonntag . . . .
Die Kartoffeln kamen ins **kochende** Wasser.

b. The past participle used as an adjective

Past participles also behave like any other adjectives.

Zum Beispiel:
Die frisch **angestrichenen** Wände sehen gut aus.

Letter-writing conventions
The date and the address

In letters the date is written (in the accusative) at the top of the page next to the village or town where you live.

Zum Beispiel:
München, den 21. Juli
Hinte, den 16. März

You do not write out your full name and address. This is often still put on the back of the envelope but people are now encouraged to put the sender's name and address on the front of the envelope in the bottom left-hand corner.

How to address someone in a letter
a. The familiar form

Singular		*Plural*
Masculine	*Feminine*	
Lieber	Liebe	Liebe

Zum Beispiel:
Lieber Gundolf,
Liebe Anna,
Liebe Herbergseltern,

Note:
If you are writing to two people, you must repeat the word for 'Dear'.

Zum Beispiel:
Lieber Phillip, Liebe Kathryn,

It is also possible to begin a letter quite informally with **Hallo!**

Zum Beispiel:
Hallo Conni!

b. *The formal form*

Singular		*Plural*
Masculine	*Feminine*	
Sehr geehrter	Sehr geehrte	Sehr geehrte

Zum Beispiel:
Sehr geehrter Herr Schütze,
Sehr geehrte Frau Uhmann,
Sehr geehrte Damen und Herren,

How to set the letter out

Your letter heading should look like this:

```
                        München, den 27. Juli

  Liebe Hanne,

    hoffentlich geht es Dir gut. Du hast ja lange
    nichts von Dir hören lassen....
```

'You' and 'your' in letters

The words for 'you' and 'your' are written with capitals.

Familiar

Singular	*Plural*
Du	Ihr
Dein	Euer

Polite

Sie	Sie
Ihr	Ihr

How to sign off a letter

Informal
bis bald
bis zum nächsten Mal
schreib bald wieder
Tschüs
Deine Monika
Dein Hans-Peter

Formal or Informal
a. with **von**
    viele Grüße von Deiner Monika
    mit herzlichem Gruß von Deinem Hans-Peter
      Kowertz
    mit herzlichen Grüßen von Deiner Ruth
b. without **von**
    viele Grüße
    Ihre Monika

    viele Grüße
    Ihr Hans-Peter

Formal
mit freundlichen Grüßen
Hochachtungsvoll

Strong and mixed verbs

Note:

** means that the verb is conjugated with **sein** in the perfect tense.*
*(*) means that the verb can be conjugated with **haben** or **sein** in the perfect tense. (See page 208 on the perfect tense.)*
*In general, the simple forms of the verbs are given and not compounds. To find the past participle of **ausbrechen**,*
*therefore, you should look up **brechen**.*

Infinitive	Third Person Singular Present	Third Person Singular Simple Past	Past Participle	English
abreißen	reißt ab	riß ab	abgerissen	*to tear*
befehlen	befiehlt	befahl	befohlen	*to command*
beginnen	beginnt	begann	begonnen	*to begin*
beißen	beißt	biß	gebissen	*to bite*
biegen	biegt	bog	gebogen	*to bend*
bieten	bietet	bot	geboten	*to offer*
binden	bindet	band	gebunden	*to bind*
bitten	bittet	bat	gebeten	*to request*
*bleiben	bleibt	blieb	geblieben	*to stay*
braten	brät	briet	gebraten	*to roast*
brechen	bricht	brach	gebrochen	*to break*
brennen	brennt	brannte	gebrannt	*to burn*
bringen	bringt	brachte	gebracht	*to bring*
denken	denkt	dachte	gedacht	*to think*
dreschen	drischt	drosch	gedroschen	*to thresh*
dürfen	darf	durfte	gedurft	*to be allowed to*
empfehlen	empfiehlt	empfahl	empfohlen	*to recommend*
entscheiden	entscheidet	entschied	entschieden	*to decide*
essen	ißt	aß	gegessen	*to eat*
(*)fahren	fährt	fuhr	gefahren	*to travel*
*fallen	fällt	fiel	gefallen	*to fall*
fangen	fängt	fing	gefangen	*to catch*
finden	findet	fand	gefunden	*to find*
(*)fliegen	fliegt	flog	geflogen	*to fly*
*fließen	fließt	floß	geflossen	*to flow*
(*)frieren	friert	fror	gefroren	*to freeze*
geben	gibt	gab	gegeben	*to give*
gefallen	gefällt	gefiel	gefallen	*to please*
*gehen	geht	ging	gegangen	*to go*
*gelingen	gelingt	gelang	gelungen	*to succeed*
gelten	gilt	galt	gegolten	*to be worth*
genießen	genießt	genoß	genossen	*to enjoy*
*geraten	gerät	geriet	geraten	*to get into (difficulties)*
*geschehen	geschieht	geschah	geschehen	*to happen*
gewinnen	gewinnt	gewann	gewonnen	*to win*
gießen	gießt	goß	gegossen	*to pour*
greifen	greift	griff	gegriffen	*to grip*
haben	hat	hatte	gehabt	*to have*
halten	hält	hielt	gehalten	*to hold*
hängen	hängt	hing	gehangen	*to hang*
heben	hebt	hob	gehoben	*to lift*
heißen	heißt	hieß	geheißen	*to call*
helfen	hilft	half	geholfen	*to help*
kennen	kennt	kannte	gekannt	*to know, to be acquainted with*

Infinitive	Third Person Singular Present	Third Person Singular Simple Past	Past Participle	English
*kommen	kommt	kam	gekommen	to come
können	kann	konnte	gekonnt	to be able to
*kriechen	kriecht	kroch	gekrochen	to crawl
laden	lädt	lud	geladen	to load
lassen	läßt	ließ	gelassen	to leave
(*)laufen	läuft	lief	gelaufen	to run
leiden	leidet	litt	gelitten	to suffer
leihen	leiht	lieh	geliehen	to lend, to borrow
lesen	liest	las	gelesen	to read
liegen	liegt	lag	gelegen	to lie
meiden	meidet	mied	gemieden	to avoid
messen	mißt	maß	gemessen	to measure
mögen	mag	mochte	gemocht	to like
müssen	muß	mußte	gemußt	to have to
nehmen	nimmt	nahm	genommen	to take
nennen	nennt	nannte	genannt	to name
pfeifen	pfeift	pfiff	gepfiffen	to whistle
raten	rät	riet	geraten	to advise
(*)reißen	reißt	riß	gerissen	to tear
(*)reiten	reitet	ritt	geritten	to ride
(*)rennen	rennt	rannte	gerannt	to race, to run
rufen	ruft	rief	gerufen	to call
(*)scheiden	scheidet	schied	geschieden	to part
scheinen	scheint	schien	geschienen	to shine, to seem
schieben	schiebt	schob	geschoben	to push
schießen	schießt	schoß	geschossen	to shoot
schlafen	schläft	schlief	geschlafen	to sleep
schlagen	schlägt	schlug	geschlagen	to hit
schließen	schließt	schloß	geschlossen	to shut
(*)schmelzen	schmilzt	schmolz	geschmolzen	to melt
schneiden	schneidet	schnitt	geschnitten	to cut
schreiben	schreibt	schrieb	geschrieben	to write
schreien	schreit	schrie	geschrieen	to scream
schweigen	schweigt	schwieg	geschwiegen	to be silent
*schwellen	schwellt	schwoll	geschwollen	to swell
(*)schwimmen	schwimmt	schwamm	geschwommen	to swim
schwören	schwört	schwor	geschworen	to swear
sehen	sieht	sah	gesehen	to see
*sein	ist	war	gewesen	to be
senden	sendet	sandte } sendete }	gesandt } gesendet }	to send
singen	singt	sang	gesungen	to sing
*sinken	sinkt	sank	gesunken	to sink
sitzen	sitzt	saß	gesessen	to sit
sprechen	spricht	sprach	gesprochen	to speak
(*)springen	springt	sprang	gesprungen	to jump
stechen	sticht	stach	gestochen	to sting
stehen	steht	stand	gestanden	to stand
stehlen	stiehlt	stahl	gestohlen	to steal
*steigen	steigt	stieg	gestiegen	to climb
*sterben	stirbt	starb	gestorben	to die
streichen	streicht	strich	gestrichen	to paint

Infinitive	Third Person Singular Present	Third Person Singular Simple Past	Past Participle	English
streiten	streitet	stritt	gestritten	to fight, to quarrel
tragen	trägt	trug	getragen	to carry
treffen	trifft	traf	getroffen	to meet
treiben	treibt	trieb	getrieben	to drive, to go in for
(*)treten	tritt	trat	getreten	to kick, to step
trinken	trinkt	trank	getrunken	to drink
tun	tut	tat	getan	to do
verderben	verdirbt	verdarb	verdorben	to spoil
vergessen	vergißt	vergaß	vergessen	to forget
verlieren	verliert	verlor	verloren	to lose
*wachsen	wächst	wuchs	gewachsen	to grow
waschen	wäscht	wusch	gewaschen	to wash
*weichen	weicht	wich	gewichen	to yield
weisen	weist	wies	gewiesen	to show
wenden	wendet	wandte ⎱ wendete ⎰	gewandt ⎱ gewendet ⎰	to turn
*werden	wird	wurde	geworden	to become
werfen	wirft	warf	geworfen	to throw
wiegen	wiegt	wog	gewogen	to weigh
winden	windet	wand	gewunden	to wind
wissen	weiß	wußte	gewußt	to know
wollen	will	wollte	gewollt	to wish, to want
(*)ziehen	zieht	zog	gezogen	to pull, to move
zwingen	zwingt	zwang	gezwungen	to compel, to force

Glossary

1. a. *The plurals of nouns are given in brackets, e.g:*

Singular	Plural
der Abflug (ᵁe)	die Abflüge
das Altersheim (-e)	die Altersheime
die Anleitung (-en)	die Anleitungen

   b. *Nouns followed by '(adj.)' are adjectival nouns: see page 201 for information on these nouns.*

2. *Entries for verbs have been made as follows:*
   a. *an asterisk before a verb indicates that it is conjugated with* **sein** *in the perfect tense;*

   b. *an asterisk in brackets (*) indicates that it is conjugated with either* **haben** *or* **sein**.

   c. *verbs followed by '(wk)' are weak verbs taking the standard endings in all tenses;*

   d. *underlined letters at the start of a verb indicate a separable prefix, e.g:*
   <u>ab</u>nehmen
   This indicates that **<u>ab</u>nehmen** *is conjugated as follows:*
   ich nehme ab
   du nimmst ab, *etc;*

   e. *strong and mixed verbs are followed by three letters (or groups of letters) in brackets, the first two of which denote the vowel change in the verb's stem in the third person singular of the present and simple past tense and the third of which denotes the vowel change in the past participle. For example, the (**ei, i, i**) that follows* **reißen** *indicates that the verb is conjugated in this way:*
   reißen – **rei**ßt, **ri**ß, ger**i**ssen.

3. *The following abbreviations have been used:*
acc.	*accusative*
adj.	*adjectival*
dat.	*dative*
f.	*feminine*
fam.	*familiar*
gen.	*genitive*
m.	*masculine*
n.	*neuter*
no pl.	*no plural*
pl.	*plural*
sing.	*singular*
wk	*weak*

A

der Abonnent (-en)
 die Abonnentin (-nen) } *subscriber*
<u>ab</u>checken (*wk*)   *to check*
<u>ab</u>decken (*wk*)   *to cover up*
die Abendveranstaltung (-en)   *evening function*
das Abenteuer (-)   *adventure*
der Abflug (ᵁe)   *take-off*
<u>ab</u>fordern (*wk*)   *to demand*
abgebildet   *depicted*
(wie abgebildet   *as shown in the picture*)
abgenutzt   *worn out*
<u>ab</u>halten (ä, ie, a)   *to hold*
<u>ab</u>heben (e, o, o)   *to withdraw (money)*
*<u>ab</u>laufen (äu, ie, au)   *to go off*
<u>ab</u>legen (*wk*)   *to take off*
<u>ab</u>lehnen (*wk*)   *to reject*
<u>ab</u>lenken (*wk*)   *to distract*
<u>ab</u>nehmen (i, a, o)   *to lose weight, to relieve (someone of something)*
abraten (ä, ie, a)   *to advise against*
<u>ab</u>sägen (*wk*)   *to cut down, to saw off*
<u>ab</u>schalten (*wk*)   *to relax (literally, to switch off)*
<u>ab</u>schließen (ie, o, o)   *to lock*
der Abschluß (ᵁsse)   *final examination*
absolvieren (*wk*)   *to complete (a course, etc)*
sich <u>ab</u>spielen (*wk*)   *to happen, to go on*
einen Besuch <u>ab</u>statten (*wk*)   *to pay a visit*
das Abstellgleis (-e)   *siding*
die Abteilung (-en)   *department*
die Abteilungsleiterin (-nen)   *head of department*
das Abteilungsverzeichnis (-se)   *directory of department (in a store)*

sich abwechseln (wk)   to take in turns
abwechslungsreich   varied
die Abwesenheit (-en)   absence
die Abzweigung (-en)   junction
achten auf + acc. (wk)   to watch out for
das Achterl   eighth of a litre
der Adventskranz (¨e)   Christmas wreath
das Adventslied (-er)   advent hymn
die Adventszeit (-en)   advent
der Agraringenieur (-e)   agricultural engineer
aktuell   topical
von alleine   by myself (yourself, etc), on my (your, etc)
   own
allerdings   however
alles Gute!   all the best
alles Mögliche   everything possible
der Allierte (adj.)   ally
die Allierten   the Allies (in World War Two)
alltäglich   ordinary
das Altersheim (-e)   old people's home
der Altersunterschied (-e)   difference in age
anbauen (wk)   to cultivate
anbieten (ie, o, o)   to offer
andauernd   continuous
sich ändern (wk)   to change
anderthalbstündig   every one and a half hours, of one
   and a half hour's duration
die Änderung (-en)   change
anfahren (ä, u, a)   to knock down, to run over
anfangs   in the beginning
angeben (i, a, e)   to give, to provide
angeblich   supposedly
die Angelegenheit (-en)   affair, business
angestellt sein   to be employed
angreifen (ei, i, i)   to attack
der Angriff (-e)   attack
ängstlich   timid
der Anhaltspunkt (-e)   clue
die Anleitung (-en)   instruction
anprobieren (wk)   to try on
anschauen (wk)   to look at
anscheinend   apparently
anschließend   afterwards
anschreien (ei, ie, ie)   to shout at
*anschwellen (i, o, o)   to swell up
ansonsten   otherwise
(jemanden) ansprechen (i, a, o)   to speak to (someone)
der Anspruch (¨e)   claim
etwas in Anspruch nehmen   to claim something
anspruchslos   unassuming
ansteigend   rising, increasing
anstrengend   exhausting
der Antritt (-e)   beginning
die Anweisung (-en)   instruction
die Anzahl (no pl.)   number
Anzeige erstatten (wk)   to report to the police
anziehen (ie, o, o)   to attract
anzünden (wk)   to light
die Arbeit (-en)   test
arbeitsfähig   capable of work
arg   badly

der Ärger (-)   trouble, anger
sich ärgern über + acc.   to get cross about
der Arzthelfer (-)   medical assistant
die Artzhelferin (-nen)   medical assistant, nurse
der Aschermittwoch   Ash Wednesday
das Aufbaugymnasium (-gymnasien)   type of
   grammar school for students with special needs
sich aufhalten (ä, ie, a)   to stay on, to linger
*aufbrechen (i, a, o)   to break up
der Aufenthalt (-e)   stay
aufgeben (i, a, e)   to give up
aufgeregt   excited, worked up
aufgeschlossen   open-minded
aufheben (e, o, o)   to lift
die Aufheiterung (-en)   brighter period
aufhören (wk)   to stop
sich auflösen (wk)   to disband
die Aufnahme (-n)   photograph
aufnehmen (i, a, o)   to take up
aufräumen (wk)   to tidy up, to clear up
aufrecht   upright
sich aufregen (wk) über + acc.   to get worked up
   (angry) about
der Aufruf (-e)   appeal
der Aufsatz (¨e)   composition, essay
aufschlagen (ä, u, a)   to put up (tent)
die Aufteilung (-en)   division
aufweisen (wk)   to show
aufziehen (ie, o, o)   to raise
der Aufzug (¨e)   lift
der Augenarzt (¨e)   optician
die Ausdauer (-)   stamina
ausdrücken (wk)   to express
die Ausfahrt (-en)   exit (on motorway)
*ausfallen (ä, ie, a)   to be cancelled
ausfallen lassen   to do without, to leave out
die Ausgabe (-n)   issue
ausgebucht   fully booked
ausgeglichen   well-balanced
ausgeprägt   distinctive
ausgerechnet dorthin   there of all places
ausgesprochen   really, extremely
ausgezeichnet   excellent
aushändigen (wk)   to give out, to hand out
*auskommen (o, a, o)
(mit jemandem gut auskommen)   to get on well with
   someone
die Ausnahme (-n)   exception
der Auspuff (-e)   exhaust pipe
ausprobieren (wk)   to try out
die Ausrede (-n)   excuse
*ausreißen (ei, i, i)   to run away from home
sich ausruhen (wk)   to rest
ausrüsten (wk)   to equip
*ausrutschen (wk)   to slip
die Aussage (-n)   statement
das Äußere (adj.)   outward appearance
außergewöhnlich   out of the ordinary
außerordentlich   extraordinarily
äußerst   extremely
ausschalten (wk)   to switch off

*ausschlafen (ä, ie, a) *to have a lie in*
der Ausschnitt (-e) *extract*
die Aussicht (-en) *outlook*
ausstrahlen (wk) *to radiate*
sich austoben (wk) *to let off steam, to tire oneself out*
austragen (ä, u, a) *to deliver*
ausüben (wk) *to carry out*
ausweichen (ei, i, i) *to get out of the way*
sich auszeichnen (wk) *to excel*
das Autobahnkreuz (-e) *motorway intersection*
das Autogramm (-e) *autograph*
das Autoradio (-s) *car radio*

B

die Badesachen (f. pl.) *swimming things*
vor etwas Bammel haben *to be afraid of something*
das Band (-er) *ligament*
der Bankangestellte (adj.)
die Bankangestellte (adj.) *bank clerk*
der Bär (-en, -en) *bear*
die Batterie (-n) *battery*
die Baubehörde (-n) *planning department*
der Bauer (-n)
die Bäuerin (-nen) *farmer*
baufällig *delapidated*
die Baustelle (-n) *road works*
der Beamte (adj.)
die Beamtin (-nen) *civil servant*
der Beauftragte (adj.) *the authorized person*
bedienen (wk) *to serve, to use a machine*
die Bedingung (-en) *condition*
sich beeilen (wk) *to hurry*
beeinflussen (wk) *to influence*
beinhalten (wk) *to contain*
befehlen (ie, a, o) *to command*
befragen (wk) *to interrogate*
beinahe *almost*
die Bekanntschaft (-en) *acquaintance*
bekennen (e, a, a) *to confess, to admit*
begeistert *enthusiastic*
begleiten (wk) *to accompany*
der Begleiter (-) *companion*
begründen (wk) *to give reasons for*
behilflich *helpful*
die Behörde (-n) *the authority*
der Beifahrer (-) *car-passenger*
die Beilage (-n) *accompanying dish*
bekämpfen (wk) *to fight*
bekleidet *dressed*
beladen *loaded*
die Bemühung (-en) *effort*
beobachten (wk) *to observe*
beraten (ä, ie, a) *to advise*
der Bereich (-e) *sector*
bereits *already*
die Bereitschaft (-en) *readiness*
der Berufsberater (-) *careers adviser*
berufstätig *working*
beruhigen (wk) *to calm*

die Besatzung (-en) *crew*
die Besatzungszone (-n) *occupation zone*
beschäftigt *occupied, employed*
die Bescherung (-en) *giving out of presents*
beschließen (ie, o, o) *to decide*
die Beschwerde (-n) *complaint*
sich beschweren (wk) über + acc. *to complain about*
besetzen (wk) *to occupy*
besorgen (wk) *to get, to acquire*
besorgt *concerned*
bestehen (e, a, a) *to pass (of exams)*
bestehen auf + dat. *to insist on*
bestens *very well*
bestrafen (wk) *to punish*
betonen (wk) *to emphasize*
betreffen (i, a, o) *to affect*
betreffend *concerning*
betreiben (ei, ie, ie) *to do, to pursue*
(eine Sportart betreiben *to do a sport*)
der Betrieb (-e) *firm*
die Bevölkerung (-en) *population*
bevor *before*
bewegen (wk) *to move*
die Bewerbung (-en) *application*
das Bewußtsein (no pl.) *consciousness*
bezaubernd *enchanting, charming*
sich beziehen (ie, o, o) *to cloud over*
der Bezirk (-e) *district*
biegen (ie, o, o) *to bend*
bilden (wk) *to form*
der Bildhauer (-)
die Bildhauerin (-nen) *sculptor, sculptress*
die Billigung (-en) *approval*
der Binnensee (-n) *inland lake*
bisherig *previous*
blättern (wk) *to leaf through*
der Blick (-e) *glance*
(einen Blick werfen in + acc. *to glance at*)
der Blindflug (-e) *blind flight*
der Blinker (-) *indicator*
blöd *stupid*
bloß *only*
blühen (wk) *to bloom*
der Blutdruck (-e) *blood pressure*
die Bodenfläche (-n) *area of land*
der Bogen (-) *curve, bend*
böig *gusty*
die Boutique (-n) *boutique*
breit *broad*
die Bühne (-n) *stage*
bürsten (wk) *to brush*
das Bundesheer *Austrian armed forces*
die Bundeswehr *the armed forces of the FRG*
bunt *colourful, varied*
(ein buntes Programm *a varied programme*)
der Bürgersteig (-e) *pavement*

C

die Chance (-n) *chance, opportunity*
der Chef (-s) ⎫
die Chefin (-nen)⎭ *boss*
der Christbaum (ˉe) *Christmas tree*
das Christkind *the baby Jesus, Father Christmas*

D

der Dachfirst (-e) *ridge of the roof*
dafür, daß *considering that, given that*
der Damenhut (ˉe) *ladies' hat*
die Damenkonfektion (-) *ladies' clothing*
der Dampfer (-) *steamer*
danach *afterwards*
dank + *dat.* *thanks to*
dann *then*
das Datum (Daten) *data*
der Dauerlauf (*no pl.*) *running, jogging*
der Denkmalschutz (*no pl.*) *preservation of historical monuments*
(unter Denkmalschutz stehen *to be under a preservation order*)
derjenige (diejenige, dasjenige) *the one that*
die Diät (-en) *diet*
das Ding (-e) *thing*
(vor allen Dingen *first and foremost*)
dolmetschen (*wk*) *to interpret*
doof *stupid*
der Draufgänger (-) *daredevil, wolf*
der Dschungel (-) *jungle*
dulden (*wk*) *to tolerate*
durchblättern (*wk*) *to leaf through*
*durchfallen (ä, ie, a) *to fail*
durchführen (*wk*) *to carry out*
durchgehend *round the clock*
durchschauen (*wk*) *to look through*

E

die Ebene (-n) *level*
die Economyklasse *tourist class*
die Eheleute (*pl.*) *married people*
der Ehrentag (-e) *day of honour*
eifersüchtig auf + *acc.* *jealous of*
eigentlich *actually*
die Eile (*no pl.*) *hurry, haste*
*eilen (*wk*) *to hasten, to hurry*
der Eindruck (ˉe) *impression*
die Einfahrt (-en) *entrance, sliproad*
eingemeindet *incorporated*
eingravieren (*wk*) *to engrave*
einhändig *single-handed*
einkassieren (*wk*) *to collect in*
die Einkaufsmöglichkeit (-en) *shopping facilities*
das Einkommen (-) *income*
einladen (ä, u, a) auf + *acc.* *to invite*
sich einrichten (*wk*) *to move in, to settle in*

einsatzbereit *ready for use*
einschalten (*wk*) *to switch on*
einschenken (*wk*) *to pour out*
*einschlafen (ä, ie, a) *to fall asleep*
einschränken (*wk*) *to limit*
*einsetzen (*wk*) *to put in*
die Einstellung (-en) *appointment, attitude*
*eintreten (i, a, e) in + *acc.* *to join*
einzeichnen (*wk*) *to draw, to mark in*
der Einzelgänger (-) *loner*
die Einzelheit (-en) *detail*
*einziehen (ie, o, o) *to move in*
die Eisenwaren (*f. pl.*) *ironware*
eitel *vain*
elegant *elegant, smart*
das Elektrogerät (-e) *electrical appliance*
die Elektronik (*no pl.*) *electronics*
der Empfang (ˉe) *reception*
die Energiequelle (-n) *source of energy*
engagiert *committed*
der Enkel (-) *grandson*
das Entdecken (-) *discovery*
entfernen (*wk*) *to remove*
entgegenkommend *approaching, oncoming*
enthalten (ä, ie, a) *to contain*
enthaltsam *abstemious*
entlassen (ä, ie, a) *to discharge*
sich entscheiden (ei, ie, ie) *to decide*
eine Entscheidung treffen (i, a, o) *to make a decision*
sich entschließen (ie, o, o) *to decide*
sich entspannen (*wk*) *to relax*
die Entspannungspolitik (-) *policy of détente*
entsprechen (i, a, o) + *dat.* *to correspond to*
entsprechend + *dat.* *according to, corresponding to*
*entstehen (e, a, a) *to come about*
entwerfen (i, a, o) *to draft*
die Entwicklung (-en) *development*
entwurzeln (*wk*) *to uproot*
das Erachten (*no pl.*) *opinion*
(meines Erachtens *in my opinion*)
erblicken (*wk*) *to see*
(das Licht der Welt erblicken *to see the light of day*)
die Erfahrung (-en) *experience*
erfolgreich *successful*
erforderlich *required*
erhalten (ä, ie, a) *to receive*
erhöht *high, raised*
(seine Temperatur ist erhöht *he has a high temperature*)
erleben (*wk*) *to experience*
erleichtert *relieved*
erleiden (ei, i, i) *to suffer (an illness)*
die Ermäßigung (-en) *reduction*
die Ernennungsurkunde (-n) *certificate of appointment*
erneut *renewed*
ernst *serious*
(etwas ernst nehmen *to take something seriously*)
ernsthaft *serious(ly)*
die Ernte (-n) *harvest*
erreichbar *attainable*

erschöpft *exhausted*
erschüttert *shattered*
ersetzen (*wk*) *to replace*
ersparen (*wk*) *to save*
erstaunlich *astonishing*
erstmal *first of all*
erteilen (*wk*) *to give out*
erwägen (ä, o, o) *to consider*
erweitern (*wk*) *to widen*
erwischen (*wk*) *to catch*
erwünscht *desired*
erzählen (*wk*) *to tell*
der Erzieher (-) } *teacher of young children,*
die Erzieherin (-nen) } *educationist*

F

der Facharbeiter (-) } *skilled worker*
die Facharbeiterin (-nen) }
das Fachwerkhaus (¨er) *half-timbered house*
fähig *capable*
die Fahrbahn (-en) *carriageway, highway*
der Fahrstuhl (¨e) *lift*
die Fahrtrichtung (-en) *direction of travel*
das Fahrzeug (-e) *vehicle*
der Fahrzeugbau (-ten) *vehicle construction*
fallen lassen *to drop*
falls *in case*
der Falschfahrer (-) *someone driving in the wrong direction*
das Familieneinkommen (-) *family income*
die Familienstruktur (-en) *family structure*
die Farbe (-n) *colour*
der Farbfernseher (-) *colour TV*
die Fastenzeit (-en) *Lent*
die Fastnacht (*no pl.*) *carnival*
der Fastnachtsball (¨e) *carnival ball*
faul *lazy*
der Feierabend *the end of a day's work*
feiern (*wk*) *to celebrate*
der Feinschmecker (-) *gourmet*
das Fernweh *wanderlust, urge to travel*
feststellen (*wk*) *to establish*
die Fete (-n) *party*
(eine Fete feiern (*wk*) *to have a party*)
die Flagge (-n) *flag*
der Fleiß (*no pl.*) *industry, hard work*
die Fliege (-n) *fly*
das Fließband (¨er) *assembly line*
der Fließbandarbeiter (-) } *production line*
die Fließbandarbeiterin (-nen) } *worker*
die Flimmerkiste (-n) *TV (slang)*
die Flitterwoche (-n) *honeymoon*
der Flohmarkt (¨e) *flea market*
florierend *flourishing*
flott *smart*
das Flugticket (-s) *air ticket*
folgendermaßen *in the following way*
das Forstamt (¨er) *forestry office*
fortschaufeln (*wk*) *to shovel away*

die Fragerei (-en) *questioning, irritating questions*
das Freizeitsangebot (-e) *leisure time activities on offer*
die Freizeitgestaltung (-en) *organisation of leisure time*
der Fremdgänger (-) *unfaithful person*
die Fremdsprache (-n) *foreign language*
der Freundeskreis (-e) *circle of friends*
(*)frieren (ie, o, o) *to freeze*
der Froschschenkel (-) *frog's leg*
die Frottierwaren (*f. pl.*) *towelling goods*
am frühesten *the earliest*
der Frühschoppen (-) *morning (lunchtime) drinking*
der Führerschein (-e) *driving licence*
die Fundstelle (-n) *place where something is found*
über Funk *by radio, over the radio*
der Fußgängerüberweg (-e) *pelican crossing*
füttern (*wk*) *to feed animals*

G

gänzlich *completely, totally*
die Gardine (-n) *curtain*
die Gasse (-n) *narrow street, alley*
der Gastarbeiter (-) } *immigrant worker*
die Gastarbeiterin (-nen) }
das Gebäck *biscuits*
Gebrauch machen von *to use*
geeignet *suitable, right*
die Gefahr (-en) *danger*
gegebenenfalls *if necessary, if need be*
gegen *against*
die Gegend (-en) *area*
im Gegensatz zu *unlike*
die Gegenwart *present*
das Gehirn (-e) *brain*
gehören (*wk*) + *dat.* or zu + *dat.* *to belong to*
gelassen *calm*
der Geldschrank (¨e) *safe*
gelten (i, a, o) für *to be valid for, to be true of*
die Gemeinde (-n) *parish, community*
gemeinsam *together, in common*
gemütlich *cosy*
die Genehmigung (-en) *authorisation*
genießen (ie, o, o) *to enjoy*
der Genießer (-) *connoisseur*
die Genossenschaft (-en) *cooperative*
gereizt *irritated*
die Gerste (-n) *barley*
gesagt, getan! *no sooner said than done*
der Gesamtbetrag (¨e) *total sum*
der Geschmack (¨e) *taste*
das Geschwür (-e) *ulcer*
das Gespräch (-e) *conversation, discussion*
gespalten *divided*
gestalten (*wk*) *to organise, to arrange, to present*
gestreßt *under stress*
gestreßt sein *to be under stress*
gestrig *yesterday's*
das Gewicht (-e) *weight*
(auf das Gewicht achten *to watch one's weight*)

der Gewinn (-e) *profit*
gewinnen (i, a, o) *to win*
das Gewitter (-) *thunderstorm*
die Gewitterneigung (-en) *likelihood of showers*
gewöhnlich *usually*
gewünscht *desired*
der Gips (-e) *plaster*
der Gitarrist (-en) *guitarist*
glitschig *slippery*
glücklicherweise *luckily*
der Glückwunsch (¨e) *good wish, congratulation*
die Gondelfahrt (-en) *ride in a gondola*
sich etwas gönnen (wk) *to allow oneself something*
der Gottesdienst (-e) *church service, religious service*
die Gratulation (-en) *congratulation*
gratulieren (wk) *to congratulate*
vor etwas grauen (wk) + dat. *to dread something*
(es graut mir vor ... *I dread ...*)
greifen (ei, i, i) *to grip*
der Grenzübergang (¨e) *border crossing point*
großartig *superb*
gründen (wk) *to found*
dic Gulaschsuppe (-n) *goulash soup*
günstig *favourable, good value*
gutbürgerliche Küche *good, plain cooking*
gutmütig *good-natured*
der Gymnasiast (-en) ⎫
die Gymnasiastin (-nen) ⎭ *pupil at a grammar school*

H

das Hacksteak (-s) *minced beef steak*
der Hals- Nasen- Ohrenarzt *ear, nose and throat specialist*
sich halten an + acc. (ä, ie, a) *to keep to (timetables, schedules, etc)*
haltmachen (wk) *to make a stop*
die Handarbeit (-en) *craft*
sich handeln um + acc. (wk) *to be about something*
der Handelspartner (-) ⎫
die Handelspartnerin (-nen) ⎭ *business partner*
hassen (wk) *to hate*
hasten (wk) *to hasten, to hurry*
die Hauptsache (-n) *the main thing*
hauptsächlich *mainly*
die Haushaltswaren (f. pl.) *household goods*
der Heckenzaun (¨e) *hedge*
heftig *violent*
heil *healthy, sound*
der Heilige Abend *Christmas Eve*
die Heimreise (-n) *journey home*
die Heim- und Handwerker (m. pl.) *DIY department*
heiraten (wk) *to marry*
das Heizöl *fuel oil*
der/das Hektar (-) *hectar (10 000 sq. m.)*
hektisch *hectic*
herauffahren (ä, u, a) *to go up (in lift)*
sich herausstellen (wk) *to turn out*
herbeirufen *to call over*
der Hering (-e) *herring*

der Herrenpullunder (-) *men's waistcoat*
der Herrscher (-) *ruler*
die Herstellung (-en) *production, manufacture*
hervorragend *outstanding*
der Herzinfarkt (-e) *heart attack*
herzlich *heartfelt, warm, sincere*
heulen (wk) *to wail*
der Heuschnupfen (-) *hay fever*
die Hitlerdiktatur *Hitler's dictatorship*
die Hexe (-n) *witch*
die Hilfe (-n) *help*
erste Hilfe leisten *to render first aid*
hilfsbereit *helpful*
das Hin und Her *toing and froing*
sich hinlegen (wk) *to lie down*
die Hochzeit (-en) *wedding*
der Hörer (-) *receiver*
der Hotelier (-s) *hotel owner*
hübsch *pretty*
die Hühnersuppe (-n) *chicken soup*
in Hülle und Fülle *in abundance*
hundefreundlich *friendly to dogs*
der Husten (-) *cough*
der Hustensaft (¨e) *cough mixture*
die Hütte (-n) *iron and steelworks, hut*

I

die Idee (-n) *idea*
*auf die Idee kommen *to have an idea, to hit upon the idea*
idyllisch *idyllic*
die Impfung (-en) *vaccination*
die Industriemesse (-n) *trade fair*
infolge + gen./von *as a result of*
der Ingenieur (-) ⎫
die Ingenieurin (-nen) ⎭ *engineer*
der Inhaber (-) ⎫
die Inhaberin (-nen) ⎭ *owner*
die Innenstadt (¨e) *the inner city*
innerhalb + gen. *within*
installieren (wk) *to install*
irritiert *irritated*
der Irrtum (¨er) *mistake*

J

die Jagd (-en) *hunt*
das Jägerschnitzel (-) *pork cutlet with mushroom sauce*
jammern (wk) *to moan*
die Jeansklamotten (f. pl.) *denim gear*
je ... desto ... *the more ... the more ...*
je nach Lust und Laune *depending on how you feel*
jeweils *at both ... and at ..., every, each*
der Journalist (-en) ⎫
die Journalistin (-nen) ⎭ *journalist*
jüdisch *Jewish*

der Jugendleiter (-)
die Jugendleiterin (-nen) } *youth leader*
die Jungfrau *Virgo*
der Junggeselle (-n, -n) *bachelor*

K

die Kabine (-n) *changing room*
etwas durch den Kakao ziehen (ie, o, o) *to make fun of*
der Kali *saltpeter*
der Kamillentee *camomile tea*
das Kaiserreich (-e) *empire*
katastrophal *catastrophic*
kinderfreundlich *friendly to children*
die Kinderoberbekleidung (-en) *children's overclothes*
das Kissen (-) *cushion*
die Kiste (-n) *box, crate*
klagen über + acc. *to complain about*
klappen (*wk*) *to work out*
der Kleinlaster (-) *small lorry*
der Klempner (-)
die Klempnerin (-nen) } *plumber*
klimatisiert *air-conditioned*
klingeln (*wk*) *to ring*
klönen (*wk*) *to chat*
klopfen (*wk*) *to knock*
der Knabe (n, -n) *boy*
knapp *short, tight, just*
die Kneipe (-) *pub*
der Knöchel (-) *ankle*
der Knochen (-) *bone*
die Kokerei (-en) *coking plant*
der Kommissar (-e) *police superintendent*
die Kommode (-n) *chest of drawers*
das Kompliment (-e) *compliment*
komponieren (*wk*) *to compose*
die Kondition (-en) *fitness*
(Kondition haben *to be fit*)
das Königreich (-e) *kingdom*
der Kopfhörer (-) *headphones*
(Kopfhörer ablegen *to take off headphones*)
der Korb (¨e) *basket*
der Kord (-e) *corduroy*
körperlich *physical*
die Korrespondenz (-en) *correspondence*
eine Korrespondenz führen (*wk*) mit *to be in correspondence with*
die Kost (*no pl.*) *food, fare*
Kost und Logis *board and lodging*
der Kostenvoranschlag (¨e) *estimate*
köstlich *delicious*
die Köstlichkeit (-en) *delicacy*
der Krach (*no pl.*) *noise, trouble*
(mit jemandem Krach haben *to have a row with someone*)
der Kraftfahrzeugmechaniker (-)
die Kraftfahrzeugmechanikerin (-nen) } *car mechanic*
der Krankenpfleger (-) *male nurse*
die Krankenversorgung (-en) *care of the sick*

der Kranz (¨e) *wreath*
kratzen (*wk*) *to scratch*
die Kräuterbutter (-) *herb butter*
der Krebs (-e) *cancer, Cancer*
die Krebsuntersuchung (-en) *cancer check*
der Kreis (-e) *circle*
der Kreislauf (¨e) *circulation*
der Kriminalbeamte (*adj.*)
die Kriminalbeamtin (-nen) } *detective*
die Kriminalität (-en) *crime*
die Krise (-n) *crisis*
die Krücke (-n) *crutch*
die Küche (-n) *kitchen*
die Kugel (-n) *ball*
sich kümmern um + acc. (*wk*) *to take care of*
der Kunde (-n, -n)
die Kundin (-nen) } *customer*
der Künstler (-) *artist*
der Kurfürst (-en) *Elector*
das Kurhaus (¨er) *tourist information office*
die Kurve (-n) *bend*
kurvenreich *winding*

L

der Laden (¨) *shop*
der Lageplan (¨e) *ground plan*
das Lagerfeuer (-) *campfire*
der Landsmann (-leute) *kinsman*
die Landwirtschaft *agriculture*
am längsten *the longest*
der Lastwagenfahrer (-) *lorry driver*
die Latzhose (-n) *dungarees*
läuten (*wk*) *to sound*
lauter *pure*
der Lavendel (*no pl.*) *lavender*
die Lebensgefahr (*no pl.*) *mortal danger*
(in Lebensgefahr schweben *to be in a critical condition*)
die Lebensmittel (*n. pl.*) *groceries*
die Leberklöße (*m. pl.*) *liver dumplings*
lecker *delicious*
die Lederwaren (*f. pl.*) *leather goods*
lediglich *merely*
leeren (*wk*) *to empty*
die Lehre (-n) *apprenticeship*
sich lehnen über + acc. (*wk*) *to lean over*
das Leibgericht (-e) *favourite meal*
es tut mir leid *I'm sorry*
leiden (ei, i, i) *to suffer*
(jemanden gut leiden können *to like someone*)
leidenschaftlich *passionate(ly)*
leihen (ei, ie, ie) *to lend, to borrow*
leiten (*wk*) *to lead, to guide*
(in die Wege leiten *to arrange*)
leitend *leading, managerial*
das Lied (-er) *song*
liegen (ie, a, e) *to lie*
liegen an + dat. *to be because of*
die Linde (-n) *lime tree*

loben (*wk*)   *to praise*
locker   *relaxed*
das Logis   *lodgings*
der Lohn (-̈e)   *wage*
sich lohnen (*wk*)   *to be worthwhile*
das Lokal (-e)   *bar, pub*
lösen (*wk*)   *to solve*
(eine Fahrkarte lösen   *to buy a ticket*)
(sich lösen von   *to detach oneself from*)
die Lösung (-en)   *solution*
der Löwe   *Leo, lion*
die Lupe (-n)   *magnifying glass*

M

der Mähdrescher (-)   *combine harvester*
der Maikäfer (-)   *cockchafer*
der Manager (-)
die Managerin (-nen)   *manager*
die Matura   *Austrian Abitur*
meckern (*wk*)   *to grumble*
die Mehrwertsteuer (-n)   *VAT*
meiden (ei, ie, ie)   *to avoid*
am meisten   *the most*
menschlich   *humane*
die Miedwaren (*f. pl.*)   *haberdashery*
der Mietpreis (-e)   *rent*
das Militärbündnis (-se)   *military alliance*
die Mißbilligung (-en)   *disapproval*
mißtrauisch   *suspicious, mistrustful, distrustful*
der Mitarbeiter (-)   *employee, colleague*
das Mitgefühl (-e)   *sympathy*
das Mitglied (-er)   *member*
mitsamt + *dat.*   *together with*
die Mittelstation (-en)   *middle station*
mitten in + *dat.*   *in the middle of*
die Mittlere Reife   *examination taken at the age of 16*
mittlerweile   *in the meanwhile*
die Mode-Kurzwaren (*f. pl.*)   *haberdashery*
möglichst schnell   *as quickly as possible*
das Motorenöl (-e)   *engine oil*
die Mückenstichsalbe (-n)   *mosquito bite ointment*
mühsam   *arduous, hard*
die Mundart (-en)   *dialect*
munter   *cheerful*
die Musikkapelle (-n)   *band*
das Muster (-)   *pattern*

N

nach und nach   *little by little*
der Nachbar (-n)   *neighbour*
nachdem   *after*
die Nachteule (-n)   *night owl*
der Nachtisch (-e)   *dessert*
der Nachtwandler (-)   *sleepwalker*
nagelneu   *brand new*
sich nähern (*wk*) + *dat.*   *to approach*
die Narbe (-n)   *scar*

der Narr (-en)   *fool*
der Narrenmarsch (-̈e)   *carnival music*
der Nasentropfen (-)   *nose drop*
naß   *wet*
von Natur aus   *by nature, naturally*
neidisch   *envious*
der Neffe (-n, n)   *nephew*
die Nerven (*m. pl.*)   *nerves*
(jemandem auf die Nerven fallen (gehen)   *to get on someone's nerves*)
die Neuigkeit (-en)   *news, novelty*
neugierig   *curious*
neulich   *recently*
die Nichte (-n)   *niece*
der Niederschlag (-̈e)   *precipitation*
die Niederung (-en)   *depression (of weather)*
nieseln (*wk*)   *to drizzle*
niesen (*wk*)   *to sneeze*
Nizza   *Nice*
der Nobelpreisträger (-)   *Nobel Prizewinner*
der NDR   *Norddeutscher Rundfunk*
normalerweise   *normally*
der Notausgang (-̈e)   *emergency exit*
die Notlage (-n)   *emergency situation*
die Notlandung (-en)   *emergency landing*
die Nummer (-n)   *number, size*

O

das Obergeschoß (-e)   *upper floor*
der Obstler (-)   *schnapps made from pears or apples*
offenbar   *apparently*
im öffentlichen Dienst   *in the public sector*
die öffentlichen Verkehrsmittel (*pl.*)   *public transport*
die Öffnungszeit (-en)   *opening time*
ohnehin   *in any case, in any way*
ohne weiteres   *simply, without a second thought, without further ado*
operieren (*wk*)   *to operate*
die Ordnung (-en)   *order*
(in Ordnung sein   *to be OK*)
originell   *original*
örtlich   *local*
die Ostverträge (*m. pl.*)   *Eastern treaties*

P

die Pappel (-n)   *poplar tree*
die Parole (-n)   *saying*
die Partei (-en)   *political party*
passen (*wk*) + *dat.*   *to go with, to fit*
(das paßt Ihnen   *that fits you*)
*passieren (*wk*)   *to happen*
das Pastetchen (-)   *vol-au-vent*
Pech   *bad luck, hard luck*
so ein Pech!   *what bad luck!*
der Pelz (-e)   *fur*
per du sein   *to be on **du** terms*
die Personalien   *particulars*

das Pflaster (-) *plaster*
pflegen (*wk*) ... zu ... *to be in the habit of*
die Phantasie (-n) *imagination*
der Pilz (-e) *mushroom*
planmäßig *according to plan*
die Planwirtschaft (-en) *planned economy*
die Plastiktüte (-n) *plastic bag*
die Platte (-n) *dish*
*platzen (*wk*) *to burst*
polnisch *Polish*
der Postangestellte (*adj.*) *post-office employee*
die Pracht (*no pl.*) *splendour, pomp*
die Prachtstraße (-n) *magnificent street*
die Praline (-n) *chocolate*
der Praktiker (-) *practical man*
Preußen *Prussia*
proben (*wk*) *to rehearse*
der Proviant (-e) *provisions*
prüfen (*wk*) *to check*
die Prüfung (-en) *examination*
(eine Prüfung <u>ab</u>legen (*wk*) *to take an examination*)
der Pullunder (-) *sleeveless V-neck sweater*

Q

das Quartier Latin *the Latin Quarter (in Paris)*

R

die Radiosendung (-en) *radio programme*
die Rahmsauce (-n) *cream sauce*
das Randgebiet (-e) *edge, fringe*
der Rang (-̈e) *rank, class*
die Rangverkündigung (-en) *announcement of rank order*
der Raps *oil seed rape*
raten (ä, ie, a) + *dat.* *to give advice to*
raten (ä, ie, a) *to guess*
der Räuber (-) *robber*
der Raum (-̈e) *area*
das Raumschiff (-e) *space ship*
die Rechnung (-en) *bill*
rechtzeitig *on time*
reden (*wk*) *to speak*
in der Regel *as a rule*
der Regenschauer (-) *rain shower*
regieren (*wk*) *to govern*
die Regierung (-en) *government*
der Rehbraten (-) *roast venison*
rcichhaltig *extensive*
der Reichtum (*no pl.*) *wealth*
rein *pure*
der Reiseführer (-) *guide*
reißen (ei, i, i) *to tear*
(*)reiten (ei, i, i) *to ride*
die Reklamation (-en) *complaint*
reklamieren (*wk*) *to complain*
renovieren (*wk*) *to renovate, to decorate*

(*)rennen (e, a, a) *to run, to race*
der Rennradfahrer (-) ⎱ *racing cyclist*
die Rennradfahrerin (-nen) ⎰
das Rentenalter *pensionable age*
sich rentieren *to be worthwhile*
restaurieren (*wk*) *to restore*
die Rettungsleine (-n) *lifeline*
der Rettungsschwimmer (-) *life saver*
die Ringstraße (-n) *ring road*
roh *raw*
der Rohstoff (-e) *raw material*
die Rolltreppe (-n) *escalator*
römisch *Roman*
das Röntgen (-) *X-ray*
röntgen lassen *to have (something) X-rayed*
rückgängig machen *to cancel*
rufen (u, ie, u) *to call*
rund *round*
rund um die Uhr *round the clock*
rutschig *slippery*

S

die Salzkartoffeln (*f. pl.*) *boiled potatoes*
sämtlich *all*
der Sanitäter (-) *ambulance man*
der Sauerstoff *oxygen*
die Sauna (-s) *sauna*
schaffen (*wk*) *to manage, to do*
der Schaffner (-) ⎱ *bus conductor*
die Schaffnerin (-nen) ⎰
die Schafzucht (-en) *sheep rearing*
die Schande *shame, pity, disgrace*
schätzen (*wk*) *to estimate, to value*
die Scheibenwischer (*m. pl.*) *windscreen wipers*
der Scheiterhaufen (-) *funeral pyre, stake*
die Schenke (-n) *tavern, inn*
schick *chic, trendy*
schieben (ie, o, o) *to push*
der Schichtarbeiter (-) *shift worker*
der Schiedsrichter (-) *referee*
der Schiffbruch (*no pl.*) *shipwreck*
schimpfen (*wk*) *to scold, to tell off*
der Schirm (-e) *umbrella*
der Schlafanzug (-̈e) *pyjamas*
die Schlagzeile (-n) *headline*
(Schlagzeile machen (*wk*) *to hit the headlines*)
Schlange stehen (e, a, a) *to queue up*
schlicht *simple, plain*
schließlich *finally*
die Schlinge (-n) *sling*
der Schlitz (-e) *slot*
der Schluck (-e) *drink, drop, swallow*
der Schluß (-̈e) *end, finish*
(mit jemandem Schluß machen *to finish with someone*)
der Schmaus (-̈e) *feast*
schmieren (*wk*) *to rub in*
sich schminken (*wk*) *to make oneself up, to put on make-up*

der Schmuck (-e) *jewellery*
schmücken *to decorate*
Schmutziger Donnerstag *the Thursday in Carnival week*
die Schnecke (-n) *snail*
am schnellsten *the fastest*
der Schornstein (-e) *chimney*
die Schraube (-n) *screw*
schrauben (*wk*) *to screw*
schrecklich *terrible*
der Schrei (-e) *scream*
der Schreibtisch (-e) *desk*
der Schriftsteller (-) *writer*
schüchtern *shy*
der Schulabschluß (⸚e) *school-leaving examination*
der Schulhort (-e) *day-home for children*
die Schulter (-n) *shoulder*
schulterlang *shoulder-length*
die Schürze (-n) *apron*
der Schütze *Sagittarius, rifleman*
das Schützenfest (-e) *fair featuring shooting matches*
die Schutzimpfung (-en) *vaccination*
die Schwägerin (-nen) *sister-in-law*
schwanger *pregnant*
die Schwangerschaft (-en) *pregnancy*
schwärmen (*wk*) für *to be mad about*
*schwerfallen (ä, ie, a) *to be difficult*
die Schwiegerkinder (*n. pl.*) *children-in-law*
der Schwimmanzug (⸚e) *bathing costume*
die Seelsorge (-n) *spiritual welfare*
der Seemann (Seeleute) *sailor*
die Seifenkiste (-n) *soap box*
die Seilbahn (-en) *cable car*
die Sektorengrenze (-n) *sector boundary*
selbstbewußt *self-confident*
selbstverständlich *of course*
senden (*wk*) *to broadcast*
die Sendung (-en) *broadcast*
das Seniorenheim (-e) *old people's home*
Servus! *greeting in South Germany and Austria*
der Sessel (-) *armchair*
die Show (-s) *show*
der Sicherheitsgrund (⸚e) *security reason*
(aus Sicherheitsgründen *for security reasons*)
die Siegermacht (⸚e) *victorious power*
silbern *silver*
sinnlich *sensual*
der Sitz (-e) *seat*
die Skizze (-n) *sketch*
der Sorkpion *Scorpio*
der Soldat (-en) ⎱ *soldier*
die Soldatin (-nen) ⎰
die Sologne *a département in France*
die Sommersprossen (*f. pl.*) *freckles*
das Sonderangebot (-e) *special offer*
der Sonderzug (⸚e) *special train, excursion train*
der Sonnenstrahl (-en) *ray of sunshine*
sonstig *other*
der Sound (-s) *sound (in the context of recording)*
die Sorge (-n) *worry*
sich Sorgen machen (*wk*) *to be worried*

sorgfältig *with care, carefully*
der Sozialarbeiter (-) ⎱ *social worker*
die Sozialarbeiterin (-nen) ⎰
die Spalte (-n) *column*
der Spargel (-n) *asparagus*
am spätesten *the latest*
Spätzle *noodles (from Southern Germany)*
die Sperre (-n) *barrier*
die Spezialität (-en) *speciality*
der Spiegel (-) *mirror*
sportlich *'sporty'*
die Sprechstunde (-n) *consulting hours*
die Sprechstundenhilfe (-n) *doctor's receptionist*
das Sprechzimmer (-) *consulting room*
die Spur (-en) *track*
der Stadtgärtner (-) ⎱ *municipal gardener*
die Stadtgärtnerin (-nen) ⎰
die Stadtrundfahrt (-en) *tour of town*
ständig *continual, constant*
die Startbahn (-en) *runway*
stattlich *impressive*
die Statur (-en) *stature*
der Stau (-s) *traffic jam*
das Steak (-s) *steak*
stecken (*wk*) *to be*
stehen (e, a, a) + *dat.* *to suit*
(das steht Ihnen *that suits you*)
die Steiermark *an area of Austria*
steil *steep*
der Steinbock *Capricorn*
die Steinkohle (-n) *hard coal*
das Sternzeichen (-) *sign of the zodiac, star-sign*
die Steuer (-n) *tax*
steuern (*wk*) *to steer*
das Stichwort (-e) *note, keyword*
der Stier (-e) *Taurus, bull*
der Stierkampf (⸚e) *bull-fight*
stinkfaul *bone idle*
das Stockwerk (-e) *floor*
der Stoff (-e) *material, subject matter*
die Störung (-en) *disturbance, fault*
strahlend *radiant*
‚Strammer Max' *snack based on ham and egg on bread*
die Straßenglätte (-n) *slippery road surface*
streckenweise *in parts, places*
streifen (*wk*) *to touch*
der Streit (-e) *quarrel, fight*
der Streß (-sse) *stress*
stressig *stressful*
strichweise Regen *rain in places*
die Strickwaren (*f. pl.*) *knitwear*
der Strumpf (⸚e) *sock, stocking*
die Strumpfhose (-n) *tights*
das Studio (-s) *studio*
die Stupsnase (-n) *snub nose*
suchen nach + *dat.* *to look for*
die Süßigkeiten (*f. pl.*) *sweets*
die Süßwaren (*f. pl.*) *sweets*
die Synthetics (*pl.*) *synthetics*
(aus Synthetics *synthetic*)

T

die Tafel (-n) *board*
die Tagesaufenthaltsgenehmigung (-en) *one-day visa*
die Tagessuppe (-n) *soup of the day*
die Taille (-n) *waist*
die Tanzkapelle (-n) *dance band*
das Taschentuch (-̈er) *handkerchief*
die Taste (-n) *button (on machine)*
tätig *active*
die Tätigkeit (-en) *activity*
die Tatsache (-n) *fact*
das Taxi (-s) *taxi*
die Teilzeitarbeit (-en) *part-time job*
der Termin (-e) *appointment*
einen Termin ausmachen *to make an appointment*
das Tiefgeschoß (-e) *basement*
der Tilsiter (-) *Tilsit cheese*
trampen (*wk*) *to hitch-hike*
die Trauer (-n) *sorrow, mourning*
der Träumer (-) *dreamer*
sich trennen (*wk*) *to separate*
die Treppe (-n) *the stairs*
das Treppensteigen (-) *going upstairs*
treu *faithful, loyal*
trotzdem *in spite of this, nevertheless*
die Trümmer (*pl.*) *ruins*
tüchtig *capable, efficient*
der Turnschuh (-e) *gym shoe*

U

die Übelkeit (-en) *sickness, nausea*
überbacken *grilled or finished in the oven*
überempfindlich *oversensitive*
der Überfall (-̈e) *attack, raid*
übergewichtig *overweight*
überhitzt *overheated*
überleben (*wk*) *to survive*
überraschen (*wk*) *to surprise*
die Überraschung (-en) *surprise*
übersetzen (*wk*) *to cross (water)*
die Überstunden (*pl.*) *overtime*
die Überweisung (-en) *referral (to another doctor, or specialist)*
überwinden (i, a, u) *to overcome*
übrig *over*
(es blieb ihm nichts anderes übrig *there was nothing else he could do*)
übrigens *by the way*
die Uhr (-en) *the clock*
die Uhrzeit (-en) *time*
umfassen (*wk*) *to cover*
umleiten (*wk*) *to divert*
die Umleitung (-en) *diversion*
umrennen (e, a, a) *to run into and knock down*
umsonst *free*
unter Umständen *under certain circumstances*
umständlich *awkward*
die Umsteigeverbindung (-en) *transfer connection*

umstritten *controversial*
umtauschen (*wk*) *to change*
umwandeln (*wk*) *to change into*
um … zu … *in order to*
der Umzug (-̈e) *procession*
unabhängig *independent*
unbedingt *absolutely*
unbeständig *unsettled*
unerträglich *unbearable*
Unfug treiben *to make a noise, to make a nuisance of oneself*
der Unfug (*no pl.*) *nonsense*
Ungarn *Hungary*
ungefähr *approximately*
unter *amongst*
sich unterhalten (ä, ie, a) *to converse with, to talk to*
das Unterhemd (-en) *vest*
unternehmen (i, a, o) *to do, to undertake*
das Unternehmen (-) *enterprise, firm*
der Unterrock (-̈e) *petticoat*
sich unterschätzen (*wk*) *to underestimate oneself*
sich unterscheiden (ei, ie, ie) von *to differ from*
der Unterschied (-e) *difference*
unterschiedlich *different*
der Unterschlupf (-e) *shelter, hiding place*
untersuchen (*wk*) *to examine*
untreu *unfaithful*
unverschämt *impertinent*
das Uran *uranium*
der Urenkel (-) *great grandchild*

V

sich verabreden (*wk*) *to make a date*
verabreichen (*wk*) *to serve*
sich verabschieden (*wk*) *to take leave*
veränderlich *changeable*
sich verändern (*wk*) *to change*
die Veranstaltung (-en) *event, function*
verarbeiten (*wk*) *to process*
verbinden (i, a, u) *to connect*
verbringen (i, a, a) *to spend time*
verderben (i, a, o) *to ruin*
verdorben *spoilt*
vereinbaren (*wk*) *to arrange*
vereinen (*wk*) *to unite*
die Vereinigten Nationen *the United Nations*
die Verfügung (*no pl.*) *disposal, possession*
(zur Verfügung stehen *to be available*)
die Vergangenheit (-en) *past*
*vergehen (e, i, a) *to pass (of time)*
(die Zeit vergeht *time passes*)
das Vergnügen (-) *pleasure*
das Verhältnis (-se) *relationship*
verhängen (ä, i, a) *to impose*
verheiratet *married*
wie vereinbart *as arranged*
die Verkehrsbehinderung (-en) *obstruction to traffic*
die Verkehrsdurchsage (-n) *traffic announcement*
der Verkehrshinweis (-e) *traffic news bulletin*

die Verkehrslage (-n) *traffic situation*
sich verkleiden (*wk*) *to disguise oneself*
verladen (ä, u, a) *to unload*
verlangen (*wk*) *to request, to demand*
*verlaufen (äu, ie, a) *to run, to go off, to pass, to go (of time)*
die Verleumdung (-en) *slander*
sich verloben (*wk*) *to get engaged*
verlockend *tempting*
vermeiden (ei, ie, ie) *to avoid*
vermutlich *supposedly, presumably*
vernünftig *sensible*
verpassen (*wk*) *to miss*
die Verpflegung (-en) *board, food*
verregnet *rainy, wet*
verschieben (ie, o, o) *to postpone*
verschiedenartig *different*
verschlafen (ä, ie, a) *to oversleep*
verschlafen *sleepy*
sich verschlechtern (*wk*) *to worsen*
verschlossen *secretive*
verschwenden (*wk*) *to waste*
versehen *provided*
versorgen (*wk*) *to look after, to provide for*
verständigen (*wk*) *to notify*
das Verständnis (-se) *understanding*
verständnisvoll *understanding*
der Versuch (-e) *attempt*
sich verstehen (e, a, a) *to understand one another*
verteilen (*wk*) *to distribute*
vertreten (i, a, e) *to represent*
der Vertreter (-) ⎫
die Vertreterin (-nen) ⎬ *sales representative*
verursachen (*wk*) *to cause*
verwenden (e, a, a) or (*wk*) *to use*
verwitwet *widowed*
verzichten (*wk*) auf + *acc.* *to go without*
verzweifelt *desperate*
das Vieh *cattle*
vielseitig *varied, versatile*
die Vogesen *the Vosges*
die Vokabel (-n) *word*
die Volkskammer (-n) *the People's Chamber*
volljährig *of age*
vollständig *complete*
der Vorarbeiter (-) *foreman*
die Vorarbeiterin (-nen) *forewoman*
die Vorausplanung (-en) *forward planning*
vorbeileben (*wk*)
(an jemandem vorbeileben *to live separate lives*)
sich vorbereiten (*wk*) auf + *acc.* *to prepare for*
die Vorführung (-en) *performance, showing*
vorgesehen *planned*
vorne *in the front*
der Vorsatz (-̈e) *resolution*
der Vorsitzende (*adj.*) *chairman*
vorteilhaft *advantageous*
vortragen (ä, u, a) *to recite*
vorübergehend *temporary*
vorweisen (*wk*) *to show*
vorwiegend *predominantly*

W

die Waage (-n) *weighing scales, Libra*
die Waffel (-n) *waffle*
der Waggon (-s) *railway carriage*
während *while, during*
die Währung (-en) *currency*
sich wandeln (*wk*) *to change*
das Wappen (-) *coat of arms*
das Warenhaus (-̈er) *department store*
der Warschauer Pakt *the Warsaw Pact*
die Wartungsarbeit (-en) *maintenance work*
der Wassermann *Aquarius*
wechseln (*wk*) *to change*
der Wecker (-) *alarm clock*
(jemandem auf den Wecker fallen (gehen) *to get on someone's nerves*)
wegen + *gen.* *because of*
wehen (*wk*) *to blow*
der Wehrdienst *military service*
sich weigern (*wk*) *to refuse*
Weihnachten *Christmas*
die Weihnachtsgans *Christmas goose*
die Weihnachtsmesse *Christmas service*
eine Weile *a while*
die Weinprobe (-n) *wine-tasting*
der Weizen *wheat*
die Weltmeisterschaft (-en) *world championship*
der Weltraum *space*
sich wenden (e, a, a) or (*wk*) an + *acc.* *to turn to*
die Werbung (-en) *advertising, publicity*
der Werkzeugkasten (-̈) *tool box*
Wert legen auf + *acc.* *to set store on*
die Wertsache (-n) *valuable*
der Wettbewerb (-e) *competition*
das Wetterverhältnis (-se) *weather conditions*
der Widder *Aries*
der Wiederaufbau (-ten) *reconstruction*
wiegen (ie, o, o) *to weigh*
winklig *windy, twisty*
der Wintersportort (-e) *winter sport resort*
der Winzer (-) *vintner, wine-grower*
der Wirt (-e) *landlord in a pub or bar*
die Wirtschaft (-en) *economy*
wirtschaftlich *economic*
der Wortschatz (-̈e) *vocabulary*
die Wunde (-n) *wound*

Z

zäh *tough*
zahlreich *numerous*
das Zeichen (-) *sign*
die Zeit (-en) *time*
(Ach, du liebe Zeit! *oh, my goodness!*)
zeitig *in good time*
eine Zeitlang *for a while*
der Zeitvertreib *way of passing the time*
der Zeitpunkt (-e) *point in time*

die Zensure (-n) *mark*
zerfranst *frayed*
*zergehen (e, i, a) *to dissolve*
der Zigeuner (-) *gipsy*
das Zigeunerschnitzel (-) *pork cutlet with a piquant
  sauce containing peppers*
die Zuckerwatte (-n) *candy-floss*
zufügen (*wk*) *to inflict*
die Zugabe (-n) *encore*
der Zugangsweg (-e) *access road*
*auf jemanden zukommen (o, a, o) *to come up to
  someone*
die Zukunft *future*
die Zündkerze (-n) *spark plug*
zunehmen (i, a, o) *to put on weight*
zunächst *first*
zurechtlegen (*wk*) *to put in order, to sort out*
zurückfordern (*wk*) *to demand back*
zurückhaltend *reserved*
zurücklegen *to cover (of distance)*
der Zusammenhalt (*no pl.*) *cohesion, solidarity*
zusammenschlagen (ä, u, a) *to beat up*
zusätzlich *in addition*
der Zuschauer (-) *spectator*
zuschicken (*wk*) *to send to*
der Zustand (-̈e) *condition, state*
*zustandekommen (o, a, o) *to come off*
zuständig *responsible*
zuverläßig *reliable*
die Zuverläßigkeit *reliability*
der Zwieback (-e *or* -̈e) *rusk*
die Zwiebelsuppe (-n) *onion soup*
zweitrangig *of secondary importance*
die Zwillinge (*m. pl.*) *Gemini, twins*
zwischendurch *in the meantime*
in der Zwischenzeit *in the meantime*